KB252923

한국어 내용론 8

한국어 어휘 분절 구조연구

한국어내용학회 편

국학자료원

한국어 내용론 8

한국어 어휘 분절 구조연구

한국어내용학회 편

차 례

한국어연구편

이론연구편

〈시점-끝〉 명칭에 대한 고찰

배 해 수*

1. 머리말

이 연구는 현대국어에 있어서 〈시점-끝〉을 나타내는 시간 명칭의 분절은 어떠한 모습의 구조를 이루고 있는가를 해명해 보기 위하여 시도된다. 필자는 〈시점-처음〉 명칭 분절에 대하여 논의하여 탈고한 바 있는데(발표 예정), 이 〈시점-끝〉 분절은 〈처음〉 분절과 대칭관계에서 이해될 성질로 보인다. 따라서 이 연구에서는 〈시점-처음〉 분절과의 특징 비교도 중요한 관심사가 될 것이다. 이 연구에서 분절구조 해명은 어휘분절구조(Wortfeld) 이론에 의존하게 되는데, 이 이론만이 분절구조 해명을 위한 유일하고도 확실한 방법이기 때문이다.

〈끝〉은 〈처음〉, 〈중간〉과 시간상으로 계단대립의 관계에 있는 분절이다. 시점으로서 〈처음〉은 〈시간이 흐르는 과정에 있어서 맨 앞+사물이 시작되는 시점〉이라는 특성을 문제삼고 있고, 〈중간〉은 〈처음과 나중이나, 처음과 끝의 사이〉라는 특성을 문제삼고 있으며, 〈끝〉은 〈마지막이 되는 때〉라는 특성을 문제삼고 있기 때문이다.

---

* 고려대 교수

이 분절들은 또한 <전후 [전 : 前/ 뒤, 후 : 後] > 분절과 인접하는 것으로도 이해될 만하다. 전자의 세 분절에 있어서는 <시간이 흐르는 과정을 하나의 전체로 전제하여 그것의 앞머리, 가운데, 마지막>이 관심의 대상이 되고 있는 데 비하여, 후자의 <전후> 분절은 <일정한 시점(발화나 사건의 발생)을 기점으로 하여 각각 그 앞부분과 뒷부분>을 관심으로 삼기 때문이다. 그리고, <처음/중간/끝> 분절의 대립은 시점으로서 <먼저>와 <나중>의 분절 대립과도 인접하고 있는 것으로 이해될 만하다. <먼저>와 <나중>은 {시간에서나 차례에서의 앞 : 뒤}라는 특성으로 서로 대립하고 있기 때문이다. 그러한 의미에서, <처음 : 끝(마지막)>, <전 : 후>, <먼저 : 나중>은 한편으로는 서로 일정한 특성을 공유하며, 다른 한편으로는 서로 다른 일정한 특성에 의해서 변별된다. 그리고 이 세 대립에 있어서 <가운데>라는 특성을 문제삼고 있는 시점은 <중간> 분절이 공유하고 있다. 이러한 분절구조상의 특징은 [그림 1]과 같이 도식화될 수 있을 것이다.

[그림 1] <중간> 분절의 위치가치

<끝> 명칭의 분절구조는 어휘체계라는 형식으로 실현되어 있다. 따라서 이 분절구조의 해명을 위해서는 어휘체계의 발견이 시도되어야 하고, 그러기 위해서는 낱말들의 자료 수집 작업이 선행되어야 한다. 다음은 사전류를[1] 통하여 수집된 어휘목록이다(괄호 안의 숫자는 본문에서 다루어지는 낱말들의

---

1) 이 연구에서는 어휘자료에 다음의 사전류를 참고하였다.
　신기철·신용철 편저(1980), 『새 우리말 큰 사전 : 상. 하』, 삼성출판사.
　이가원·장삼식 편저(1973), 『상해 한자 대전』, 유강출판사.
　이돈주(1992), 『한자학 총론』, 박영사.
　이희승 편저(1986), 『국어 대사전』, 민중서림.
　정소프트(주)(1997), 『컴퓨터용 전자사전 피시딕 7.0』.
　한글과컴퓨터(1995), 『윈도우즈용 흔글 우리말 큰사전 1.0』.
　한글학회(1996), 『우리말 큰사전』, 어문각.

고유번호임).

구년말(舊年末)(19)	궁동(窮冬)(21)
기말(期末)(5)	끝(1)
나중(25)	뒤(26)
마감(27)	마지막(2)
말년(末年)(9)	말대(末代)(6)
말세(末世)(28)	말세기(末世紀)(11)
말엽(末葉)(7)	설밑(14)
세기말(世紀末)(10)	세말(歲末)(16)
세모(歲暮)(15)	세밑(歲一)(12)
세종(歲終)(17)	연말(年末)(13)
연모(年暮)(18)	월말(月末)(22)
월종(月終)(23)	절계(節季)(20)
주말(週末)(24)	최종(最終)(3)
최후(最後)(4)	후엽(後葉)(8)

위 목록 속의 낱말들은 일정한 질서체계와 함께 정돈되어 있는데, 관점들이 그러한 정돈에 있어서 매개체로서 기능한다. 언어의 분절구조는 관점을 축으로 하여 체계를 형성하고 있기 때문이다. 따라서 분절구조와, 그것의 외적 형태인 체계에 대한 해명은 관점의 발견으로부터 출발하기 마련이다.

종래의 소박한 언어 연구가들은 2층 모델에 기대어 객관세계(외계), 곧 언어 외적인 영역인 사물과 음성형태가 직접 만나는 것으로 믿음으로써 동일한 객관세계에 대한 언어화가 나랏말마다 다르다는 점과, 동일한 언어라 할지라도 인간 생활에 있어서의 친근감의 정도에 따라 분절 방식이 상이하다는 점을 설명할 수 있는 장치를 마련하지 못하고 있다. 실제로 이러한 상이성은 언어 현상 전반(음운 체계, 형태소 체계, 문법 체계, 어휘 체계)에 걸쳐 나타난다. 종래의 2층 모델의 한계성은[2], 언어가 그것을 모국어로 사용하는 민족의 정신·사

---

2) P. H. Salus(1969 ed.) : *On Language —Plato to von Humboldt —*, Holt, Rinehart and Winston, Inc., New York, p.6 참조.

상·감정·인식 면에서의 주관성을 반영한다는 훔볼트(W. v. Humboldt)의 선언을 수용할 수 없다는 데 있다.3)

　2층 모델이 음성을 내용 연구의 척도로 삼는 것을 정당화시키려 하는 중대한 오류는 음성형식과 외계(사물) 사이에 정신적인 중간세계의 존재를 인정하는 3층 모델의 설정을 통하여 시정된다.4) 훔볼트에게 있어서 언어는 그것에 내재한 힘과 함께 생활 세계를 정신의 소유물로 개조하는 길인데, 이 개조하는 장소가 바이스게르버(L. Weisgerber)에게 있어서는 정신적인 중간세계로 인식되면서, 이 정신적인 중간세계는 정신적인 대상이 그 존재를 획득하는 장소로 이해된다. 언어는 정신이 자신과 대상 세계 사이에, 그 활동의 내적인 힘을 통하여 설정되어야 하는 참다운 세계이며, 이는 이미 존재하는 외부세계와 인간의 내부세계가 만남으로써 이루어지기 때문이다.5) 그런데, 정신적인 중간세계에서의 핵심은 오직 모국어라는 성격으로만 규정되어지기 때문에, 정신적인 중간세계는 곧 언어적인 중간세계가 되는 것이며, 또 모국어적인 중간세계가 된다. 곧, 정신적인 중간세계에서 창조되고 형성되는 언어는 본질상으로 우리가 언어와 만나는 곳에서는 언제나 정신적인 중간세계가 함께 작용하는 것이며, 중간세계는 본질상 해당 언어공동체의 고유하고 독자적인 언어라는 형태로 발현된다.6) 그런데, 이러한 중간세계에서 주도적인 역할을 하는 민족의 정신은 객관세계를 관조하는 방식, 곧 관점이라는 형식으로 방사된다. 이것이 바로 세계관이며, 또한 모국어에서 유효한 방향이 결정되어지는 정신적인 에네르게이아 전체로서, 그 안에서 언어공동체를 통하여 세계의 언어적인 동화가 수행되어지는 언어적 세계상의 발현 형태인 것이다.7) 따라서 언어연구에 있어

---

3) W. v. Humboldt(1979) : *Werke, Band 3. Schriften zur Sprachphilosophie*, Cott'asche Buchhandlung, Stuttgart, p.80~81 참조.

4) G. Helbig(1974) : *Geschichte der neueren Sprachwissen —schaft*, Rowohlt Taschenbuch Verlag, Leipzig/Muenchen. p.127~128 참조.

5) G. Helbig(1974) : ibid. 124쪽 참조.

6) L. Weisgerber(1962) : *Grundzuege der inhaltbezogenen Grammatik*, Duesseldorf. p.35.
　　G. Helbig(1974) : op cit. p.124 참조.

7) H. Gipper(1974) : "Inhaltbezogene Grammatik" *Grundzuege der Literatur und Sprachwissenschaft*, Band 2. Deutsche Taschenbuch Verlag, pp.135~141 참조.

서는 이러한 관점 발견의 절차와 과정이 우선적으로 전제되어야 한다.

2. 원어휘소와 기본구조

분절에 따라서는 원어휘소의 자리가 빈자리로 되어 있는 경우도 있으나,
<끝> 분절은 다음의 낱말이 원어휘소의 자리에 위치해 있다.

(1) 끝
(2) 마지막

<끝> 분절의 명칭을 대변하기도 하는 (1)은 {마지막이 되는 때}로 풀이되
면서 이 분절에 있어서 원어휘소로 기능하고 있다. (2)도 {시간이나 순서 상의
맨 끝}으로 풀이되면서 (1)과 함께 이 분절의 원어휘소의 자리를 공유하는 것
으로 이해된다. 사전에서는 (1)과 (2)의 뜻풀이를 순환정의에 의존하고 있는데,
이러한 사전들이 안고 있는 문제점들은 내용연구가들이 앞으로 해결해야 할
과제 가운데 하나이다. (1)과 (2)가 이 분절에 있어서 원어휘소의 자리에 위치
한다는 점에서는 공통점을 보이고 있으나, 관장하는 내용범위의 차이로 말미
암아 두 낱말은 변별적이기도 하다. (1)은 <기준>으로서 <시간 단위>와 <
사건 발생>의 경우 별다른 무리 없이 사용되는 표현인데 비하여, (2)는 <시간
단위>의 경우는 자연스러우나 <사건 발생>의 경우는 자연스럽지 못하기도
하는 표현이기 때문이다. 예컨대, '전쟁의 끝'이라는 표현은 자연스러울 것이
나, '전쟁의 마지막'과 같은 표현은 부자연스러운 표현인 것 같다. 곧, (2)는
일반적으로 <시간 단위>와 <순서>의 경우에, 그리고 주로 <순서>의 경우
에 자연스럽게 적용되는 표현인 것 같다. (1)은 이밖에도 {마지막 한계가 되는
곳이나 부분}, {길이로 된 물건의 마지막 부분}, {일의 맨 나중이나 결과},
{어떤 일이나 행동, 현상이 있은 다음}, {차례의 맨 나중}이라는 내용과 함께
사용되기도 한다.

(3) 최종(最終)

(4) 최후(最後)

(3)과 (4)는 공통적으로 {끝. 마지막. 맨 마지막}으로 풀이되는 낱말들이다. 따라서 이 낱말들도 이 분절에 있어서 원어휘소의 자리에 위치하는 것으로 이해될 만하다. 다만, 이 낱말들의 풀이 가운데 {맨}이 갖는 가치에 주목하게 된다면, 이 두 낱말들은 위 (1), (2)의 두 낱말이 갖는 특성 외에 <강조>라는 특성을 첨가하고 있는 것으로 해명될 수 있을 것 같다.8) (3)은 {맨 나중}이라는 내용과 함께 사용되기도 하며, (4)는 {맨 뒤}라는 내용과 함께 사용되기도 한다.

위의 [끝]과 [마지막]을 원어휘소로 하며, 이것들에 <강조>라는 특성을 첨가시키는 [최종 : 最終]과 [최후 : 最後]를 상위어로 하는 <끝> 명칭의 분절은 그 아래로 <기준>으로서 <시간 단위>와 <사건 발생>을 문제삼으면서 하위분절되어 있다. 이러한 하위분절의 양상은 <시점-처음> 분절에서도 나타나는 특징이다. <처음> 분절의 경우, 원어휘소의 자리에는 [처음], [애초], [당초 : 當初], [시초 : 始初], [초두 : 初頭], [초번 : 初番]의 6낱말이 위치해 있으며, [애당초 : -當初]와 [최초 : 最初]가 <강조>라는 특성의 첨가와 함께 상위의 분절에 관계하고 있다. <끝> 명칭에서의 [최종 : 最終]과 [최후 : 最後]와 <처음> 분절에서의 [최초 : 最初]는 서로 대칭관계에 있는 것으로 이해될 것이다. [그림 2]는 이러한 <끝> 명칭 분절의 기본구조를 보이기 위한 그림이다.

---

8) 한자말 [최말(最末)]과 [최미(最尾)]도 같은 방법으로 해명될 것 같다.

[그림 2] <끝> 명칭 분절의 기본구조

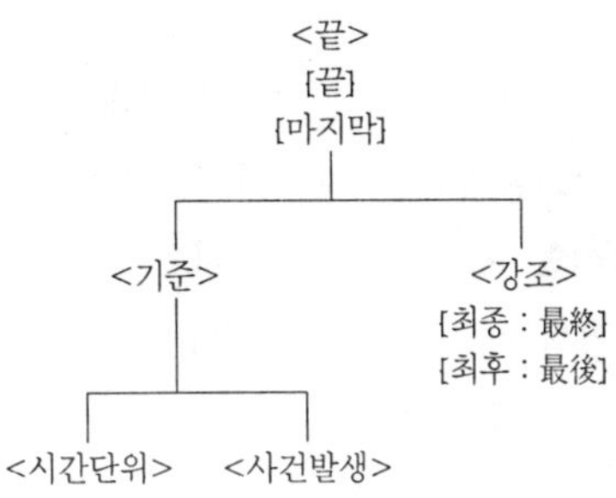

3. 하위분절구조의 특징

<시간 단위>가 기준이 되는 분절에서는 구체적으로 <시대>, <생애>, <세기>, <해>, <철>, <달>, <주>가 관심의 대상이 되고 있다. 이는 <시점-처음> 명칭에서 <시대>, <생애>, <시대>, <해>, <철>, <달>, <주>가 관조의 대상이 되어 있는 특징과 비교될 만하다.

(5) 기말(期末)

<시점-처음> 분절에서의 [기초 : 期初]와 대칭관계에 있는 이해될 만한 이 낱말은 {어떤 기간의 끝}으로 풀이되면서 <끝+기준-시간 단위>라는 특성과 함께 이 분절에서 원어휘소의 자리에 위치하는 것으로 해명될 것이다.[9] 이 낱말은 {기간, 학기 따위의 끝}이라는 내용과 함께 사용되기도 한다.

(6) 말대(末代)

(7) 말엽(末葉)

---

9) {끝장의 때나 시기}로 풀이되는 [말기 : 末期]도 이 분절에 관여하고 있는 것으로 이해될 만하나, 여기서 유보해 둔 것은 이 낱말은 <시점-끝>보다는 <시기(때)> 자체를 문제삼고 있는 것으로 판단했기 때문이다.

(8) 후엽(後葉)

(6)은 {시대의 끝}으로 풀이되고, (7)은 {어떤 시대(나 세기)의 (맨)끝}으로 풀이되며, (8)은 {말엽}으로 풀이된다. 따라서 이 세 낱말은 공통적으로 <시간 단위＋시대>라는 특성을 문제삼으면서 <시점－처음> 분절의 [초엽：初葉]과 대칭관계에 있는 어휘들로 이해될 수 있다. 그러나, (7)은 {맨 끝 무렵의 시대}, {어떤 시대나 세기를 셋으로 나누었을 때 맨 끝 무렵}, {말예(末裔), 원손. 후손}이라는 내용과 함께 사용되기도 하는 낱말이며, (8)은 {후대}라는 내용과 함께 사용되기도 하는 낱말이다. 그러한 의미에서 이 두 낱말들의 내용 범위는 서로 상이한 면을 보이기도 한다.

(9) 말년(末年)

이 낱말은 {일생의 마지막(의 무렵)}으로 풀이되면서 <시간 단위＋생애>이라는 특성을 문제삼고 있다. 그러한 의미에서 이 낱말은 <시점－처음> 분절의 [초년：初年]과 대칭관계에 있는 것으로 이해될 수 있다. 이 낱말은 이밖에 {늙바탕. 만경(晩境)}, {일생의 말기}, {말엽의 마지막 몇 해 동안}이라는 내용도 문제삼고 있다.

(10) 세기말(世紀末)
(11) 말세기(末世紀)

(10)은 {한 세기의 끝}이라 풀이되며, (11)은 {세기말}로 풀이된다. 따라서 위의 두 낱말은 공통적으로 <시간 단위＋세기>라는 특성을 갖는 것으로 이해될 만하다. (10)은 {도덕과 질서가 어지러워지고 향락과 퇴폐적 생활에 도취하였던 19세기 말엽의 사조. 유럽, 특히 프랑스에 절망적 퇴폐적 분위기가 지배하던 19세기 말}이나 {향락과 퇴폐의 경향으로 사회가 몰락하여 가는 시기}라는 내용과 함께 사용되기도 한다. (10)에서는 <세기의 끝→시간 단위＋

세기>라는 개념형성의 과정이, 그리고 (11)에서는 <끝의 세기→시간 단위＋
세기>라는 개념형성의 과정이 각각 수행된 것으로 이해된다.

  (12) 세밑(歲－)

  (13) 연말(年末)

  (14) 설밑

  (15) 세모(歲暮)

  (16) 세말(歲末)

  (17) 세종(歲終)

  (18) 연모(年暮)

　(12)는 {한 해의 마지막 때(무렵)}으로 풀이되며, (13)~(18)은 공통적으로
{세밑}이라 풀이된다. 따라서 (12~18)의 7개 낱말들은 <시간 단위(기말)＋해
>라는 특성을 공유하는 것으로 이해될 수 있을 것이다.[10] 개념형성 측면에서
본다면, (12)에서는 <해＋아래→해의 뒷부분→해의 끝>이라는 과정이, (13)과
(16)에서는 <해＋끝→해의 끝>이라는 과정이, (14)에서는 <설＋아래→설에
가까운 시점→해의 끝>이라는 과정이, (15)와 (18)에서는 <해＋저물어 가는
무렵→해의 끝>이라는 과정이, 그리고 (17)에서는 <해＋마침→해의 끝>이라
는 과정이 각각 수행된 것으로 이해될 수 있을 것 같다.

  (19) 구년말(舊年末)

　이 낱말은 {지난해의 연말}로 풀이되면서 <세밑＋지난해>라는 특성을 문
제삼으면서 위의 (12)~(18)의 아래에 자리하고 있다.

  (20) 절계(節季)

---

10) 사전에 보이는 한자말 [모세(暮歲)], [세만(歲晩)], [세저(歲底)], [세제(歲除)], [숙세(宿歲)], [연
　　미(年尾)], [연종(年終)], [궁랍(窮臘)] 따위도 같은 방법으로 특성이 인식될 수 있을 것 같다.

이 낱말은 {철의 끝}로 풀이되면서 <시간 단위＋철>이라는 특성을 문제삼
고 있다. 그러한 의미에서, 이 한자말은 {'음력 12월'의 다른 이름}이라는 내
용과 함께 사용되기도 하는 것 같다. 그리고 이 낱말은 {철}이라는 내용을 문
제삼기도 한다.

(21) 궁동(窮冬)

이 낱말은 {겨울의 마지막}으로 풀이되면서 <시간 단위＋철＋겨울>이라
는 특성을 문제삼고 있다. 그러한 내용적 특징에 연유되어 이 낱말은 {섣달}
이라는 내용과 함께 사용되기도 한다.

(22) 월말(月末)

이 낱말은 {(그)달의 끝(마지막)}으로 풀이되면서 <시간 단위＋달>이라는
특성을 문제삼고 있다. 다음의 낱말,

(23) 월종(月終)

도 {월말}로 풀이되면서 (22)와 같은 내용특성을 가지고 있다. 그러나, 이 낱
말은 현재 (22)의 세력에 위축되어 사멸의 위기에 직면하고 있는 한자말이다.

(24) 주말(週末)

이 낱말은 {한 주일의 끝}으로 풀이되면서 <시간 단위＋주>라는 특성을
문제삼고 있다. 따라서 이 낱말은 구체적으로{토요일, 또는 토요일 오후부터
일요일에 걸친 동안}이라는 내용과 함께 사용된다.[11]

---

11) 이밖에도, [자말(子末)], [축말(丑末)], [인말(寅末)], [묘말(卯末)], [진말(辰末)], [사말(巳末)], [오
   말(午末)], [미말(未末)], [신말(申末)], [유말(酉末)], [술말(戌末)], [해말(亥末)] 따위가 각각 {자

다음의 낱말들은 <기준+사건 발생>을 관심의 대상으로 삼고 있다.

(25) 나중

이 낱말은 {어떤 일의 끝}으로 풀이되면서 <사건 발생+일>이라는 특성을 가지고 있다. 전술한 바와 같이, 이 낱말은 <시점-먼저>와 대칭관계에 위치하면서 {얼마의 시간이 지난 뒤. 어떤 일을 한 다음}이라는 내용을 문제삼기도 하며, 어찌씨로서 {시간으로나 차례 상으로, 다음이나 뒤에}라는 내용을 문제삼기도 한다.

(26) 뒤

주로 <시점+전후> 명칭의 분절과 관계하고 있는 이 낱말이 {나중}이라 풀이되면 (25)와 같은 자리에 위치하게 된다. 이 낱말은 이밖에도, {향하고 있는 방향과 반대되는 쪽이나 곳}, {다음}, {보이지 않는 곳}, {끝이나 마지막이 되는 부분}, {다음을 잇는 것}, {대주거나 도와주는 힘}, {어떤 일의 자취, 흔적 또는 결과}, {좋지 아니한 감정이나 노기 등의 계속적인 작용}, {'망건 뒤'의 준말}, {'뒷밭'의 준말} 따위의 내용과 함께 사용되기도 한다. 말하자면, 이 낱말은 매우 넓은 내용 범위와 함께 사용된다.

(27) 마감

이 낱말은 {정해진 기한(기일의 한정)의 끝}이라 풀이되면서 <사건 발생+기일의 한정>이라는 특성을 문제삼고 있다. 이 낱말은 {일을 마물러서 끝을

시(子時)의 맨 끝}, {축시의 맨 끝}, {인시의 맨 끝}, {묘시의 맨 끝}, {진시의 맨 끝}, {사시의 맨 끝}, {오시의 맨 끝}, {미시의 맨 끝}, {신시의 맨 끝}, {유시의 맨 끝}, {술시의 맨 끝}, {해시의 맨 끝}을 문제삼으면서 공통적으로 <시간 단위+시간>이라는 특성을 갖고 있는 한자말들로 이해될 것이나, 이 한자말들은 아직 전문용어의 영역에 머물고 있는 것으로 간주하여 논외로 하였다.

낸 때나 단계}나, {일을 마무리하여 끝을 냄}이라는 내용과 함께 사용되기도
한다.

(28) 말세(末世)

위의 낱말은 {정치. 도덕. 풍속 등이 아주 쇠퇴한 시대}로 풀이되면서 <사
건 발생＋쇠퇴>라는 특성을 문제삼고 있다. 이러한 특성과 연계되어, 이 낱말
은 {쇠퇴하여 끝판이 다 된 세상}이라는 내용과 함께 쓰이기도 한다. 그리고
이 낱말은 {예수가 태어난 후부터 재림할 때까지}라는 내용과 함께 전문용어
의 자리에 위치하기도 한다.

지금까지의 고찰에서 보인 바와 같이, <끝> 명칭 분절은 <처음> 분절에서
처럼 일차적으로 <시간 단위> 기준과 <사건 발생> 기준에 의하여 하위분절
되어 있다. [기말]을 원어휘소로 하는 <시간 단위> 분절은 <시대>, <생애>,
<세기>, <해>, <철>, <달>, <주>라는 관점과 함께 하위분절되어 있으며,
다시 <해>의 아래에는 <지난해>가, 그리고 <철>의 아래에는 <겨울>이
관조의 대상이 되어 있다. 이는 <처음> 분절의 <시간 단위> 분절이 [기초]를
원어휘소로 하면서 <시대>, <생애>, <세대>, <해>, <철>, <달>, <주>
라는 하위관점에 의하여 하위분절되어 있으며, 다시 그 아래로 <해>가 <새
해>를 문제삼으며, <철>이 <봄 : 여름 : 가을 : 겨울>이라는 관점을 문제삼
는 점과 비교될 만하다. <끝> 분절의 <사건 발생>에서는 <일>, <기일의
한정>, <쇠퇴>가 관심의 대상이 되어 있다. 이는 <처음> 분절의 <사건 발
생>에서 <사건 유형>으로 <계산(날짜 : 연대)>, <일>, <문화(의 시작)>,
<우주(의 시작)>이 관조의 대상이 되어 있는 점과 대비될 만하다. [그림 3],
[그림 4], [그림 5]는 이러한 <끝> 분절의 특징을 도식화한 그림이 될 것이다.

[그림 3] <끝> 명칭의 분절구조(1)

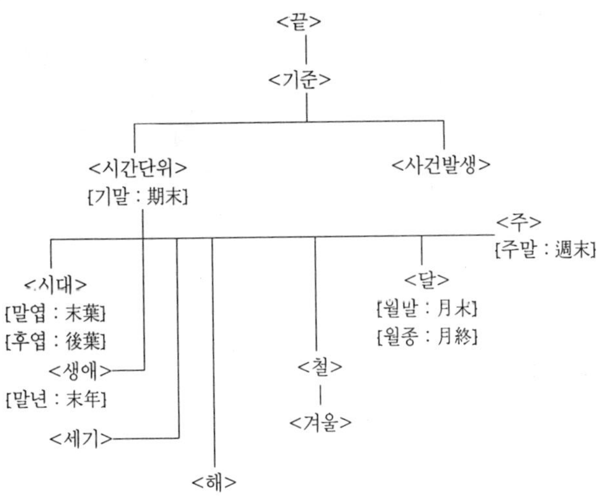

[그림 4] <끝> 명칭의 분절구조(2)

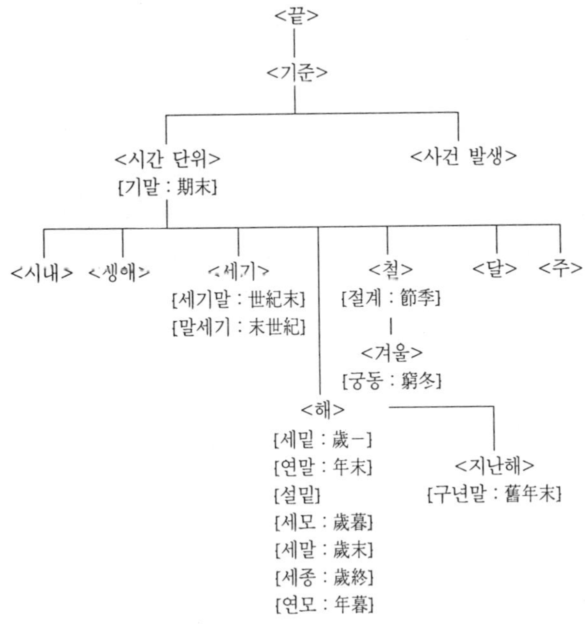

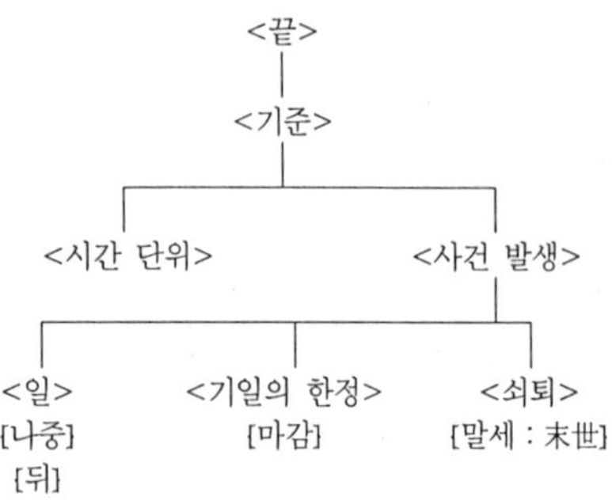

[그림 5] <끝> 명칭의 분절구조(3)

4. 마무리

이 연구는, 필자의 <처음> 명칭 분절의 해명 연구(발표 예정)에 이어서, 이 분절과 대칭관계에 있는 <끝> 명칭 분절의 구조를 발견하기 위하여 시도된 것이다. 따라서 이 연구에서는 <끝> 분절과 동일한 관점의 차원에서 분절구조 해명이 시도되었으며, 또한 두 분절의 구조상의 특징 비교도 시도되었다. 이 연구에서 발견된 특징들을 간추리면 다음과 같다.

(1) <끝> 명칭의 분절은, <처음> 명칭의 분절과 마찬가지로, 그 아래로 <기준>으로서 <시간 단위>와 <사건 발생>을 문제삼으면서 하위분절되어 있다. <끝> 분절은 [끝]과 [마지막]을 원어휘소로 하고 있으며, 이것들에 <강조>라는 특성을 첨가시키는 [최종 : 最終]과 [최후 : 最後]를 상위어로 하고 있다. 한편 <처음> 분절의 경우는 원어휘소의 자리에 [처음], [애초], [당초 : 當初], [시초 : 始初], [초두 : 初頭], [초번 : 初番]의 6낱말이 위치해 있으며, [애당초 : −當初]와 [최초 : 最初]가 <강조>라는 특성의 첨가와 함께 상위의 분절에 관계하고 있다. <끝> 명칭에서의 [최종 : 最終]과 [최후 : 最後]는 <처음> 분절에서의 [최초 : 最初]와 서로 대칭관계에 있는 것으로 이해된다.

(2) <끝> 명칭 분절에서 [기말]을 원어휘소로 하는 <시간 단위> 분절은

<시대>, <생애>, <세기>, <해>, <철>, <달>, <주>라는 관점과 함께 하위분절되어 있으며, 다시 <해>의 아래에는 <지난해>가, 그리고 <철>의 아래에는 <겨울>이 관조의 대상이 되어 있다. 이는 <처음> 분절의 <시간 단위> 분절이 [기초]를 원어휘소로 하면서 <시대>, <생애>, <세대>, <해>, <철>, <달>, <주>라는 하위관점에 의하여 하위분절되어 있으며, 다시 그 아래로 <해>가 <새해>를 문제삼으며, <철>이 <봄 : 여름 : 가을 : 겨울>이라는 관점을 문제삼는 특징과 비교될 만하나.

(3) <끝> 분절의 <사건 발생>에서는 <일>, <기일의 한정>, <쇠퇴>가 관심의 대상이 되어 있다. 이는 <처음> 분절의 <사건 발생>에서 <사건 유형>으로 <계산(날짜 : 연대)>, <일>, <문화(의 시작)>, <우주(의 시작)>이 관조의 대상이 되어 있는 점과 대비될 만하다.

<시점>으로서 <끝>은 <중간>, <끝(마지막)>과 계단적인 대립관계에 있는 분절로 보인다. 따라서 이 분절의 명확한 위치와 특징을 발견하기 위해서는 <중간> 명칭에 대한 연구도 잇따라야 할 것인데, 이에 대한 연구는 후고로 미룬다.

참고문헌

강기룡(1994) :「<무덤> 명칭의 낱말밭 고찰」,『우리말 내용연구』제2호, 우리말내용
　　　　연구회.

강상식(1987) :「현대국어의 집짐승 이름씨에 대한 연구」, 고려대 교육대학원.

강호진(1993) :「도이치말 'sehen' 동사의 분절구조와 우리말 '보다' 동사의 분절구조
　　　　의 비교에 대하여」, 고려대 대학원(박사학위논문).

고려대 민족문화연구소(1995) :『중한 대사전』.

김래현(1989) :「Wilhelm von Humboldt의 동적언어관」,『언어 내용 연구』, 태종출판사.

김성대(1989) :「Leo Weisgerber의 품사론」,『언어 내용 연구』, 태종출판사.

김성환(1994) :「<코> 명칭에 대한 고찰」,『우리말 내용연구』제2호, 우리말내용
　　　　연구회.

김영진(1995) :「<비> 명칭의 낱말밭 연구―한자말을 중심으로」, 고려대 교육대학원.

김영희(1998) :「<Angst>에 대한 낱말밭 연구―독일어와 한국어의 형용사를 중심으
　　　　로」,『한국어 내용론(모국어와 에네르게이아)』제5호, 한국어내용학회.

김인자(1984) :「Leo Weisgerber의 인류언어법칙에 대하여」, 고려대 대학원.

김자영(1985) :「E. Coseriu의 System, Norm und Rede에 대한 연구」, 고려대대학원.

김재봉(1988) :「<착용> 동사의 낱말밭 연구」, 고려대 교육대학원.

김재영(1996) :『성능중심 어휘론』, 국학자료원.

단국대학교 동양학연구소(1997) :『한국 한자어 사전, 1. 2. 3. 4』, 단국대학교출판부.

박금용(1986) :「<주다> 동사의 낱말밭 연구」, 고려대 교육대학원.

박영준/최경봉(1996) :『관용어 사전』, 태학사.

박정환(1994) :「내용 연구 토대로서의 '밭' 개념」,『우리말 내용 연구』창간호, 우리말
　　　　내용연구회.

배성우(1999) : 「<자동차> 명칭에 대한 고찰」, 『우리어문 연구(한국어의 내용적 고찰)』 13집, 우리어문학회.

배성훈(2000) : 「현대국어의 <산> 명칭에 대한 연구」, 고려대 대학원.

배해수(1992) : 『국어 내용 연구 (2)』, 국학자료원.

______(1994) : 『국어 내용 연구 (3)-<친척> 명칭에 대한 분절구조』, 국학자료원.

______(1997) : 『국어 내용 연구(1)-수정판』, 고려대학교 민족문화연구소.

______(1998) : 『국어 내용 연구(4)-한국어와 동적언어이론』, 고려대학교출판부.

______(2000) : 『국어 내용 연구(5) -그 방안과 실제』, 국학자료원.

신기철·신용철 편저(1980) : 『새 우리말 큰 사전 : 상. 하』, 삼성출판사.

안정오(1998) : 「훔볼트의 사상적 특징」, 『한국어 내용론(모국어와 에네르게이아)』 제 5호, 한국어내용학회.

이가원·장심식 편저(1973) : 『상해 한자 대전』, 유강출판사.

이돈주(1992) : 『한자학 총론』, 박영사.

이미영(1995) : 「<옷> 명칭의 낱말밭 연구-<재료>를 중심으로」, 고려대 교육대 학원.

이성준(1999) : 『훔볼트의 언어철학』, 고려대학교출판부.

이희승 편저(1986) : 『국어 대사전』, 민중서림.

장기문(2000) : 「현대국어 <여자> 명칭의 분절구조 연구」, 고려대 대학원(박사학위 논문).

장은하(1999) : 「현대국어의 <발부위> 명칭에 대한 연구」, 『우리어문 연구(한국어의 내용적 고찰)』 13집, 우리어문학회.

정소프트(주)(1997) : 『컴퓨터용 전자사전 피시딕 7.0』.

정시호(1994) : 『어휘장이론 연구』, 경북대 출판부.

정태경(1999) : 「<국> 명칭의 분절구조」, 『우리어문 연구(한국어의 내용적 고찰)』 13 집, 우리어문학회.

정혜령(1994) : 「<바람> 명칭에 관한 고찰」, 고려대 교육대학원.

조재수·유재원·안정애(2000) : 『바른글 한국어 전자사전』, 한글토피아.

최경봉(1992) : 「국어 관용어 연구」, 고려대 대학원.

하길종(1999) : 「<힘> 명칭에 대한 고찰(3)-<근원(무정성)>을 중심으로」, 『우리어문 연구(한국어의 내용적 고찰)』 13집, 우리어문학회.

한글과컴퓨터(1995) :『윈도우즈용 흔글 우리말 큰사전 1.0』.

한글학회(1992) :『우리말 큰사전』, 어문각.

허 발(1981) :『낱말밭의 이론』, 고려대출판부.

______옮김(1985) :『구조의미론』, 고려대출판부.

______옮김(1986) :『언어내용론』, 고려대출판부.

______옮김(1993) :『모국어와 정신 형성』, 문예출판사.

허웅(1981) :『언어학—그 대상과 방법』, 샘문화사.

______(1983) :『국어학—우리말의 오늘. 어제』, 샘문화사.

홍석준(1990) :「말 명칭에 대한 연구—현대 국어를 중심으로」, 고려대 교육대학원.

홍승우(1989) :「Wilhelm von Humboldt의 언어개념」,『언어내용 연구』, 태종출판사.

K. Baldinger(1980) : *Semantic Theory*, Basil Blackwell Publishers, Oxford.

W. L. Chafe(1973) : *Meaning and Structure of Language*, The University of Chicago Press.

E. Coseriu(1971) : *Sprache, Strukturen und Funktionen*, Tuebingen.

________(1973) : *Probleme der Strukturellen Semantik*, Tuebingen.

H. Geckeler(1973) : *Strukturelle Semantik des Franzoesischen*, Max Niemeyer Verlag, Tuebingen.

H. Gipper(1969) : *Bausteine zur Sprachinhaltsforschung*, Paedagogischer Verlag, Schwann, Duesseldorf.

________(1974) : "Inhaltbezogene Grammatik" *Grundzuege der Literatur und Sprachwissenschaft*, Band 2. Deutsche Taschenbuch Verlag.

________(1984) : "Der Inhalt des Wortes und die Gliederung der Sprache", *Duden Grammatik*, Duden Verlag, Wien/Zuerich.

G. Helbig(1974) : *Geschichte der neueren Sprachwissenschaft*, Rowohlt Taschenbuch Verlag, Leipzig/Muenchen.

________(1961) : "Die Sprachauffassung Leo Weisgerbers—Zum Problem der 'funktionalen' Grammatik—", *Der Deutchunterricht* (Sprachlehre III), Stuttgart.

W. v. Humboldt(1979) : *Werke*, Band 3. *Schriften zur Sprachphilosophie*, Cott'asche Buchhandlung, Stuttgart.

M. Ivić(1970) : *Trends in Linguistics,* Mouton/Co. N. V., Publishers, The Hague.

G. Ipsen(1932) : "Der neue Sprachbegriff", *Wege der Forschung*(1973), Wissenschaftliche Buchgesellschaft, Darmstadt.

J.Lyons(1979) : *Semantics* 1. 2. Cambridge University Press, Cambridge.

______(1981) : *Language and Linguistics —An Introduction —*, Cambridge University Press, Cambridge.

E. A. Nida(1975) : *Componential Analysis of Meaning*, Mouton Publishers, The Hague.

C. K. Ogden/I. E. Richards(1946) : *The Meaning of Meaning*, Harcourt Brace Jovanovich Book, New York/London.

P. H. Salus(1969 ed.) : *On Language —Plato to von Humboldt —*, Holt, Rinehart and Winston, Inc., New York.

J. Trier(1931) : "Ueber Wort-und Begriffsfelder", *Wege der Forschung*(1973), Wissenschaftliche Buchgesellschaft, Darmstadt.

______(1934) : "Deutsche Bedeutungsforschung", *Wege der Forschung*(1973), Wissenschaftliche Buchgesellschaft, Darmstadt.

S. Ullmann(1967) : *Semantics —An Introduction to The Science Of Meaning —*, Oxford, Basil Blackwell.

L. Weisgerber(1929) : *Muttersprache und Geistesbildung*, Goettingen.

______(1962) : *Grundzuege der inhaltbezogenen Grammatik*, Duesseldorf.

______(1963) : *Die Vier Stufen in der Erforschung der Sprachen*, Paedagogischer Verlag, Duesseldorf.

______(1964) : *Das Menschheitsgesetz der Sprache*, Quelle/Meyer Verlag, Heidelberg.

______(1965) : "Die Lehre von der Sprachgemeinschaft", *Frankfurter Hefte Zeitschrift fuer Kultur und Politik*, Duesseldorf.

______(1971) : *Die Geistige Seite Der Sprache und ihre Erforschung*, Paedagogischer Verlag, Schwann, Duesseldorf. (고려대 교수)

A Study on the Wordfield of Nouns Expressing 〈끝〉 (Last Point of Time) in Modern Korean Language

Bae Hae Soo

In this study I made an attempt to apply 'wordfield-theory' to finding out the viewpoints of Korean people contemplating the physical world. As the result of this study conducting researches specially based on the wordfield of the nouns expressing <시점-끝>(last point of time) in modern Korean language, I made certain of following facts.

(1) In this structure two lexemes, as [끝] and [마지막], are fulfilling their functions as archilexemes.

(2) This structure is related to two viewpoints, <the basic unit of time> and <time of events>.

현대국어 〈노인〉 명칭의 분절구조 고찰

−〈성〉, 〈높임법〉, 〈상태〉분절을 중심으로−

장 기 문

1. 머리말

이 연구는 현대국어의 〈노인〉 명칭의 분절구조를 해명하기 위하여 시도된다. 귀납적인 결과이기는 하지만 〈노인〉명칭은 〈직업〉, 〈성〉, 〈높임법〉, 〈상태〉 등이 관조의 대상이 되어 있다. 이 연구에서는 〈성〉, 〈높임법〉, 〈상태〉분절을 중심으로 고찰하게 되는 데 이러한 규명은 〈사람〉명칭에 대한 전체적인 분절구조 해명을 위한 전제 작업의 성격을 띠고 있다. 이렇듯 〈사람〉명칭 분절에 관한 작은 분절구조 하나하나에 대한 연구가 있어야 〈사람〉 명칭 분절의 전체적인 해명이 가능하다. 이러한 전제 작업의 성격을 띠고 있는 〈노인〉명칭의 분절구조를 발견하려면 어휘분절구조(Wortfeld)이론이 합당한 배경이 될 수 있다.

전통 문법에서 분절은 상위의 큰 단위를 구성하고 있는 작은 단위를 지칭하지만 동적 언어관을 바탕으로 하는 내용이론에서는 분절은 일정한 객관세계에 대하여 개개 민족이 그 정신과 함께 바라보는 관점, 곧 각 민족의 세계관 자체를 의미한다.[1]

---

1) 배해수(2000) : 『국어내용연구(5)』, 국학자료원, 45~ 46쪽 참조.

홈볼트에 의한 에르곤(Ergon)과 에네르게이아(Energeia)의 논의는 바이스게르버에 의하여 양자가 평행관계로 해석되면서 언어연구의 4 단계 분류 속으로 구체화되고 체계화되어 수용된다. 그리고 언어연구에 있어서 4 단계의 구성 법칙과 상호간의 변별성에 대한 이해는 중간세계이론에 대한 이해를 전제 조건으로 한다. 중간세계 이론 속에 이미 동적 언어이론의 핵심이 자리하고 있으며 언어연구의 4단계 이론도 동적언어이론에 대한 외적인 일반언어학의 체계화이기 때문이다.[2] 제2단계에서는 언어적 포착(sprachlicher Zugriff)에 의한 세계의 언어화(Worten der Welt) 과정을 통하여 형성되는 언어사용자에게는 무의식적인 중간세계를 의식하는 것이 최대의 과제이며 이 과제를 수행할 수 있는 수단이 바로 분절구조이론이며 분절구조 해명이 바로 중간세계의 의식화이다.[3]

바이스게르버(Weisgerber)는 내용중심의 언어고찰이 추구하는 목표 설정을 위하여 세 가지 사상을 그 척도로 삼았다. 첫째, 언어는 감각적, 정신적 전체이기 때문에 각각의 언어마다 독특한 언어적, 정신적 측면을 가지며 이런 측면의 연구는 감각적 측면 이상으로 중요하다는 것이다. 둘째, 언어의 정신적 측면은 언어의 상이성에 관여하며 감각적 형태의 상이성은 특별한 정신적 언어세계를 구축해서 유지하고 있다는 이유에서만 확증된다는 것이다. 셋째, 정신적 언어세계의 구성은 해당하는 언어세계의 구조자체로부터만 추론될 수 있으며 그 의식화가 가능하다는 것이다.[4]

(1) 노인(老人)
(2) 늙은이

이 낱말들은 {늙은 사람}으로 풀이된다. 그리고 [늙다]는 ① {나이가 중년을 지나 기력이 줄어가다}, ② {제 나이에 비하여 나이가 들어 보이다}, ③

---

2) ibid. 15~16 쪽 참조.
3) 정시호(1994) : 『어휘장이론연구』, 경북대학교출판부, 56~57 쪽 참조.
4) 이성준(1993) : 『언어내용이론』, 국학자료원, 29쪽 참조.

{결혼할 나이가 지나다}로 풀이되므로 <중년을 지남＋기력이 줄음>이라는 특성을 지닌다. 이 연구에서는 주로 ①의 의미를 중심으로 논의하며 ②, ③의 의미도 일부 관련이 있는 낱말이 몇 개 발견된다.[5]

[노인(老人)]은 ① {나이 많이 든 늙은 사람} ② {나이가 많은 남자}로 풀이된다. 이 연구에서는 ①의 의미로 한정하여 논의할 것이다. 이 낱말은 이 분절의 특성을 대변하는 메타언어가 되면서 원어휘소의 자리에 위치하고 있다. 즉, [노인(老人)]은 {나이가 많이 들어 늙은 사람을 특별히 낮추어 말하는 뜻이 없이 이르는 말}이다.

노년기는 심신의 활동이 최고로 발휘되는 성인기 이후에 쇠퇴하기 시작한 때부터 죽음에 이르기까지의 시기로 노년기는 초로기, 노화기, 노쇠기로 나눌 수 있으나 개인차가 크고, 기능이나 기관의 감퇴는 반드시 일정하지 않으므로 연령적으로 구분하기는 어렵다. 그러나, 대체로 45~50세부터 향로(向老) 과정이 시작되므로 45~55세를 초로기(初老期)라하고 65~75세를 노쇠기(老衰期)의 문턱으로 보며 그 사이를 노화기(老化期)라 한다. [늙다]는 {사람이나 동물(드물게는 식물)의 나이가 많은 것}을 뜻한다.

[늙은이]도 {늙은 사람}으로 풀이되므로 [노인：老人]과 함께 <노인>명칭의 원어휘소의 위치를 차지하는 낱말로 이해할 수 있을 것이다. [늙은이]는 {나이가 많이 들어 늙은 사람을 낮추어 이르는 말}로 대우법상 높임의 대상이 되는 인물에 대해서는 쓸 수 없다. 나이 많은 사람이 자신을 늙은이로 가리키는 것은 겸칭(謙稱)이 된다. [노인]은 사용분포 면에서 [늙은이]보다 우세한 면을 보이고 있다.

<성>, <존비>, <상태>분절을 중심으로 한 <노인>명칭의 원어휘소와 상위의 기본 구조는 [그림 1]과 같이 도식화할 수 있을 것이다.

---

5) [늙다]는 ① 사람이나 동물이 평균수명의 반 이상을 산 상태가 된다. ② 사람이 같은 또래 가운데서 다른 사람보다 나이가 많은 상태가 된다. ③ 사람이 일정한 직장이나 직업에 종사한 햇수가 많은 상태가 된다. ④ 사람이 시간이 지남에 따라 나이가 많은 상태가 된다. ⑤ 사람이 젊음이 왕성한 시기를 지나 노쇠현상이 나타나는 상태가 되다로 풀이된다. 이러한 낱말의 개념규정에서도 ①, ④, ⑤가 주로 이 연구와 관련되는 개념이다.

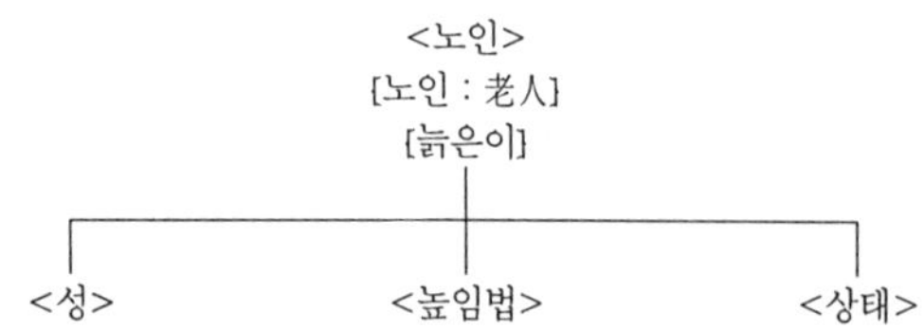

[그림 1] <노인>명칭의 상위 기본구조

2. <성>과 관련된 표현

(3) 노한(老漢)

이 낱말은 {늙은 사내}로 풀이되므로 한자 한(漢)이 의미하는 바와 같이 <성－남성＋사내 강조>라는 특성으로 해명된다.

(4) 노옹(老翁)

이 낱말은 {할아범}이라는 의미를 지닌 낱말로 한자어 옹(翁)이 의미하는 바와 같이 <성－남성＋늙음 강조>라는 특성으로 해명된다.6)

(5) 할아범

이 낱말은 {지체가 낮은 늙은 남자를 대접하여 일컫는 말}로 풀이되므로 <성－남성＋대접함>이라는 특성으로 해명된다. 이 낱말은 {지체가 낮은 사람에 대하여 그의 할아버지를 일컫는 말}, {지체가 높은 사람에 대하여 제 할아버지를 일컫는 말}이라는 내용과 함께 쓰이기도 한다.

---

6) [노야(老爺)], [노수(老叟)]도 [노옹(老翁)]과 같은 위치가치를 지닌 낱말로 이해할 수 있을 것이다.

(6) 할아버지

이 낱말은 {늙은 남자를 대접하여 일컫는 말}로 풀이되므로 [할아범]과 함께 <성−남성+대접함>이라는 특성으로 해명된다. 이 낱말은 {아버지의 아버지}, {부모의 아버지와 한 항렬에 있는 남자}라는 내용과 함께 다른 분절 즉 친척 명칭 분절과 관련을 맺고 있는 낱말이다.

(7) 할아비

이 낱말은 {할아버지의 낮춤말}, {할아범의 낮춤말}로 풀이되므로 <성−남성+낮춤>이라는 특성으로 해명된다. 지금까지 논의한 낱말의 분절구조를 도식화하면 [그림2]와 같이 될 것이다.

[그림2] <성>과 관련된 분절구조(1)

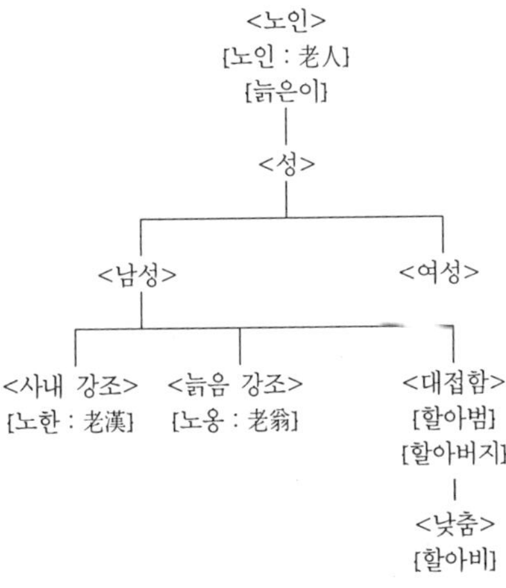

(8) 노녀(老女)

이 낱말은 {늙은 여자}로 풀이되므로 <성-여성+여자 강조>라는 특성으로 해명된다.

(9) 노친(老親)

이 낱말은 [나이 많은 늙은 부인을 이르는 말}로 풀이되므로 <성-여성+부인 강조>라는 특성으로 해명된다. 이 낱말은 {늙은 어버이}, {늙은 부모}라는 내용과 함께 쓰이기도 한다.

(10) 노파(老婆)

이 낱말은 {여자 늙은이}로 풀이되므로 <성-여성+늙음 강조>라는 특성으로 해명된다.7)

(11) 할멈

이 낱말은 {지체가 낮은 늙은 여자를 대접하여 일컫는 말}로 풀이되므로 <성-여성+대접함>이라는 특성으로 해명된다. [할멈]은 {지체가 낮은 사람에 대하여 그의 할머니를 일컫는 말}, {지체가 높은 사람에게 대하여 제 할머니를 일컫는 말}이라는 내용과 함께 쓰이기도 한다.

(12) 할머니

이 낱말은 {늙은 여자를 대접하여 일컫는 말}로 풀이되므로 [할멈]과 함께

---

7) [노온(老媼)], [노고(老姑)], [노구(老嫗)], [온구(媼嫗)], [마고할미]도 같은 위치가치를 지니는 낱말이다.

<성-여성+대접함>이라는 특성으로 해명된다. [할머니]는 {아버지의 어머니}, {보모의 어머니와 한 항렬에 있는 여자}라는 내용과 함께 쓰이기도 한다.

(13) 할미

이 낱말은 {할머니의 낮춤말}, {할멈의 낮춤말}로 풀이되므로 <성-여성+낮춤>이라는 특성으로 해명된다.

(14) 할미장이

이 낱말은 {할미를 얕잡아 일컫는 말}로 풀이되므로 <성-여성+낮춤+얕잡음>이라는 특성으로 해명된다.

(15) 할망구

이 낱말은 {늙은 여자를 조롱하거나 장난으로 이르는 말}로 풀이되므로 <성-여성+낮춤+조롱·장난>이라는 특성으로 해명된다.

(16) 노부인(老婦人)

이 낱말은 {늙은 여자를 높이어 이르는 말}로 풀이되므로 <성-여성+높임>이라는 특성으로 해명된다. 지금까지 논의한 낱말의 분절구조를 도식화하면 [그림 3]과 같이 될 것이다.

[그림 3] <성>과 관련된 분절구조(2)

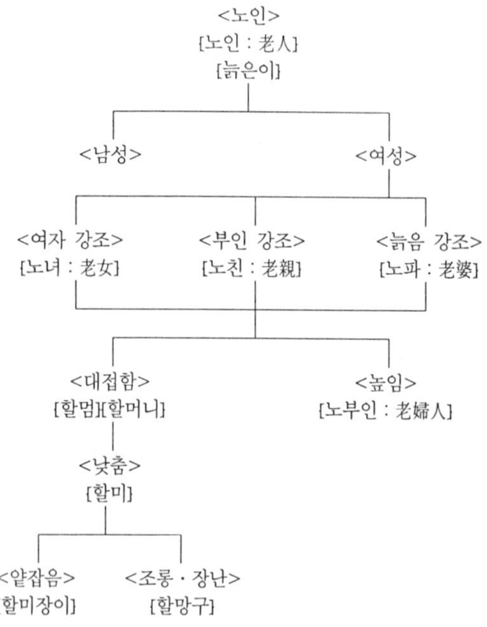

3. <높임법>과 관련된 표현

(17) 늙으신네

이 낱말은 {늙은이의 높임말}로 풀이되므로 <높임법－높임>이라는 특성
으로 해명된다.

(18) 노인장(老人丈)

이 낱말은 {늙으신네}로 풀이되므로 <높임법－높임>이라는 특성으로 해

명된다.

(19) 노군(老君)

이 낱말은 {노인의 높임말}로 풀이되므로 <높임법—높임>이라는 특성으로 해명된다. [노군(老君)]은 <높임법—높임>이라는 특성으로 해명된다. 이 낱말은 {노사를 달리 이르는 말}, {신하가 벼슬에서 물러난 제후를 높여 부르는 말}이라는 내용과 함께 쓰이기도 한다.

(20) 노공(老公)

이 낱말은 {늙으신네}로 풀이되므로 [늙으신네], [노인장(老人丈)], 노군(老君)]과 함께 <높임법—높임>이라는 특성으로 해명된다. [노공(老公)]은 {나이가 지긋한 귀인을 이르는 말}, {내시}라는 내용과 함께 쓰이기도 한다.[8]

(21) 존로(尊老)
(22) 존옹(尊翁)

이 낱말들은 {늙으신네}로 풀이되므로 공통적으로 <높임법—높임강조>라는 특성으로 해명된다.

(23) 장로(長老)

이 낱말은 {덕이 높고 나이가 많은 사람}으로 풀이되므로 <높임법—덕이 높음>이라는 특성으로 해명된다. [장로(長老)]는 {학식이 높고 나이가 많고 덕이 높으며 그 절의 원로인 중을 높여 부르는 말}, {교회에서 나이가 많고 경력이

---

8) [노공 : 老公]은 중국어에서는 {아내가 남에 대하여 자기 남편을 일컫는 말}이라는 내용과 함께 쓰인다.

있는 사람에게 맡기는 교직}이라는 내용과 함께 쓰이기도 한다.

(24) 노부인(老婦人)

이 낱말은 {늙은 여자를 높이어 이르는 말}로 풀이되므로 <높임법-높임
+여성 강조>라는 특성으로 해명된다.

(25) 영감(令監)

이 낱말은 {늙은 남자의 높임말}로 풀이되므로 <높임법-높임+남성 강조>
라는 특성으로 해명된다. [영감(令監)]은 {나이 든 사람의 아내가 그의 남편을
부르는 말}, {전날 정삼품과 종이품 벼슬아치를 일컫던 말}, {급수가 높은 공
무원이나 지체가 높은 사람을 높여 이르는 말}, 이라는 내용과 함께 쓰이기도
한다.

(26) 영감님

이 낱말은 {영감의 높임말}로 풀이되므로 <높임법-더욱 높임>이라는 특
성으로 해명된다.

(27) 영감장이
(28) 영감태기

이 낱말들은 {영감의 낮춤말}로 풀이되므로 <높임법-낮춤>이라는 특성
으로 해명된다. 지금까지 논의한 낱말의 분절구조를 도식화하면 [그림 4]와
같이 될 것이다.

[그림 4] <높임법>과 관련된 분절구조(1)

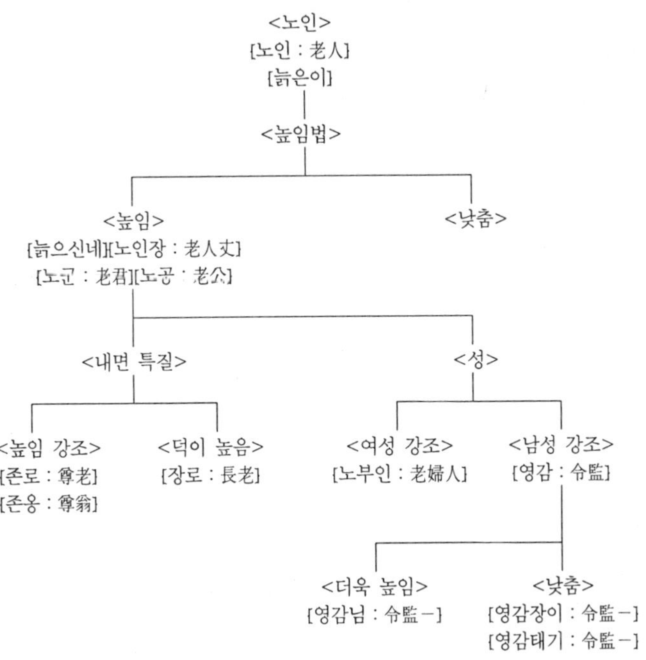

(29) 늙다리

이 낱말은 {늙은이의 낮춤말}로 풀이되므로 <높임법－낮춤>이라는 특성으로 해명된다. [늙다리]는 {늙은 짐승}이라는 내용과 함께 다른 분절에도 관여하는 낱말이다.

(30) 늙정이

(31) 늙정뱅이

(32) 노닥다리

이 낱말들은 {늙은이의 낮춤말}로 풀이되므로 공통적으로 <높임법－낮춤>이라는 특성을 지닌 낱말로 이해할 수 있을 것이다.

(33) 노객(老客)

이 낱말은 {늙은 사람을 얕잡아 일컫는 말}로 풀이되므로 <높임법-낮춤>
이라는 특성으로 해명된다. [노객(老客)]은 {늙은 손님}이라는 내용과 함께 쓰
이기도 한다.

(34) 노생(老生)

이 낱말은 {노인이 웃사람에게 자기를 낮추어 이르는 말}로 풀이되므로 <높
임법-스스로 낮춤>이라는 특성으로 해명된다.

(35) 우로(愚老)
(36) 졸로(拙老)

이 낱말들은 [늙은이가 자기를 겸손하게 일컫는 말}로 풀이되므로 공통적
으로 <높임법-겸칭>이라는 특성으로 해명된다.

(37) 할아비

이 낱말은 {할아버지의 낮춤말}, {할아범의 낮춤말}로 풀이되므로 <높임
법-낮춤+성-남성>이라는 특성으로 해명된다.

(38) 할망구

이 낱말은 {늙은 여자의 낮은 말}, {늙은 여자를 조롱하거나 장난으로 이르
는 말}로 풀이되므로 <높임법-낮춤+성-여성>이라는 특성으로 해명된다.

(39) 할미

이 낱말은 {할머니의 낮춤말}, {할멈의 낮춤말}로 풀이되므로 <높임법－낮춤＋성－여성>이라는 특성으로 해명된다.

(40) 할미장이

이 낱말은 {할미를 얕잡아 일컫는 말}로 풀이되므로 <높임법－더욱 낮춤＋성－여성>이라는 특성으로 해명된다. 지금까지 논의한 낱말의 분절구조를 도식화하면 [그림 5]와 같이 될 것이다.

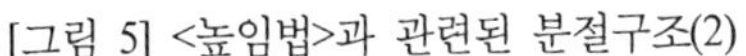

[그림 5] <높임법>과 관련된 분절구조(2)

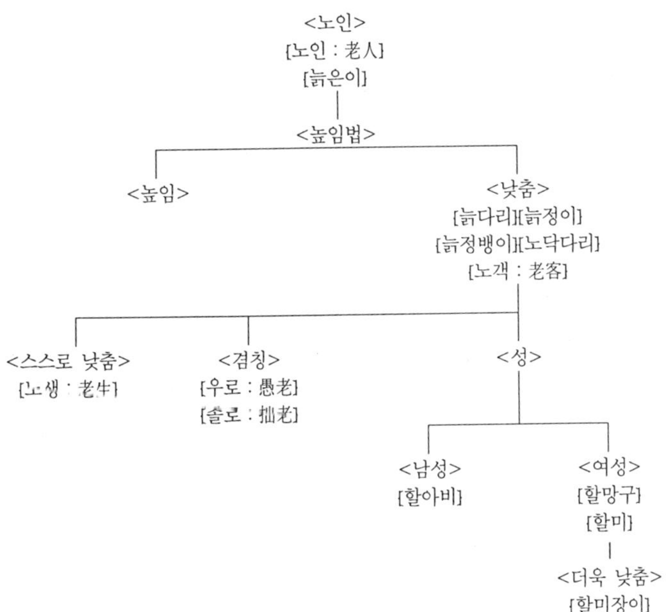

3. <상태>와 관련된 표현

(41) 파파노인(皤皤老人)

이 낱말은 {머리가 하얗게 센 늙은 이}로 풀이되므로 <상태－외양－머리털－하얗게 셈>이라는 특성으로 해명된다.

(42) 호호백발(皜皜白髮)
(43) 소소백발(昭昭白髮)

이 낱말들은 {온통 머리가 하얗게 센 늙은이}로 풀이되므로 공통적으로 <상태－외양－머리털－하얗게 셈>이라는 특성으로 해명된다. [호호백발(皜皜白髮)], [소소백발(昭所白髮)]은 {온통 하얗게 센 머리털}이라는 내용과 함께 쓰이기도 한다.

(44) 대백(戴白)

이 낱말은 {머리털이 많이 난 노인}으로 풀이되므로 <상태－외양－머리털－많이 남>이라는 특성으로 해명된다. [대백(戴白)]은 {머리털이 많이 남}이라는 내용과 함께 쓰이기도 한다.

(45) 파파할머니(皤皤－)

이 낱말은 {머리가 하얗게 센 할머니}로 풀이되므로 <상태－외양－머리털－하얗게 셈＋성－여성>이라는 특성으로 해명된다.

(46) 태배(鮐背)

이 낱말은 {늙은이의 살가죽이 복생선의 무늬와 같다는 뜻으로 늙은이를 비유하여 이르는 말}로 풀이되므로 <상태－외양－살가죽－복생선 무늬와 같음>이라는 특성으로 해명된다.

(47) 꼬부랑늙은이

이 낱말은 {허리가 꼬부라진 늙은이}로 풀이되므로 <상태－외양－허리－꼬부라짐>이라는 특성으로 해명된다

(48) 꼬부랑할아범

이 낱말은 {허리가 꼬부라진 할아범}으로 풀이되므로 <상태－외양－허리－꼬부라짐＋성－남성>이라는 특성으로 해명된다.

(49) 꼬부랑할미

이 낱말은 {허리가 꼬부라진 할미}로 풀이되므로 <상태－외양－허리－꼬부라짐＋성－여성>이라는 특성으로 해명된다. 지금까지 논의한 낱말의 분절구조를 도식화하면 [그림 6]과 같이 될 것이다.

[그림 6] <상태-외양>과 관련된 분절구조(1)

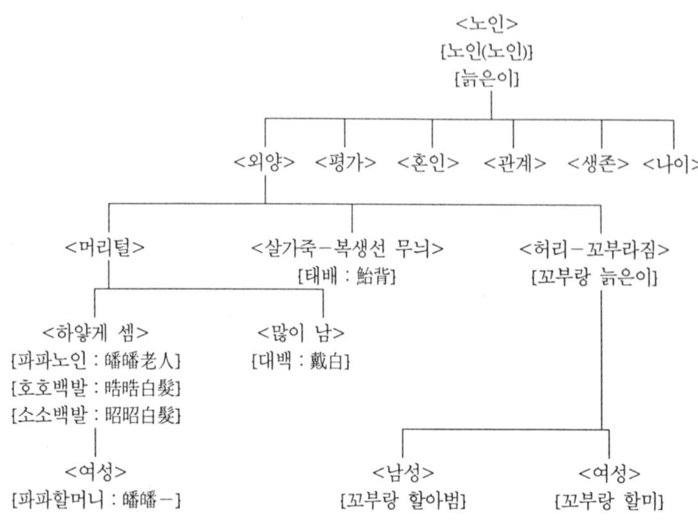

(50) 호호야(好好爺)

이 낱말은 {인품이 아주 좋은 늙은이}로 풀이되므로 <상태-평가-긍정-인품 좋음>이라는 특성으로 해명된다.

(51) 기덕(耆德)

이 낱말은 {나이 많고 덕이 높은 사람}으로 풀이되므로 <상태-평가-긍정-덕 높음+경험 많음>이라는 특성으로 해명된다.

(52) 기숙(耆宿)

이 낱말은 {늙어서 덕망과 경험이 많은 사람}으로 풀이되므로 <상태-평가-긍정-덕 높음+경험 많음+학문 높음>이라는 특성으로 해명된다.

(53) 대로(大老)

이 낱말은 {나이나 사회적 지위, 또는 덕이 높은 사람}으로 풀이되므로 <상태-평가-긍정-덕 높음+지위 높음>이라는 특성으로 해명된다. 지금까지 논의한 낱말의 분절구조를 도식화하면 [그림 7]과 같이 될 것이다.

[그림 7] <상태-평가>와 관련된 분절구조(2)

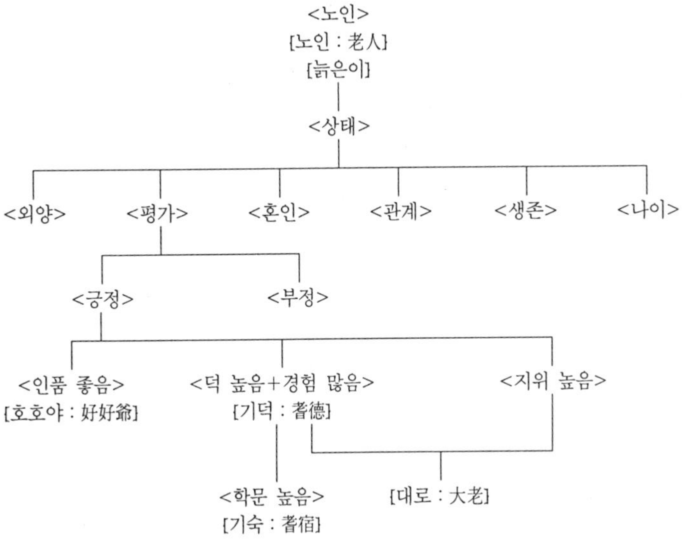

<노인>
[노인 : 老人]
[늙은이]

<상태>

<외양>　<평가>　<혼인>　<관계>　<생존>　<나이>

<긍정>　　　<부정>

<인품 좋음>　　<덕 높음+경험 많음>　　<지위 높음>
[호호야 : 好好爺]　　[기덕 : 耆德]

<학문 높음>　　[대로 : 大老]
[기숙 : 耆宿]

(54) 숙소(宿素)

이 낱말은 {늙어서 중망이 있는 사람}으로 풀이되므로 <상태-평가-긍정-중망>이라는 특성으로 해명된다. [숙소(宿素)]는 {평소의 염원}이라는 내용과 함께 쓰이기도 한다.

(55) 노대가(老大家)

이 낱말은 {늙은 대가}, {나이를 먹고 경험을 쌓아 그 방면에 뛰어난 사람}
으로 풀이되므로 <상태-평가-긍정-경험·권위>라는 특성으로 해명된다.

(56) 숙로(宿老)

이 낱말은 {경험이 많고 사물에 능통한 늙은이}로 풀이되므로 <상태-평
가-긍정-경험+능숙>이라는 특성으로 해명된다.

(57) 노기(老驥)

이 낱말은 {나이 많은 준걸}로 풀이되므로 <상태-평가-긍정-재주+슬
기>라는 특성으로 해명된다. [노기(老驥)]는 {늙은 준마}라는 내용과 함께 다
른 분절에도 관여하는 낱말이다.

(58) 동두민(洞頭民)

이 낱말은 {아는 것이 많거나 나이가 많은 사람}으로 풀이되므로 <상태-
평가-긍정-아는 것 많음>이라는 특성으로 해명된다. [동두민(洞頭民)]은
{한 동네의 어른이 되는 사람}이라는 내용과 함께 쓰이기도 한다. 지금까지
논의한 낱말의 분절구조를 도식화하면 [그림 8]과 같이 될 것이다.

[그림 8] <상태-평가>와 관련된 분절구조 (3)

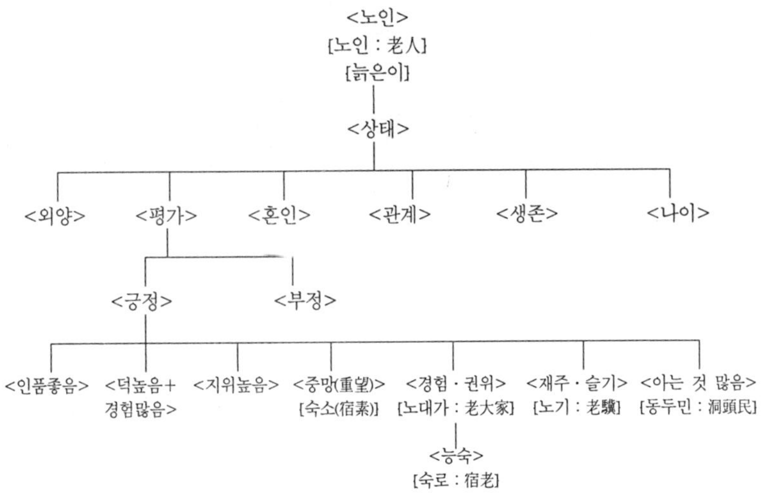

(59) 노물(老物)

이 낱말은 {늙어서 쓸모없는 사람}으로 풀이되므로 <상태-평가-부정-쓸모 없음>이라는 특성으로 해명된다.9)

(60) 노궁(老窮)

이 낱말은 {늙고 가난한 사람}으로 풀이되므로 <상태-평가-부정-가난함>이라는 특성으로 해명된다. 지금까지 논의한 낱말의 분절구조를 도식화하면 [그림 9]와 같이 될 것이다.

---

9) [노폐물(老廢物)]이라는 낱말도 같은 위치가치를 지니는 낱말로 이해할 수 있을 것이다.

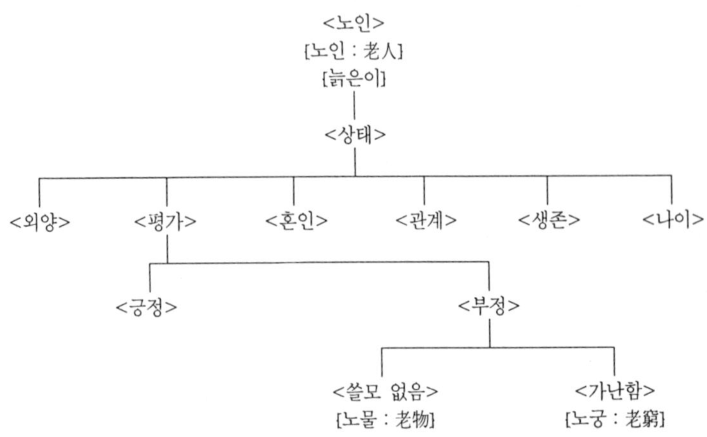

(61) 노총각(老總角)

이 낱말은 {혼인할 나이가 훨씬 지난 총각}으로 풀이되므로 <상태-혼인
-미혼-남성>이라는 특성으로 해명된다.

(62) 노처녀(老處女)

이 낱말은 {혼인할 나이가 훨씬 지난 처녀}로 풀이되므로 <상태-혼인-
미혼-여성>이라는 특성으로 해명된다.10)

(63) 늙다리처녀

이 낱말은 {노처녀의 낮춤말}로 풀이되므로 <상태-혼인-미혼-여성+
낮춤말>이라는 특성으로 해명된다. 지금까지 논의한 낱말의 분절구조를 도
식화하면 [그림 10]과 같이 될 것이다.

---

10) [노양(老孃)]도 같은 위치가치를 지니는 낱말로 이해할 수 있을 것이다.

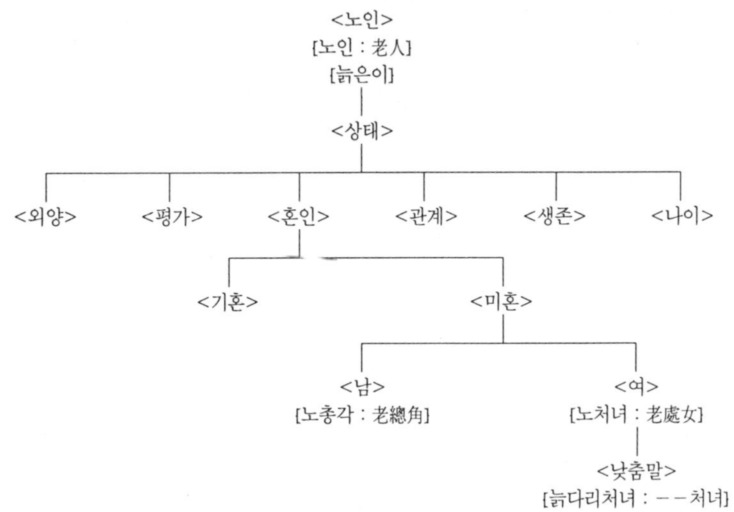

[그림 10] <상태-혼인>과 관련된 분절구조(5)

(64) 노우(老友)

이 낱말은 {늙은 벗}으로 풀이되므로 <상태-관계-친구>라는 특성으로 해명된다.[11]

(65) 노객(老客)

이 낱말은 {늙은 손님}으로 풀이되므로 <상태-관계-손님>이라는 특성으로 해명된다. [노객(老客)]은 {늙은 사람을 얕잡아 일컫는 말}이라는 내용과 함께 쓰이기도 한다.

(66) 노마님

이 낱말은 {늙은 마님}으로 풀이되므로 <상태-관계-마님>이라는 특성

---

11) [기구(耆舊)]도 같은 위치가치를 지니는 낱말이다.

으로 해명된다

지금까지 논의한 낱말의 분절구조를 도식화하면 [그림 11]과 같이 될 것이다.

[그림 11] <상태-관계>와 관련된 분절구조(6)

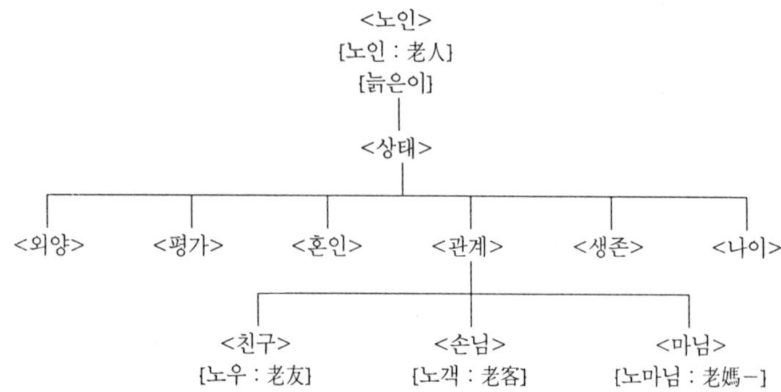

(67) 유로(遺老)

이 낱말은 {살아 남은 노인}으로 풀이되므로 <상태-생존>이라는 특성으로 해명된다.

(68) 촌로(村老)
(69) 촌옹(村翁)

이 낱말들은 {촌에서 사는 늙은이}로 풀이되므로 <상태-생존-시골-평민>이라는 특성으로 해명된다.12)

(70) 촌유(村儒)

이 낱말은 {시골 선비}로 풀이되므로 <상태-생존-시골-선비>라는 특

---

12) [촌수(村叟)]도 같은 위치가치를 지니는 낱말이다.

성으로 해명된다.

(71) 촌샌님

(72) 촌생원(村生員)

이 낱말들은 {촌에서 살며 벼슬을 못 지낸 늙은 양반}으로 풀이되므로 <상태-생존-시골-선비>라는 공통 특성으로 해명된다. [촌샌님]과 [촌생원(村生員)]은 {촌에서 살며 융통성이 없는 사람의 비유}라는 내용과 함께 쓰이기도 한다.

(73) 조수(釣叟)

(74) 조부(釣父)

이 낱말들은 {낚시질하는 늙은이(노인)}으로 풀이되므로 <상태-생존-시골-낚시질>이라는 공통 특성으로 해명된다. 지금까지 논의한 낱말의 분절구조를 도식화하면 [그림 12]와 같이 될 것이다.

[그림 12] <상태-생존>과 관련된 분절구조(7)

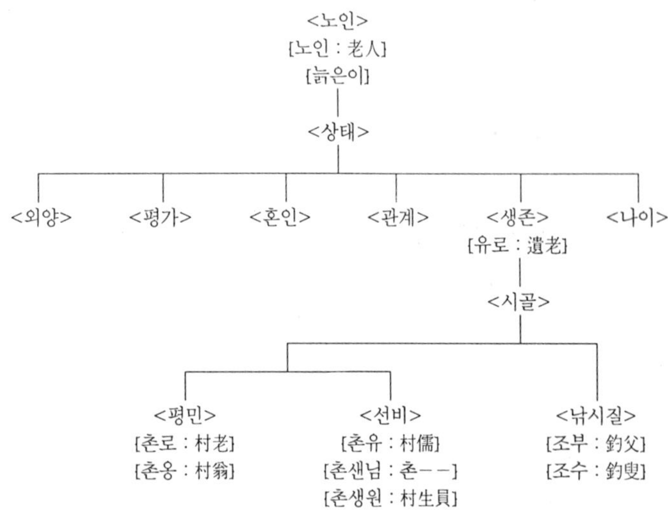

(75) 중늙은이
(76) 중노인(中老人)

이 낱말들은 {젊지도 않고, 아주 늙지도 아니한 사람}으로 풀이되므로 <상태-나이-추상-중기>라는 공통특성으로 해명된다.

(77) 상늙은이

이 낱말은 {여러 늙은이 가운데서 가장 나이 많은 늙은이}로 풀이되므로 <상태-나이-추상-가장 나이 많음>이라는 특성으로 해명된다.

(78) 상노인(上老人)

이 낱말은 {상늙은이의 높임말}로 풀이되므로 <상태-나이-추상-가장 나이 많음+높임말>이라는 특성으로 해명된다. 지금까지 논의한 낱말의 분절구조를 도식화하면 [그림 13]과 같이 될 것이다.

[그림 13] <상태-나이>와 관련된 분절구조(8)

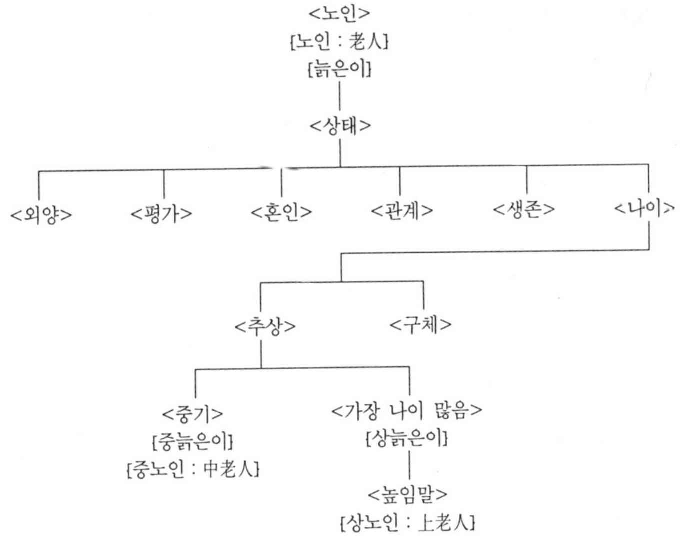

(79) 기애(耆艾)

이 낱말은 {늙은이, 노인}으로 [기(耆)]는 예순 살을 의미하며 [애(艾)]는 쉰 살을 의미한다. 그러므로 [기애(耆艾)]는 <상태-나이-구체-50세~60세>라는 특성으로 해명된다.

(80) 기로(耆老)

이 낱말은 {예순 살 이상의 늙은이}로 풀이되므로 <상태-나이-구체-60세 이상>이라는 특성으로 해명된다. 그리고 [로(老)]는 70살을 의미한다.

(81) 기사노인(耆社老人)

　이 낱말은 {기로소(耆老所)에 들어갈 만한 늙은이}로 풀이된다. 그리고 [기로소(耆老所)]는 {조선 때, 늙은이를 예로써 대접한다는 뜻으로 나이가 많은 임금과 일흔 살이 넘은 정이품 이상의 문관들이 모여 놀게 하던 곳}을 의미하므로 [기사노인(耆社老人)]은 <상태-나이-구체-70세>라는 특성으로 해명된다.

(82) 모질(耄耋)

　이 낱말은 {늙은이}로 풀이되면서 [모(耄)]는 80세를 의미하므로 구체적인 나이를 문제삼는 낱말로 <상태-나이-구체-80세>라는 특성으로 해명된다. 지금까지 논의한 낱말의 분절구조를 도식화하면 [그림 14]와 같이 될 것이다.

[그림 14] <상태-나이>와 관련된 분절구조(9)

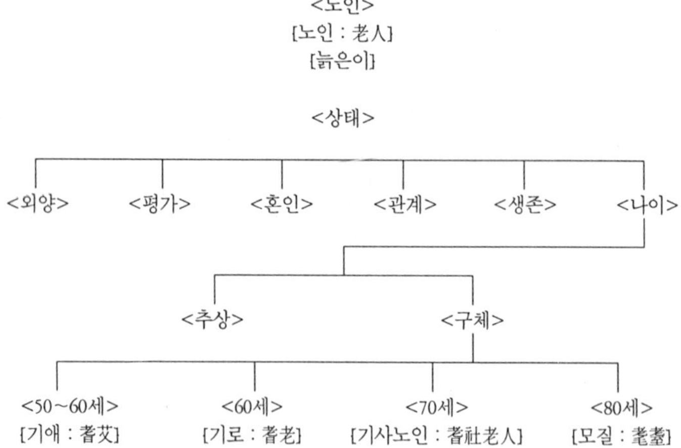

5. 맺음말

  인간의 삶은 항상 언어활동과 함께 수행된다. 언어형식에서부터 사고와 행위에 대한 언어재의 작용에 이르기까지 광범위하게 적용된다. 인간의 생활은 모국어에 의존하고 있으며 결속의 불가피성과 의의가 바탕이 되어 모국어법칙에 대한 인식이 정당화된다. 이러한 법칙에 따라 모든 인간은 모국어 속에 예속되는 것이며 모국어에 의하여 인간적인 삶이 부지불식간에 공동으로 형성된다. 이러한 모국어 법칙의 의식과 목표에 대한 문제는 언어의 본질적 특징과 결부된다. 언어는 분절된 음성을 사고의 표현이 될 수 있게 하는 영원히 되풀이되는 정신의 활동이며 정신을 형성하는 힘이기 때문이다. 언어공동체의 구성원들이 한 언어(모국어)의 분절구조를 획득한다는 것은 그 언어에 내재하는 일정한 세계상의 획득과 계승을 의미한다. 따라서, 우리는 모국어의 분절구조를 해명함으로써 모국어 형성의 직접적 요건이 된 우리의 민족 정신을 이해할 수 있으며, 그 분절구조가 우리 민족의 공동체적 삶을 어떠한 방식으로 지배하는가를 전망할 수 있게 된다. 이 연구는 지극히 부분적이지만 그러한 두 가지 목표를 향한 길을 마련하는 의미를 내포하며 <노인>명칭의 분절구조 해명에 초점을 맞추었다. 이 분절구조해명에서 드러난 특징을 요약하면 다음과 같다.[13]

  (1) <노인>은 <성>, <높임법>, <상태>가 관조의 대상이다. <성>분절은 <남성>, <여성>이 관심의 대상이다.<남성>은 <사내 강조>, <늙음 강조>, <대접함>, <낮춤>을 문제삼고 있다. <여성>은 <여자 강조>, <부인 강조>, <늙음 강조>가 관심의 대상이다. 또한, 하위에 <대접함>과 <높임>을 문제삼고 있으며 <대접함>은 하위에 <낮춤>을 문제

---

13) 배해수(2000) : op cit. 108~110쪽 참조.

삼고 있다.<낮춤>은 다시 <얕잡음>, <조롱·장난>을 문제삼고 있다.

(2) <높임법>분절은 <높임>과 <낮춤>이 관조의 대상이다. <높임>은 <
내면 특질>과 <성>이 관심의 대상이다. <내면 특질>은 <높임 강조>
와 <덕이 높음>을 문제삼고 있다. <성>은 <여성 강조>와 <남성 강
조>를 문제삼고 있다. 그리고 <남성 강조>는 <더욱 높임>과 <낮춤>
을 문제삼고 있다. 한편, <낮춤>은 <스스로 낮춤>, <겸칭>, <성>이
관심의 대상이다. <성>은 <남성>, <여성>을 문제삼고 있으며 <남성
>은 [할아비]라는 낱말 하나가 관여하고 있으며 <여성>은 [할망구],
[할멈], [할미], [할미장이]가 관여하고 있다.

(3) <상태>분절은 <외양>, <평가>, <혼인>, <관계>, <생존>, <나이>
가 관조의 대상이다.

(4) <외양>분절은 <머리털>, <살가죽-복생선 무늬>, <허리>가관심의
대상이다. <머리털>, <하얗게 셈>, <많이 남>을 문제삼고 있으며 <
하얗게 셈>은 <여성>을 문제삼고 있다. <허리>는 하위에 <남성>, <
여성>을 문제삼고 있다.

(5) <평가>분절은 <긍정>, <부정>이 관심의 대상이다. <긍정>은 하위
에 <인품 좋음>, <덕 높음+경험 많음>, <중망>, <경험·권위>, <
재주·슬기>, <아는 것 많음>을 문제삼고 있다. <덕 높음+경험 많음
>은 하위에 <학문 높음>을 문제삼고 있다. 그리고 <덕 높음+경험 많
음+지위 높음>을 문제삼는 [대로(大老)]가 있다.<경험·권위>는 하위
에 <능숙>을 문제삼고 있다.

(6) <혼인>분절은 <기혼>, <미혼>이 관조의 대상이다. <미혼>은 <남>,
<여>를 문제삼고 있다.

(7) <관계>분절은 <친구>, <손님>, <마님>이 관조의 대상이다.

(8) <생존>분절은 <시골>이 관조의 대상이다.<시골>은 하위에 <평민>,
<선비>, <낚시질>이 관심의 대상이다.

(9) <나이>분절은 <추상>과 <구체>가 관조의 대상이다. <추상>은 <중
기>, <가장 나이 많음>이 관심의 대상이다. <가장 나이 많음>은 하위

에 <높임말>을 문제삼고 있다. <구체>는 <50~60세>, <60세>, <70세>, <80~90세>가 관조의 대상이다.

참고문헌

강기룡(1991) : 「현대국어의 술 명칭에 대한 연구」, 고려대 교육대학원.

강상식(1987) : 「현대국어의 집짐승 이름씨에 대한 연구」, 고려대 교육대학원.

강호진(1982) : 「Leo Weisgerber의 '언어의 동적 고찰'에 관하여」, 고려대 대학원.

______(1989) : 「언어밭의 형식화 가능성 문제에 대하여」, 『언어 내용 연구』, 태종출판사.

______(1993) : 「도이치말 'sehen' 동사의 분절구조와 우리말 '보다' 동사의 분절구조의 비교에 대하여」, 고려대 대학원(박사학위논문)

김성대(1977) : 「조선시대의 색채어 낱말밭에 대하여—Leo Weisgerber의 이론을 중심으로」, 고려대학교 대학원(박사학위논문).

김영희(1992) : 「<Angst>에 대한 낱말밭 연구—도이치말과 우리말의 불안 명사를 바탕으로」, 고려대 대학원(박사학위논문).

김자영(1985) : 「E. Coseriu의 System Norm und Rede에 대한 연구」, 고려대 대학원.

김재봉(1988) : 「<착용> 동사의 낱말밭 연구」, 고려대 교육대학원.

김재봉(2000) : 「어휘분절구조와 어휘 교육」, 『한국어와 모국어 정신』, 국학자료원.

김재영(1990) : 「Leo Weisgerber의 의의영역에 대한 연구」, 고려대 대학원 박사학위논문.

______(1996) : 『<성능중심 어휘론』, 국학자료원.

박정환(1990) : 「E. Coseriu의 구조의미론 연구」, 부산대 대학원 박사학위논문.

배성우(1998) : 「국어 <모자> 명칭의 분절구조 연구—독일어와의 비교를 통하여」, 고려대 교육 대학원.

______(1998) : 「<장> 명칭에 대한 고찰」, 『모국어와 에네르게이아』, 한국어 내용학회.

______(1999) : 「<자동차> 명칭에 대한 고찰」, 『한국어의 내용적 고찰』, 국학자료원.

______(2000) : 「<궤도차>명칭에 대한 고찰」, 『한국어와 모국어 정신』, 국학자료원.

배성훈(2000) : 「<언덕>명칭에 대한 고찰」, 『한국어와 모국어 정신』, 국학자료원.

배해수(1979) : 「바이스게르버의 언어 공동체 이론에 대하여」, 『한글』 166호, 한글학회.

______(1981) : 「현대국어의 생명종식에 대한 연구-자동사적 표현을 중심으로」, 고려대학교 대학원 박사학위논문.

______(1992) : 『국어 내용 연구(2)』, 국학자료원.

______(1994) : 『한국인의 도덕성 연구』, 아산사회복지사업재단.

______엮음(1994) : 『한국어 내용연구(1)』, 국학자료원.

______(1994) : 『국어 내용 연구(3)-<친척> 명칭에 대한 분절구조』, 국학자료원.

______(1997) : 『국어 내용 연구(1)』, 고려대학교 민족문화연구소.

______(1998) : 『국어 내용 연구(4)-한국어와 동적언어이론』, 고려대학교출판부.

______(2000) : 『국어 내용 연구(5)』, 국학자료원.

봉일원(1980) : 「언어와 언어공동체」, 고려대 대학원.

손남익(2000) : 「국어 식사 명칭에 대한 연구」, 『한국어와 모국어 정신』, 국학자료원.

시정곤(2000) : 「분절구조의 몇 가지 문제」, 『한국어와 모국어 정신』, 국학자료원.

신익성(1974) : 「Weisgerber의 언어 이론」, 『한글』 제153호, 한글학회.

______(1979) : 「Wilhelm von Humboldt의 언어관과 변형이론의 심층구조」, 『어학 연구』 15권 1호, 서울대 어학연구소.

신차식(1983) : 「한·독 직업명칭에 대한 비교 연구」, 고려대 대학원 박사학위 논문.

안정오(1995) : 「낱말밭과 언어습득의 상관성」, 『한국어 내용론』 제3호, 한국어내용학회.

______(1996) : 「언어의 대격화 현상」, 『한국어 내용론』 제4호, 한국어내용학회.

______(1998) : 「훔볼트의 사정적 특징」, 『모국어와, 에네르게이아』, 한국어 내용학회

______(1999) : 「기호의 언어학적 고찰」, 『한국어와 세계관』, 한국어 내용학회

______(2000) : 「내용중심 문법의 생성, 발전, 그리고 전망」, 『한국어와 모국어 정신』, 국학자료원.

오미정(2000) : 「<창> 명칭의 어휘 분절구조 연구」, 『한국어와 모국어 정신』, 국학자료원.

이관규(2000) : 「내용 중심 문법의 분절화 영역 확대 시고」, 『한국어와 모국어 정신』, 국학자료원.

이성준(1978) : 「독일어 어휘의 분절에 관한 소고」, 고려대 대학원.

______(1984) : 「L. Weisgerber의 월구성안에 대한 연구」, 고려대 대학원 박사학위논문.

______(1993) : 『언어 내용 이론-통어론을 중심으로』, 국학자료원.

______(1994) : 『언어학 개론』, 국학자료원.

______(1999) : 「훔볼트의 언어 철학」, 고려대 출판부

______(2000) : 「훔볼트의 언어관에 나타나는 형식과 소재의 문제」, 『한국어와 모국어 정신』, 국학자료원.

임지룡(1992) : 「국어의미론」, 탑출판사.

장기문(1984) : 「현대국어의 집 명칭에 관한 연구」, 고려대 대학원.

______(1988) : 「현대국어의 물 이름에 대한 고찰」, 『한성어문학』 7집, 한성대 국어국문학과.

______(1990) : 「현대 국어의 불 이름에 관한 고찰」, 『한국어학 신연구』, 한신문화사.

______(1992) : 「사람 이름씨에 대한 고찰(1)-<겉모양> 표현을 중심으로」, 『남사 이근수 박사 환력기념 논총』, 반도출판사.

______(1994) : 「<벗> 명칭에 대한 고찰」, 『우리말 내용 연구』 창간호, 우리말내용연구회.

______(1994) : 「<아이> 명칭에 대한 고찰(1)-<출생>을 중심으로」, 『우리어문 연구』 8집, 우리어문연구회.

______(1995) : 「<아이> 명칭에 대한 고찰(2)-<성>, <현황>을 중심으로」, 『우리말 내용 연구』 제2호, 우리말 내용연구회.

______(1995) : 「<아이> 명칭에 대한 고찰(3)-<현황> 분절을 중심을 중심으로」, 『한국어 내용론』 제3호, 한국어내용학회.

______(1995) : 「<소> 명칭에 대한 고찰)」, 『우리어문 연구』 제9집, 우리어문연구회

______(1996) : 「<여자> 명칭에 대한 고찰」, 『한국어 내용론』 제4호, 한국어내용학회.

______(1997) : 「현대국어의 <여자> 명칭에 대한 고찰(2)-<정신>, <품행>을 중심으로」, 『우리어문연구』 제10집, 우리어문학회.

______(1998) : 「노비명칭에 대한 고찰(2)」, 『한국어 내용론』 제5호, 한국어내용학회.

______(1999) : 「현대국어의 직업인 명칭에 대한 고찰(1)」, 『한국어와 세계관』, 한국어내용학회

______(1999) : 「현대국어의 직업인 명칭에 대한 연구(2)」, 『한국어의 내용적 고찰』, 우리어문학회

______(2000) : 「현대국어 <직업인>명칭에 대한 고찰」, 『한국어와 모국어 정신』, 국학자료원.

장영천(1989) : 「Leo Weisgerber의 조어론」, 『언어 내용 연구』, 태종출판사.

장은하(1996) : 「<눈> 이름씨에 대한 고찰」, 『한국어 내용론』 제4호, 한국어내용학회.

______(1997) : 「<눈부위> 이름씨에 대한 고찰」, 『우리어문 연구』 제10집, 우리어문
학회.

______(1998) : 「<입> 명칭에 대한 고찰」, 『모국어와 에네르게이아』, 한국어 내용학회

______(1999) : 「현대 국어의 <몸> 명칭에 대한 연구」, 『한국어와 세계관』, 한국어
내용학회

정시호(1994) : 『어휘장이론 연구』, 경북대 출판부.

정시호(2000) : 「가족유사성 개념과 공통속성」, 『한국어와 모국어 정신』, 국학자료원.

정영완(1987) : 「Wilhelm von Humboldt의 언어유형학에 대한 연구」, 고려대학원.

정태경(2000) : 「<밥> 명칭의 분절구조」, 『한국어와 모국어 정신』, 국학자료원.

정혜령(1994) : 「<바람> 명칭에 관한 고찰」, 고려대 교육대학원.

최호철(2000) : 「현대 국어 감탄사의 분절구조 연구」, 『한국어와 모국어 정신』, 국학자
료원.

하길종(2000) : 「<풀>명칭의 분절구조」, 『한국어와 모국어 정신』, 국학자료원.

허 발(1974) : 「Leo Weisgerber-특히 그의 언어관, 언어이론과 그것에 대한 비판에 대
하여」, 고려대 대학원(박사학위논문).

______옮김(1985) : 『구조의미론』, 고려대 출판부.

______옮김(1986) : 『언어내용론』, 고려대 출판부

______옮김(1993) : 『모국어와 정신 형성』, 문예출판사.

______옮김(1997) : 『현대의미론의 이해』, 국학자료원.

홍승우(1989) : 「Wilhelm von Humboldt의 언어개념」, 『언어 내용 연구』, 태종출판사.

W. L. Chafe(1973) : Meaning and Structure of Languare, The Universitz of Chicago Press.

E. Coseriu(1971) : Strache, Strukturen und Funktionen, Tübingen.

______(1973) : Probleme der Strukturellen Semantionen, Tübingen.

H. Geckeler(1973) : Strukturelle Semantik des Franyösischen, Max Niemezer Verlag, Tü
bingen.

H. Gipper(1974) : "Inhaltbzogene Grammatik", Grundzuge der Literatur und
Sprachwissenschaft, Band 2. Deutschenbuch Verlage.

______(1984) : "Der Inhalt des Wortes und die Gliederung der Sprache", Duden
Grammtaik, Duden Verlag, Wien/Zürich.

______(1969) : Bausteine zur Sprachinhaltsforschung, Pädagogischer Verlag, Schwann,
Düsseldorf.

G. Helbig(1974) : Geschichte der neueren Sprachwissenschaft, Rowohit Taschenbuch Verlag. Leipzig-Munchen.

W. v. Humboldt(1979) : Werke Band 3. Schriften zur Sprachphiloosophie, Cott'asche Buchhandlung, Stuttgart.

Milka Ivic(1970) : Trends in Linguistics, Mouton/Co. N. V., Publishers. The Hague.

G. Ipsen(1932) : "Der neue Sprachbegriff", Wege der Forschung(1973), Wissenschaftliche Buchgesellschaft, Darmstadt.

J.Lyons(1979) : Semantics 1. 2. Cambridge Universitz Press, Cambridge.

______(1981) : Language and Linguistics—An Introduction—Cambridge, Methoden—, Erich Schmidt Verlag, Berlin.

E. A. Nida (1975) : Componential Analysis of Meaning, Mouton Publishers, The Hague.

C. K. Ogden/I. E. Richards(1946) : The Meaning of Meaning, Harcourt Brace Jovanovich Book, New York/London.

P. H. Salus(1969 ed) : On Language—Plato to von Humboldt—, Holt. Rinehart and Winston, Inc., New York.

J. Trier(1931) : "Über Work—und Begriffsfelder", Wege der Forschung

______(1973), Wissenschaftliche Buchgesellschaft, Darmstadt.

______(1934) : "Deutsche Bedeutungsforschung", Wege der Forschung

______(1973), Wissenschaftliche Buchgesellschaft, Darmstadt.

L.Weisgerber(1929) : Muttersprache und Geistesbildung, Göttingen.

________(1962) : Grundzüge der inhaltbezogenen Grammatik, Düsseldorf.

________(1963) : Die vier Stufen in der Erforschung der Sprachen, Pädagoischer Verlag, Düsseldorf.

________(1964) : Das Menschheitsgesetz der Sprache, Quelle/Meyer Verlag, Heidelberg.

________(1965) : "Die Lehre von der Sprachgemeinschaft", Frankfurter Hefte Zeitschrift für Kultur und Politik, Düsseldorf(경기도호국교육원 교육연구사).

Abstract

A Study on the Modern Korean wordfield of the names expressing old man-centering around gender, the high and the low, situation.

Jang, Ki-Moon

The problem of the relations between language structure and national mentality occupies a central position in Humboldt's linguistic theory, In his opinion, language is "a specific emanation of the spirit of a particular nation", the external expression of an interior form which reveals a particular view of the world("Weltanschauung" : hence Humboldt's theory is usually called the "Weltanschauung" theory).

The division of the name expressing old man have subordinate division.

That is arranged in the following content.

1. The semantic features which are related with gender

2, The semantic features which are related with the high and the low

3. The semantic features which are related with situation

The gender become the object of the masculine gender and the feminine gender

The high and the low become the object of an honorific term and familiar terms.

The situation become the object of outward appearance, valuation, marriage, relation, existence, age.

〈신발〉 명칭의 분절구조 고찰*

−〈재료〉를 중심으로−

배 성 우

1. 서 론

이 논문은 일상생활에서 신고 다니는 <신발> 명칭에 나타난 세계관을 해명하기 위하여 시도된다. 여기서 세계관이란 객관세계를 바라보는 해당 민족의 독자적이며 고유한 시각이기에, 세계관의 해명은 신발이라는 객관세계가 어떻게 우리의 의식세계로 개변되었는지 해명하는 것이기도 하다.

이러한 세계관의 해명은 분절구조를 통하여 밝혀질 것이다. 분절(Artikulation, Gliderung)이란 용어는 훔볼트에 의하여 사용되었는데, 그는 독일어 ‘Artikulation’으로 사용했고, 뒤에 음운론에서의 ‘Artikulation’과 구분히기 위하여 최근에는 ‘Gliderung’으로 사용되고 있다.

어휘분절구조 이론에 있어서 분절개념은 객관적으로 존재하는 대상을 인간이 의식할 수 있는 존재로 개변함을 말한다. 분절은 각각의 언어공동체마다 독자적으로 수행되기에 그 결과 또한 언어마다 차이가 있으며, 그렇기 때문에 각각의 언어는 소리와 기호의 차이일 뿐만 아니라 대상에 대한 시각의 차이이기도 하다. 우리는 영어를 공부하면서 한국어의 무엇은 영어의 무엇이다라

---

* 이 논문은 2000년 BK21 고려대학교 한국학 교육 연구단 연구비 지원에 의하여 연구되었음.

고 생각하면서 공부하는 경우가 있는데, 그러한 대비가 반드시 일치하지 않음
발견 할 수 있다. 한국어의 '형'과 '아우'를 영어와의 'brother'와 비교해 볼 때
한국어에는 연령의 <노소>가 구분되어 있는 반면 영어에서는 그렇지 않음이
나타난다. 조금 더 깊이 들어가 자매 명칭까지 확대해 보면, 한국어의 '오빠',
'누나', '언니', '동생' 등 다양한 분절을 보이는 데 비하여 영어에는 단지
'brother'와 'sister' 이외에는 낱말들이 나타나지 않는다. 이것은 객관적인 대상
을 인간의 의식세계로 끌어들이는 방식이 언어마다 다름을, 즉 분절의 방식이
다름을 뜻하며, 이로 인하여 분절구조 또한 고유하고 독자적으로 나타나게 된
다. 이러한 분절구조의 차이는 바로 객관적인 대상을 바라보는 시각의 차이이
기에, <신발> 명칭의 분절구조 해명은 <신발>이라는 객관적인 대상에 대한
우리의 고유한 시각을 해명하는 길이 된다.

어휘분절구조 이론은 훔볼트(W. Humboldt)에 의하여 시작되는데, 훔볼트에
있어서 모든 언어는 처음부터 유기체이고 전체이다. 언어의 개개 성분은 다른
성분을 통해서만 성립하며 모든 성분은 전체를 통해서만 성립한다. 모든 성분
은 전체를 꿰뚫는 하나의 힘을 통해서만 성립한다는 사실이며, 이점으로 보아
서 언어는 모든 유기적인 성질을 지닌다.[1] 유기체의 개념은 어휘분절구조 이
론의 기초적 토대가 된다. 어휘분절구조 이론에서 어휘체계를 발견한다는 것
은 각각의 어휘가 단순히 혼자서 존재하는 것이 아니라, 인접하는 어휘들과
상호 유기적인 관계를 맺으면서, 그 기능을 수행한다는 전제에서 출발한다.
즉, 언어는 유기적인 체계를 이루고 있으며, 그러한 체계를 발견하는 것이 어
휘분절구조 이론의 출발점이다.

다양한 언어를 습득한 훔볼트는 민족마다 언어의 차이를 단순히 소리와 기
호의 차이로 규정할 수 없음을 인식한다. 그러한 인식의 결과, 그는 언어의
차이가 소리나 기호의 차이가 아니라 세계관의 차이라는 결론에 도달한다. 세
계관은 해당 민족이 객관 세계를 바라보는 관점, 즉 우리에게 주어진 객관적
인 대상에 대한 해당 민족의 견해인데, 훔볼트에 의하면 각각의 모국어는 일

---

1) Helmut Gipper(1965) : 'Wilhelm von Humboldt als Begruen-der Moderner Sprachforschung', Wirkendes Wort 15, 허 발 엮어 옮김(1986), 『언어내용론』 13쪽 참조.

정한 세계관을 지니고 있기 때문에 우리가 새로운 언어를 배운다는 것은 그 언어가 지니는 세계관을 획득하는 것과 동일시될 수 있다.[2] 언어를 습득함으로써 세계관을 획득한다는 것은 결국 언어 공동체가 객관세계를 바라보는 독자적인 견해, 즉 언어공동체의 정신을 습득한다는 것과 직결된다.

바이스게르버(L. Weisgerber)는 훔볼트에 있어서 언어의 세계관을 언어적 구성 요소의 문법적 확증으로서 관조된 언어의 정신적인 영역으로 해석하였다.[3] 언어의 세계관은 언어의 정적인 내용을 구성요소로 포괄하며, 객관세계를 정신의 소유물로 개조한 결과[4]로 이해된다.

이러한 세계관의 발견은 크게 세 가지 의미를 부여할 수 있다.

첫째는 앞에서 언급하였다시피 세계관은 해당 언어공동체의 정신을 반영하고 있기에 해당 언어공동체의 정신세계를 이해하는 밑바탕이 된다.

둘째는 동적인 연구의 기준이 된다는 점이다. 세계관의 발견은 동적인 내적 언어형식과 에네르게이아를 해명하는데 있어서 필수적인 작업이 된다. 즉 어휘분절구조 이론은 2단계 내용중심의 고찰이 3단계 성능중심의 고찰로 계속 이행하기 위한 가장 바람직한 전제를 마련해 준다.[5]

셋째는 어휘의 체계를 발견할 수 있다는 점이다.

이러한 목적을 위하여 우선 <신발>과 관련된 낱말을 수집하였는데, 이 논문에서는 <신발> 명칭 가운데, <재료>에 의하여 분절되는 낱말들로 한정하여 수집하였고, 나머지는 다음 논문에서 다루고자 한다. 이 논문에서 다루어지는 <재료>에 의하여 일차적으로 분절되는 낱말 78개[6]는 다음의 사전을 참고하여 수집되었다.

---

2) 이성준(1999) :『훔볼트의 언어철학』, 고려대학교출판부, 128쪽 참조.
3) 배해수(1998) :『한국어와 동적언어이론』, 고려대학교출판부, 146쪽 참조.
4) 이성준(1993) :『언어내용이론-통어론을 중심으로』, 국학자료원, 9쪽 참조.
5) L. Weisgerber(1971) : Grundzuege der inhaltbezogenen Grammatik. 허발 역(1985) :『언어내용론』, 고려대학교출판부, 102쪽 참조.
6) 원어휘소에 해당하는 [신], [신발]을 제외한 수치임.

국립국어연구원(1999) :『표준국어대사전, 상·중·하』
한글학회(1996) :『우리말 큰사전, 상·하』, 어문각.
이희승 편저(1994) :『民衆 엣센스 國語辭典』, 민중서림.
신기철·신용철 편저(1980) :『새 우리말 큰 사전 : 상·하』, 삼성출판사.
정소프트(주)(1997) :『컴퓨터용 전자사전 퍼시딕 7.0』

2. 원어휘소와 기본 분절구조

(1) 신
(2) 신발

이 낱말들은 {땅을 딛고 서거나 걸을 때 발에 신는 물건을 통틀어 이르는
말. 가죽 고무 비닐 헝겊 나무 짚 삼 따위로 만들며, 모양과 용도에 따라 여러
가지가 있다}로 풀이되면서 <신발> 명칭의 원어휘소에 해당된다. 위의 뜻풀
이에서 볼 수 있듯이 <신발> 명칭은 가죽, 고무, 비닐, 헝겊, 나무, 짚, 삼 따
위의 <재료>이외에도 <모양>과 <용도>에 의하여도 분절되는데, 이 논문
에서는 <재료>에 의하여 일차적으로 분절되는 낱말들을 중심으로 다루고,
<모양>과 <용도> 등은 다음에 논의하겠다.

위의 원어휘소 이외에도 <재료>와 관련된 낱말들은 다음과 같이 78개의
낱말들이 나타나고 있는데, 이를 가나다 순서로 배열하면 다음과 같다.

가죽신	갖신
건혜(乾鞋)	걸립짚신
게다	결은신
고무신	고무화
관구(菅屨)	관리(菅履)
구두	군화(軍靴)

꺽두

꺽두기①

꺽두기②

나막신

놋갖신

단화①(短靴)

단화②(短靴)

당혜(唐鞋)

도령당혜

마구(麻屨)

마리(麻履)

마혜(麻鞋)

망리(芒履)

목구두

목극(木屐)

목리(木履)

목혜(木鞋)

미투리

반결음

비구(扉屨)

비단신

뾰족구두

사갈

사자신

사잣짚신

사짜

사짜신

삼신

석새짚신

세코신

세코짚신

소리(疏履)

쇠짚신

승혜(繩鞋)

쌍코신

쌍코줄변자

양혜(洋鞋)

양화(洋靴)

엄신

엄짚신

여태혜(女太鞋)

여혜(女鞋)

왜나막신

외코신

우비(牛扉)

적석(赤潟)

조락신

짚세기

짚신

청목당혜(靑目唐鞋)

청혜(靑鞋)

초리(草履)

초혜(草鞋)

케미슈즈

털신

편상화(編上靴)

평극자(平屐子)

평나막신

포화(布靴)

하이힐

헝겊신	호모화(護模靴)
황혁리(黃革履)	흑피혜(黑皮鞋)
흑피화(黑皮靴)	힐

귀납적으로 발견된 결과이지만, 위의 78개의 <재료>와 관련된 낱말들은 일차적으로 <동물성> 재료와 관련된 낱말이 38개, <식물성> 재료와 관련된 낱말이 40개로 나타나고 있다. 이러한 분절구조의 특징을 그림으로 그리면 [그림 1]과 같이 도식화될 수 있다.

[그림 1] <재료>와 관련된 표현의 기본 분절구조

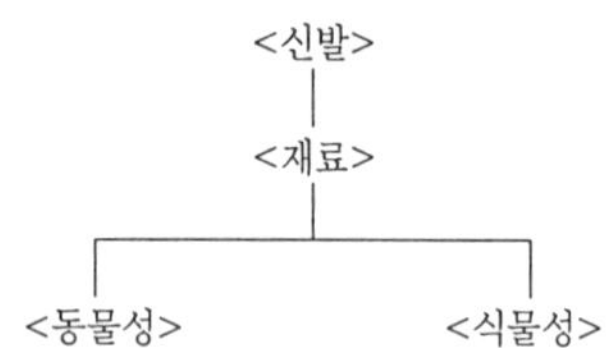

이러한 분절의 특징을 고려하여, 3장에서는 <동물성> 재료와 관련된 낱말들을, 4장에서는 <식물성> 재료와 관련된 낱말들을 고찰할 것이다.

3. <동물성> 재료와 관련된 표현

(3) 가죽신
(4) 갖신
(5) 황혁리(黃革履)
(6) 흑피혜(黑皮鞋)

이 낱말들은 {가죽으로 만든 신}으로 풀이되면서 <재료-동물성-가죽>이라는 특성을 문제삼고 있다.

(7) 케미슈즈

이 낱말은 {합성 피혁으로 만든 신발}로 풀이되면서 <재료-동물성-합성 피혁>이라는 특성을 문제삼고 있다.

(8) 털신

이 낱말은 {털이나 털가죽으로 만든 신}으로 풀이되면서 <재료-동물성-털>이라는 특성을 문제삼고 있다.

(9) 비단신

이 낱말은 {양 옆의 거죽을 비단으로 대어 만든 신}으로 풀이되면서 <재료-동물성-비단>이라는 특성을 문제삼고 있다.

(10) 헝겊신
(11) 포화(布靴)

이 낱말들은 {헝겊으로 신울을 둘러 만든 신}으로 풀이되면서 <재료-동물성-헝겊>이라는 특성을 문제삼고 있다.

이제까지 고찰한 낱말들은 <재료-동물성>이라는 특성을 문제삼고 있는 낱말들로 <재료-동물성-가죽>, <재료 동물성-합성피혁>, <재료-동물성-털>, <재료-동물성-비단>, <재료-동물성-헝겊>으로 분절되는 양상을 보인다. 이러한 분절구조의 특징을 그림으로 그리면 [그림 2]와 같이 도식화될 수 있다.

[그림 2] <동물성>과 관련된 표현의 분절구조(1)

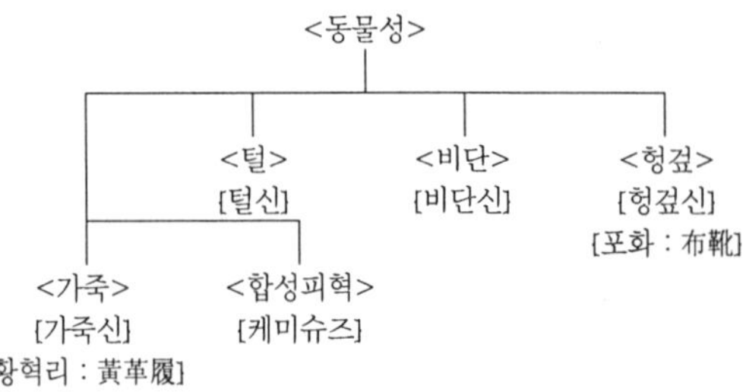

<재료-동물성-가죽>이라는 특성을 문제삼고 있는 [가죽신]은 다음과 같
은 낱말들에 의하여 다양하게 분절되는 양상을 보인다.

(12) 구두
(13) 양혜(洋鞋)
(14) 양화(洋靴)

이 낱말들은 {주로 가죽을 재료로 하여 만든 서양식 신}으로 풀이되면서
<양식-서양식>이라는 특성을 문제삼고 있다.

(15) 편상화(編上靴)
(16) 목구두

이 낱말들은 {신의 등에서부터 목까지 긴 끈으로 얽어매게 되어 있는, 목이
조금 긴 구두}로 풀이되면서 <서양식＋형태-목이 길다>라는 특성을 문제
삼고 있다.

(17) 군화(軍靴)

이 낱말은 {전투하는 데에 편리하게 만든 군인용 구두}로 풀이되면서 <서

양식＋형태－목이 길다＋사용주체－군인>이라는 특성을 문제삼고 있다.

(18) 단화①(短靴)

이 낱말은 {목이 짧아 발목 아래로 오는 구두}로 풀이되면서 <서양식＋형태－목이 짧다>라는 특성을 문제삼고 있다. 또한 이 낱말은 {굽이 낮은 여자들의 구두}라고 풀이되기에 이를 전자와 구별하기 위하여 전자를 단화①, 후자를 단화②로 구분하여 다룰 것이다.

(19) 단화②(短靴)

이 낱말은 {굽이 낮은 여자들의 구두}로 풀이되면서 <서양식＋형태－목이 짧다－굽이 낮다＋사용주체－여자>라는 특성을 문제삼고 있다.

(20) 하이힐
(21) 힐

이 낱말들은 {굽이 높은 여자용 구두}로 풀이되면서 <서양식＋형태－목이 짧다－굽이 높다＋사용주체－여자>라는 특성을 문제삼고 있다.

(22) 뾰족구두

이 낱말은 {뒷굽이 높고 뾰족하게 만든 여자용 구두}로 풀이되면서 <서양식＋형태－목이 짧다－뾰족함＋사용주체－여자>라는 특성을 문제삼고 있다.

이제까지 고찰한 낱말들은 <재료－동물성－가죽＋서양식>이라는 특성을 문제삼고 있는 낱말들로, <형태>에 의하여 <목이 길다>와 <목이 짧다>로 분절되고, <목이 길다>는 <사용주체－군인>으로 분절되며, <목이 짧다>

는 <사용주체-여자>라는 특성을 문제삼으면서, <굽이 높다>, <굽이 낮다
>와 <뾰족함>으로 분절되는 양상을 보인다. 이러한 분절구조의 특징을 그
림으로 그리며 [그림 3]과 같이 도식화될 수 있다.

[그림 3] <동물성>과 관련된 표현의 분절구조(2)

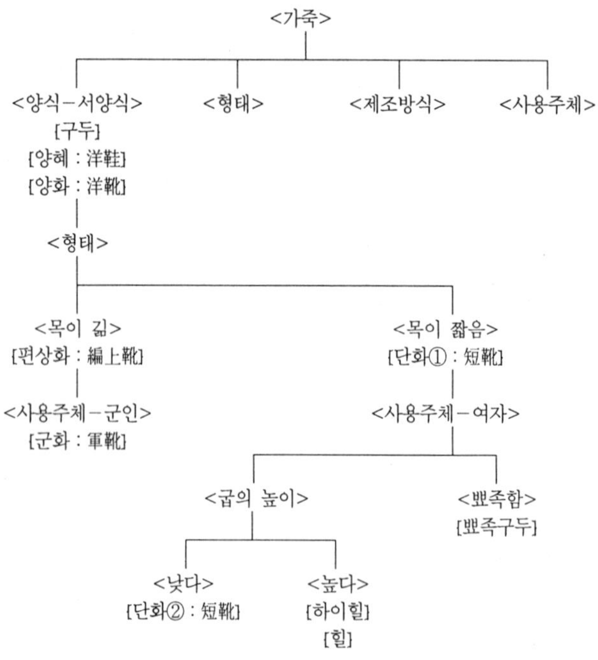

(23) 외코신

이 낱말은 {코가 좀 짧고 눈을 놓지 아니한 가죽신. 주로 하층 계급의 사람들이 신었다}로 풀이되면서 <재료-가죽+형태-코의 수-외코>라는 특성을 문제삼고 있다.

(24) 쌍코신

이 낱말은 {쌍코로 된 가죽신}으로 풀이되면서 <재료-가죽+형태-코의 수-쌍코>라는 특성을 문제삼고 있다.

(25) 사짜
(26) 사짜신

이 낱말들은 {예전에, 남자들이 신던 가죽신의 하나. 울이 얇고 코가 크며, 울과 코 사이를 직각으로 모나게 파내었다}로 풀이되면서 <재료-가죽+형태-코의 크기-크다>라는 특성을 문제삼고 있다.

(27) 당혜(唐鞋)

이 낱말은 {예전에 사용하던 울이 깊고 앞 코가 작은 가죽신. 흔히 앞 코와 뒤꿈치 부분에 꼬부라진 눈을 붙이고 그 위에 덩굴무늬를 새긴 것으로, 남녀가 다 신었다}로 풀이되면서 <재료-가죽+형태-코의 크기-작다>라는 특성을 문제삼고 있다.

(28) 도령당혜

이 낱말은 {예전에, 나이가 좀 많이 든 사내아이가 신던 가죽신}으로 풀이
되면서   <재료-가죽+형태-코의 크기-작다+사용주체-사내아이>라는
특성을 문제삼고 있다.

(29) 청목당혜(靑目唐鞋)

이 낱말은 {예전에, 기름에 결은 가죽신의 하나. 흰 바탕이나 붉은 바탕에
푸른 무늬를 놓은 신으로, 주로 여자나 아이들이 신었다}로 풀이되면서 <재
료-가죽+형태-코의 크기-작다+사용주체-여자>라는 특성을 문제삼고
있다.

이제까지 고찰한 낱말들은 <재료-가죽>이라는 특성을 문제삼으면서 <형태>에
의하여 분절되는 낱말들이다. 이 낱말들은 <형태>에 의하여 <코의 수>와 <코의 크
기>로 분절되고, <코의 수>는 <외코>와 <쌍코>로, <코의 크기>는 <크다>와
<작다>로 분절된다. <작다>는 다시 <사용주체>에 의하여 <사내아이>와
<여자>로 분절되는 양상을 보인다. 이러한 분절구조의 특징을 그림으로 그
리면 [그림 4]와 같이 도식화될 수 있다.

[그림 4] <동물성>과 관련된 표현의 분절구조(3)

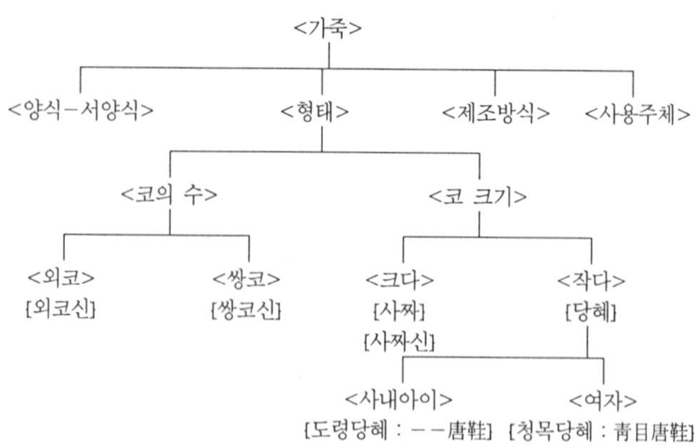

(30) 건혜(乾鞋)

이 낱말은 {기름으로 겯지 아니한 가죽신}으로 풀이되면서 <재료-가죽＋
제조방식-겯지 않음>이라는 특성을 문제삼고 있다.

(31) 반겹음

이 낱말은 {기름을 적게 먹여 반쯤 겯은 가죽신. 여자와 아이들이 신는다}로
풀이되면서 <재료-가죽＋제조방식-반겹음>이라는 특성을 문제삼고 있다.

(32) 겹은신

이 낱말은 {물이 새지 않게 하려고 기름을 발라 흠씬 배게 한 가죽신}으로
풀이되면서 <재료-가죽＋제조방식-겹음>이라는 특성을 문제삼고 있다.

(33) 꺽두기①
(34) 꺽두

이 낱말들은 {당혜(唐鞋) 모양으로 만들어 기름에 겯은 재래식 가죽신. 주로
아이나 여자들이 신었다}로 풀이되면서 <재료-가죽＋제조양식-겹음＋형
태-당혜 모양>이라는 특성을 문제삼고 있다. 한편 (33)은 {나막신}으로 풀이
되어 이를 전자와 구별하기 위하여 전자는 꺽두기①로, 후자는 꺽두기②로 구
분하여 다룰 것이다.

이제까지 고찰한 낱말들은 <재료-동물성-가죽>이라는 특성을 공유하면
서 <제조방식>에 의하여 <겯지 않음>, <반겹음>, <겹음>으로 분절되고,
<겹음>은 <형태>에 의하여 <당혜모양>으로 분절되는 양상을 보인다. 이
러한 분절구조의 특징을 그림으로 그리면 [그림 5]와 같이 도식화될 수 있다.

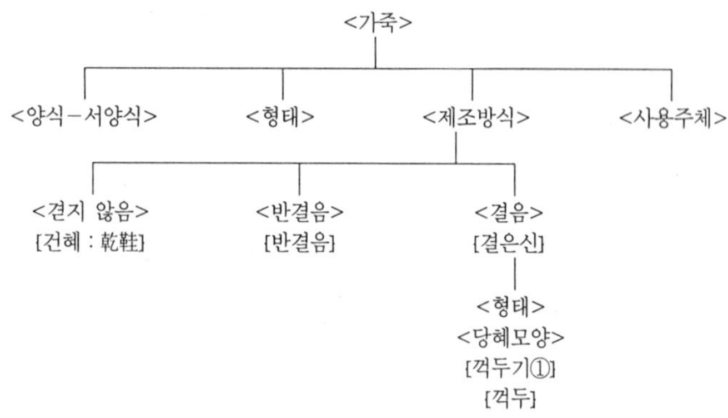

[그림 5] <동물성>과 관련된 표현의 분절구조(4)

(35) 놋갖신

이 낱말은 {신창에 징과 같은 놋쇠를 수십 개 붙인 남자용 가죽신}으로 풀이되면서 <재료-동물성-가죽+사용주체-남자+형태-놋쇠부착>이라는 특성을 문제삼고 있다.

(36) 여태혜(女太鞋)

이 낱말은 {볼이 좁고 간략하여 여자 신과 비슷하게 생긴 남자 가죽신}으로 풀이되면서 <재료-동물성-가죽+사용주체-남자+형태-볼이 좁음>이라는 특성을 문제삼고 있다.

(37) 쌍코줄변자

이 낱말은 {남자가 신는 가죽신의 하나. 코 위로 좁은 가죽을 두줄로 대어 도드라지게 하고, 밑 둘레에 다른 빛깔의 가죽으로 한 줄의 변자를 돌려 대었다}로 풀이되면서 <재료-동물성-가죽+사용주체-남자+형태-변자 꾸밈>

이라는 특성을 문제삼고 있다.

(38) 여혜(女鞋)

이 낱말은 {여자가 신는 가죽신}으로 풀이되면서 <재료-동물성-가죽＋사용주체-여자>라는 특성을 문제삼고 있다.

(39) 적석(赤潟)

이 낱말은 {임금이 정복(正服)을 입을 때 신던 가죽신}으로 풀이되면서 <재료-동물성-가죽＋사용주체-임금>이라는 특성을 문제삼고 있다.

(40) 흑피화(黑皮靴)

이 낱말은 {전악, 악생, 악공 등이 연주할 때 신던 신. 목이 길며, 검은 가죽으로 목화(木靴)처럼 만들었다}로 풀이되면서 <재료-동물성-가죽＋사용주체-악공>이라는 특성을 문제삼고 있다. 한편 이 낱말은 {조선시대에, 문무백관이 공복(公服)에 맞추어 신던 검은 가죽 목화(木靴)}로도 풀이되는데, 목화(木靴)는 일차적으로 <재료>에 의하여 분절되기보다는 <사용주체>에 의하여 분절되는 낱밀이므로, 이는 이 논문의 논의 대상에서 제외하고 다음 논문에서 다루기로 하겠다.

이제까지 고찰한 낱말들은 <재료-동물성-가죽>이라는 특성을 공유하면서 <사용주체>에 의하여 <남자>, <여자>, <임금>, <악공>으로 분절되고 <남자>는 <형태>에 의하여 <놋쇠 부착>, <볼이 좁음>, <변자 꾸밈>으로 분절된다. 이러한 분절구조의 특징을 그림으로 그리면 [그림 6]과 같이 도식화될 수 있다.

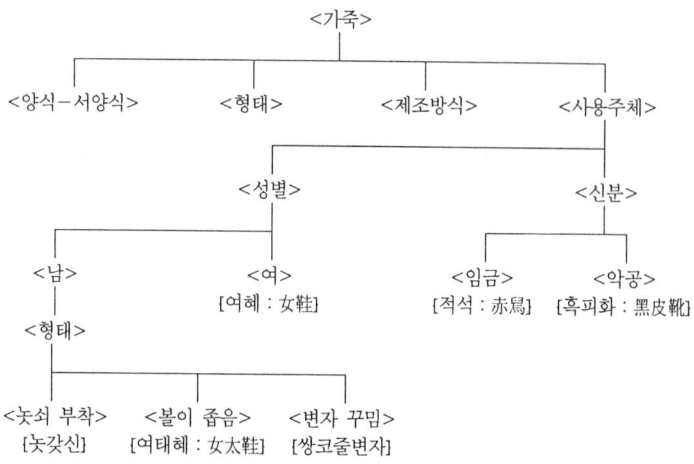

[그림 6] <동물성>과 관련된 표현의 분절구조(5)

4. <식물성> 재료와 관련된 표현

(41) 미투리

(42) 마구(麻屨)

(43) 마혜(麻鞋)

(44) 승혜(繩鞋)

(45) 청혜(靑鞋)

이 낱말들은 {삼이나 노 따위로 짚신처럼 삼은 신. 흔히 날을 여섯 개로 한
다}로 풀이되면서 <재료-식물성-삼/노>라는 특성을 문제삼고 있다.

(46) 삼신

(47) 마리(麻履)

이 낱말들은 {생삼으로 거칠게 삼은 신}으로 풀이되면서 <재료-식물성-생삼>이라는 특성을 문제삼고 있다.

(48) 조락신

이 낱말은 {조라기로 만든 신}으로 풀이되면서 <재료-식물성-조라기>라는 특성을 문제삼고 있다.

(49) 나막신
(50) 목극(木屐)
(51) 목리(木履)
(52) 목혜(木鞋)
(53) 꺽두기②

이 낱말은 {신의 하나. 나무를 파서 만든 것으로 앞뒤에 높은 굽이 있어 비가 오는 날이나 땅이 진 곳에서 신었다}로 풀이되면서 <재료-식물성-나무>라는 특성을 문제삼고 있다.

(54) 짚신
(55) 망리(芒履)
(56) 비구(扉屨)
(57) 초리(草履)
(58) 초혜(草鞋)
(59) 짚세기

이 낱말들은 {볏짚으로 삼아 만든 신. 가는 새끼를 꼬아 날을 삼고 총과 돌기총으로 울을 삼아 만든다}로 풀이되면서 <재료-식물성-짚>이라는 특성을 문제삼고 있다.

(60) 고무신

(61) 고무화

(62) 호모화(護模靴)

이 낱말들은 {탄성 고무로 만든 신}으로 풀이되면서 <재료-식물성-고무>라는 특성을 문제삼고 있다.

이제까지 고찰한 낱말들은 <재료>에 의하여 <식물성-삼/노>, <생삼>, <조라기>, <나무>, <밀짚>, <고무>로 분절되는 양상을 보인다. 이러한 분절구조의 특징을 그림으로 그리면 [그림 7]과 같이 도식화될 수 있다.

[그림 7] 식물성과 관련된 표현의 분절구조(1)

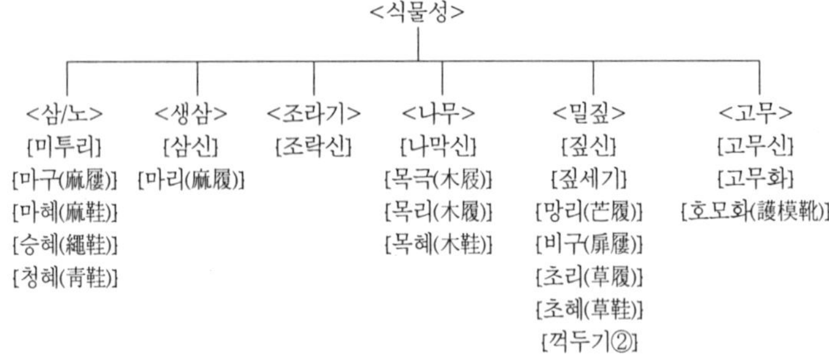

(63) 사갈

이 낱말은 {산을 오를 때나 눈길을 걸을 때, 미끄러지지 아니하도록 굽에 못을 박은 나막신}으로 풀이되면서 <재료-식물성-나무+용도-미끄럼 방지>라는 특성을 문제삼고 있다. 한편 이 낱말은 {눈이나 얼음 위에서 미끄러지지 아니하도록 신 바닥에 대는 것}으로도 풀이된다.

(64) 평나막신

(65) 평극자(平屐子)

이 낱말들은 {울이 없는 평바닥의 나막신. 뒤에 끈이 있어 발에 동여매고 신는다}로 풀이되면서 <재료-식물성-나무+형태-편평한 바닥>이라는 특성을 문제삼고 있다.

(66) 게다

(67) 왜나막신

이 낱말들은 {일본 사람들이 신는 나막신. 일본식 나막신}으로 풀이되면서 <재료-식물성-나무+양식-일본식>이라는 특성을 문제삼고 있다.

이제까지 고찰한 낱말들은 <재료-식물성-나무>라는 특성을 공유하면서 <용도-미끄럼 방지>, <형태-편평한 바닥>, <양식-일본식>이라는 특성을 문제삼고 있다. 이러한 분절구조의 특징을 그림으로 그리면 [그림 8]과 같이 도식화될 수 있다.

[그림 8] <식물성>과 관련된 표현의 분절구조(2)

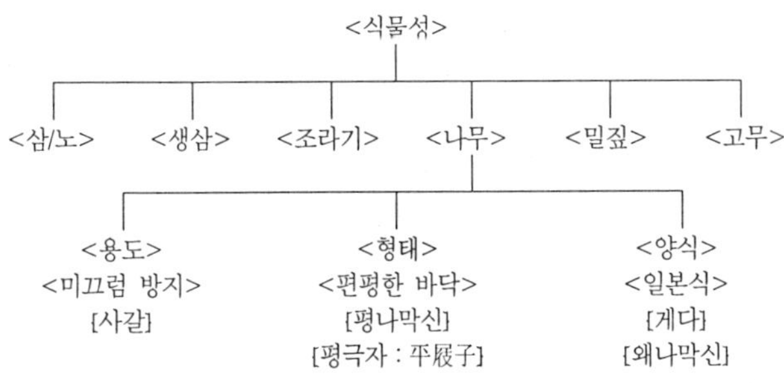

(68) 걸립짚신

이 낱말은 {무당이 걸립굿을 할 때 걸립신 앞에 내놓는 짚신}으로 풀이되면서 <재료-식물성-밀짚+사용시기-걸립굿>이라는 특성을 문제삼고 있다.

(69) 사잣짚신
(70) 사자신

이 낱말들은 {초상난 집에서 사잣밥과 함께 사자채반에 담아 놓는 짚신}으로 풀이되면서 <재료-식물성-밀짚+사용시기-초상>이라는 특성을 문제삼고 있다.

(71) 엄짚신
(72) 엄신
(73) 관구(菅屨)
(74) 관리(菅履)

이 낱말은 {상제(喪制)가 초상 때부터 졸곡(卒哭) 때까지 신는 짚신. 총을 드문드문 따고 흰 종이로 총 돌기를 감았다}로 풀이되면서 <재료-식물성-밀짚+사용주체-상제>라는 특성을 문제삼고 있다.

(75) 소리(疏履)

이 낱말은 {내간(內艱)에 상제(喪制)가 신는 엄짚신}으로 풀이되면서 <재료-식물성-밀짚+사용주체-상제+사용시기-내간>이라는 특성을 문제삼고 있다.

(76) 쇠짚신
(77) 우비(牛屝)

이 낱말은 {소에게 일을 시킬 때 신기는 짚신}으로 풀이되면서 <재료-식물성-밀짚+사용주체-소>라는 특성을 문제삼고 있다.

(78) 세코짚신
(79) 세코신

이 낱말들은 {발을 편하게 하기 위하여, 앞의 양편에 약간씩의 총을 디서 코를 낸 짚신}으로 풀이되면서 <재료-식물성-밀짚+형태-코의 수-세코>라는 특성을 문제삼고 있다.

(80) 석새짚신.

이 낱말은 {총이 매우 성글고 굵은 짚신}으로 풀이되면서 <재료-식물성-밀짚+형태-총이 굵다>라는 특성을 문제삼고 있다.

이제까지 고찰한 낱말들은 <재료-식물성-밀짚>이라는 특성을 문제삼으면서 <사용시기>, <사용주체>, <형태>에 의하여 분절되고 있다. <사용시기>는 <걸립굿>과 <초상>으로, <사용주체>는 <상제>, <소>로, <형태>는 <코의 크기-세코>, <총이 굵다>로 분절된다. 이러한 분절구조의 특징을 그림으로 그리면 [그림 9]와 같이 도식화될 수 있다.

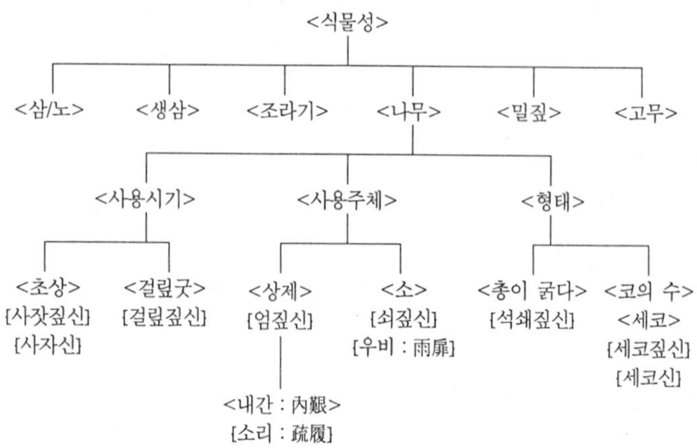

[그림 9] <식물성>과 관련된 표현의 분절구조(3)

5. 결 론

지금까지 <신발> 명칭 가운데 일차적으로 <재료>에 의하여 분절되는 80 개[7])의 낱말들을 중심으로 우리 민족은 신발이라는 객관적인 대상을 어떻게 관조하여 왔는지 고찰하였다. 이러한 고찰 결과 나타난 특징을 요약하여 결론 을 맺고자 한다.

(1) <신발>과 관련된 낱말 79개는 <재료>에 의하여 <동물성>과 <식물 성>으로 분절된다.

(2) <동물성>은 <가죽>, <합성피혁>, <털>, <비단>, <헝겊>으로 분절 된다.

(3) <가죽>은 <양식>, <형태>, <제조방식>, <사용주체>에 의하여 분절 되고, <양식>은 <서양식>으로 분절되고, <서양식>은 <형태>에 의 하여 <목이 길다>와 <목이 짧다>로 분절된다. <목이 길다>는 <사용 주체>에 의하여 <군인>으로 분절되고, <목이 짧다>는 <사용주체―

---

7) 원어휘소인 신, 신발 포함.

여자>라는 특성을 공유하면서 <굽이 높다>, <굽이 낮다>, <뾰족함>
으로 분절된다.

(4) <형태>는 <코의 수>와 <코의 크기>로 분절되고, <코의 수>는 <외코>
와 <쌍코>로, <코의 크기>는 <크다>와 <작다>로 분절된다. <작다>는
다시 <사용주체>에 의하여 <사내아이>와 <여자>로 분절된다.

(5) <제조방식>은 <겯지 않음>, <반겯음>, <겯음>으로 분절되고, <겯
음>은 <형태>에 의하여 <당혜모양>으로 분절된다.

(6) <사용주체>는 <남자>, <여자>, <임금>, <악공>으로 분절되고 <남
자>는 <형태>에 의하여 <놋쇠부착>, <볼이좁음>, <변자 꾸밈>으로
분절된다.

(7) <식물성>은 <삼/노>, <생삼>, <조라기>, <나무>, <밀짚>, <고무
>로 분절된다.

(8) <나무>는 <용도−미끄럼 방지>, <형태−편평한 바닥>, <양식−일본
식>으로 분절된다.

(9) <밀짚>은 <사용시기>, <사용주체>, <형태>에 의하여 분절된다.
<사용시기>는 <걸릪굿>과 <초상>으로, <사용주체>는 <상제>,
<소>로 <형태>는 <코의 크기−세코>, <총이 굵다>로 분절된다.

참 고 문 헌

강호진(1989) : 「언어밭의 형식화 가능성 문제에 대하여」, 『언어 내용 연구』, 태종출판사.

고려대 민족문화연구소(1995) : 『중한 대사전』.

김민수(1981) : 『국어 의미론』, 일조각.

김성대(1979) : 「세계의 언어화에 대하여」, 『한글』 166호, 한글학회.

김영희(1998) : 「<Angst>에 대한 낱말밭 연구－독일어와 한국어의 형용사를 중심으
로」, 『한국어 내용론』 제5호(모국어와 에네르게이아), 한국어내용학회.

김재영(1996) : 『성능중심 어휘론』, 국학자료원.

박영순(1994) : 『한국어 의미론』, 고려대출판부.

배성우(1996) : 「<그릇> 명칭에 대한 고찰」, 『한국어 내용론』 제4호, 한국어내용학회.

＿＿＿(1997) : 「<농기구> 명칭에 대한 고찰」, 『우리어문연구』 11집(한국어문학의
이해), 우리어문학회.

＿＿＿(2000) : 「<궤도차> 명칭에 대한 고찰」, 『한국어 내용론』(한국어와 모국어정
신, 한국어내용학회, 국학자료원.

배성훈(1999) : 「<산> 명칭에 대한 고찰－<위치>를 중심으로」, 『우리어문 연구』 13
집(한국어의 내용적 고찰), 우리어문학회.

배해수(1998) : 『국어 내용 연구(4)－한국어와 동적언어이론』, 고려대학교출판부.

＿＿＿(2000) : 『국어 내용 연구(5)－그 방안과 실제』, 국학자료원.

신기철·신용철 편저(1980) : 『새 우리말 큰 사전 : 상·하』, 삼성출판사.

신익성(1993) : 『훔볼트』, 서울대출판부.

沈在箕·李基用·李廷玫(1984) : 『意味論 序說』, 集文堂.

안정오(1998) : 「훔볼트의 사상적 특징」, 『한국어 내용론』 제5호(모국어와 에네르게이
아), 한국어내용학회.

이규호(1978) : 『말의 힘』, 제일출판사.

이성준(1998) :「언어와 사고의 본질에 대한 연구」,『인문대 논집』, 고려대학교 인문대학.

______(1998) :「하만과 헤르더의 언어사상」,『한국어 내용론』제5호(모국어와 에네르
　　　　게이아), 한국어내용학회.

______(1999) :『홈볼트의 언어철학』, 고려대학교출판부.

이희승 편저(1986) :『국어 대사전』, 민중서림.

임환재 옮김(1984) :『언어학사』(G. Helbig : Geschichte der neueren Sprach−wissenschaft),
　　　　경문사.

장기문(1995) :「<아이> 명칭에 대한 고찰(3)−<현황> 분절을 중심으로」,『한국어
　　　　내용론』제3호, 한국어내용학회.

______(1999) :「현대국어의 <직업인> 명칭에 대한 연구(2)−<전문가−기술가(기술
　　　　자)>를 중심으로」,『우리어문 연구』13집(한국어의 내용적 고찰), 우리
　　　　어문학회.

장은하(1996) :「<눈> 이름씨에 대한 고찰」,『한국어 내용론』제4호, 한국어내용학회.

______(1999) :「현대국어의 <발부위> 명칭에 대한 연구」,『우리어문 연구』13집(한
　　　　국어의 내용적 고찰), 우리어문학회.

정 광(1998) :「구소련의 언어학과 초기 북한의 언어 연구」,『언어정보』(2), 고려대 언
　　　　어정보연구소.

정소프트(주)(1997) :『컴퓨터용 전자사전 피시딕 7.0』.

정시호(1994) :『어휘장이론 연구』, 경북대 출판부.

정태경(1999) :「<떡> 명칭의 분절구조」,『한국어 내용론』제6호(한국어와 세계관),
　　　　한국어 내용학회.

______(1999) :「<국> 명칭의 분절구조」,『우리어문 연구』13집(한국어의 내용적 고
　　　　찰), 우리어문학회.

최호철(2000) :「현대국어 감탄사의 분절구조 연구」,『한국어와 모국어정신』(한국어내
　　　　용학회), 국학자료원.

하길종(1999) :「<힘> 명칭에 대한 고찰(3)−<근원(무정성)>을 중심으로」,『우리어
　　　　문 연구』13집(한국어의 내용적 고찰), 우리어문학회.

한글학회(1992) :『우리말 큰사전』, 어문각.

허발옮김(1986) :『언어내용론』, 고려대출판부.

홍승우(1989) :「Wilhelm von Humboldt의 언어개념」,『언어 내용 연구』, 태종출판사.

H. Gipper(1965) "Whilhelm von Humboldt als Begruender Moderner Sprachforschung"

Wirkendes Wort 15.

________(1974) : "Inhaltbezogene Grammatik" Grundzuege der Literatur und Sprachwissenschaft, Band 2. Deutsche Taschenbuch Verlag.

________(1984) : "Der Inhalt des Wortes und die Gliederung der Sprache", Duden Grammatik, Duden Verlag, Wien/Zuerich.

________(1969) : Bausteine zur Sprachinhaltsforschung, Paedagogischer Verlag, Schwann, Duesseldorf.

G. Helbig(1974) : Geschichte der neueren Sprachwissenschaft, Rowohlt Taschenbuch Verlag, Leipzig/Muenchen.

______(1961) : "Die Sprachauffassung Leo Weisgerbers—Zum Problem der 'funktionalen' Grammatik—", Der Deutchunterricht (Sprach-lehre III), Stuttgart.

W. v. Humboldt(1979) : Werke Band 3. Schriften zur Sprach-philosophie, Cott'asche Buchhandlung, Stuttgart.

F. Schneider(1995) : Der Typus der Sprache, Munster

H. Schwarz(1966) : "Gegenstand, Grundlagen, Stellung und Verfahrenweise der Sprachinhaltsforschung, eroertert an den Gegebenheiten des Wortschatzes" Bibliographisches Handbuch zur Sprachinhaltsforschung Lieferung 7.

J.Trier(1931) : "Ueber Wort-und Begriffsfelder", Wege der Forschung(1973), Wissenschaftliche Buchgesellschaft, Darmstadt.

______(1934) : "Deutsche Bedeutungsforschung", Wege der Forschung(1973), Wissenschaftliche Buchgesellschaft, Darmstadt.

L. Weisgerber(1929) : Muttersprache und Geistesbildung, Goettingen.

__________(1962) : Grundzuege der inhaltbezogenen Grammatik, Duesseldorf.

__________(1963) : Die Vier Stufen in der Erforschung der Sprachen, Paedagogischer Verlag, Duesseldorf.

__________(1964) : Das Menschheitsgesetz der Sprache, Quelle/Meyer Verlag, Heidelberg.

__________(1965) : "Die Lehre von der Sprachgemeinschaft", Frankfurter Hefte Zeitschrift fuer Kultur und Politik, Duesseldorf.

__________(1971) : Die Geistige Seite Der Sprache und ihre Erfor-schung, Paedagogischer Verlag, Schwann, Duesseldorf.

(고려대 강사)

A Study on the Wordfield of Nouns Expressing 〈신발(shoes)〉 in Modern Korean Language — especially focusing on 〈material〉

Bae Sung Woo

In this study I made an attempt to apply 'wordfield-theory' to finding out the viewpoints of Korean people contemplating the Nouns Expressing <Shoes>. As a result of this study focusing specially on <material>, I made certain of following facts.

(1) In this structure two lexeme, as [신] and [신발], are fulfilling their functions as archilexemes.

(2) This structure is related to two viewpoints, <related to animal> and <related to plant>.

(3) The structure, <material related to animal>, is classified into three substructures as <leather>, <silk> and <a piece of cloth>.

(4) The structure, <material related to plant> is classified into four substructures as <hemp>, <wood>, <straw> and <rubber>.

〈코부위〉 명칭 분절구조 연구

장 은 하

1. 머리말

이 연구는 <신체> 명칭의 하위분절구조를 이루는 <코부위> 명칭 분절구조를 동적언어이론에 의하여 해명해보기 위하여 시도된다. 동적언어이론의 핵심은 언어의 구조가 그 언어를 사용하는 사람들의 세계관을 결정한다는 것으로, <코부위> 명칭 분절구조를 해명해봄으로써 한국인이 <코부위>라는 객관세계를 어떠한 방식으로 관조하고 있는 지 살펴볼 수 있을 것이다.

코는 얼굴의 중심부분에 위치하면서 냄새를 맡거나 숨을 쉬는 기능의 감각기관이다. 이 단어는 신체의 한 부분으로서의 역할을 나타내는 의미 이외에 '코가 납작해지다', '코빼기도 안보인다' 등의 관용어에서 나타나는 것처럼, 자존심, 사람 전체를 나타내는 의미로도 쓰이고 있다. [코]라는 하나의 낱말로서 사람 전체를 표현하는 점은 신체와 관련된 다른 명칭의 분절구조와 비교하여 볼 때 더욱 두드러진 점이다. 예를 들면 [들창코]는 {끝이 위로 들어올려서 콧구멍이 드러나 보이는 코, 또는 그러한 코를 가진 사람}으로 풀이되고 있으며, [매부리코]도 이와 마찬가지로 {매부리와 같이 끝이 뾰죽하게 아래로 숙어진 코, 매부리와 같은 코를 가진 사람}으로 풀이되고 있다. 이러한 점은 <코>가 <신체>에서 사람을 대표하여 나타낼 정도로 중요한 기능을 담당할 뿐만 아니라 모어화자의 언어사용에 있어서도 일상생활과 매우 밀접한 관련 이 있어 그 의미가 확산되고 있음을 나타낸다.

　<코부위>는 <코＋코에 소속된 부분>이라는 특성과 함께 해명될 수 있는 것으로, <코>의 부분으로서는 <콧등>, <콧구멍>, <코밑>, <콧살>이 관조 의 대상이 되어 있다. <콧등>, <콧구멍>, <코밑>, <콧살>의 분절은 <코> 분절에 비하여 비교적 단조로운 분절상을 보이고 있기 때문에, 이 연구에서는 기술의 편의상 전자를 하나로 묶어 <다른 부위>라는 분절로 다루고자 한다.

　이러한 분절구조의 발견을 위해서는 훔볼트와 바이스게르버에 의한 어휘분 절구조이론(Wortfeld-theory)이 적용된다. 즉, 언어는 고여있는 물과 같이, 그 형 태와 내용에 있어서 변하지 않고 후세에 전해지는 정적인 단계에만 머물고 있는 것이 아니라 언어공동체와 함께 살아 숨쉬고, 더 나아가 민족의 정신을 형성하는 힘을 가지고 있다는 것으로 바이스게르버는 이러한 사상에 바탕하 여 언어 연구의 4단계를 설정하였다. 즉, 바이스게르버는 언어연구를 일차적 으로 문법적 조작의 정적인 고찰과 언어학적 조작의 동적 고찰로 크게 나누 고 전자를 다시 기능(Funkton)과 의미(Beudeutung)를 그 주된 개념으로 하는 형 태(Gestalt)중심의 고찰과 내용(Inhalt)을 그 주된 개념으로 하는 내용(Inhalt)중 심의 고찰, 후자를 포착(Zugriff)과 세계의 언어화(das Worten der Welt)가 개념 의 중심에 위치하는 직능(Leistung)중심의 고찰과 타당성(Geltung)을 그 주된 개 념으로 하는 작용중심의(wirkungbozogene) 고찰로 각각 분류하였다. 동적언어 이론에서는 어휘론·조어론·품사론·월구성안 등 네 가지 부문의 문법에 대한 연구가 고유의 목표가 되는 것으로 4단계 연구과정 가운데 2단계의 내 용중심의 고찰이 어휘를 문제삼게 되는 방법론이 바로 어휘분절구조이론이 다. 배해수(1998 : 155-178)

　해당 분절구조의 발견을 위해서는 어휘 자료의 수집이 선행되어야 한다. 어 휘자료의 수집을 위해서는 문헌의 조사나 조사대상자를 중심으로 하는 질문 지법 등 다양한 방법이 있지만 정적인 에르곤(Ergon)으로서의 언어를 연구하 는 과정에서는 모국어 전체 어휘를 대상으로 하여야 하기 때문에 이 연구에 서는 사전에 의존하는 방법을 택한다. 이 분절에 관계하는 어휘 자료의 수집을 위하여 참조한 사전은 다음과 같다.

김민수 편(1996) :『금성판 국어대사전』, 금성출판사.
이희승 편(1971) :『국어 대사전』, 민중서림.
한글학회(1997) :『우리말 큰사전』, 어문각.
(주) 정소프트(1997) :『PC DIC 7.0』.

위의 사전류를 통하여 다음의 관련 어휘들이 수집되었는데 이를 보이면 다음과 같다.

코	코빼기	코쭝배기
코쭈배기	개발코	주먹코
납작코	넓적코	벌렁코
전병코	벽장코	함실코
매부리코	매불코	매코
들창코	사자코	사지코
활등코	안장코	말코
멀코	딸기코	주독코
주부코	주묵코	양코
헛코	콧등	코끝
콧마루	코허리	콧진등(이)
콧대	콧구멍	콧속
코밑	콧살	

2. <코>의 분절구조

(1) 코

　[코]는 {냄새를 맡거나 숨을 쉬는 기능의 감각기관}으로 풀이되면서 이것은
<얼굴+위치-중앙+기능-후각+호흡>의 특성을 가진다. [코]는 <코> 명
칭 분절구조에 있어서 원어휘소의 자리를 차지하고 있다. <코>라는 자질에
관계하는 한자어로는 [비 : 鼻]가 있다. [코]는 신체의 한 부분으로서의 뜻풀이
이외에 {코에서 나오는 진득진득한 액체}라는 내용을 문제삼기도 한다.

　(1) 코
　(2) 코빼기
　(3) 코쭝배기
　(4) 코쭈배기

　(2)는 {코의 낮은 말}로 풀이되면서 이것은 <코+낮은 말>의 특성을 가지
고 있다. 일상생활에서 잘 쓰는 '코빼기도 볼 수 없다'라는 관용어도 이와 마
찬가지로 {도무지 나타나지 않아 전혀 볼 수 없다}의 낮은 말로 풀이된다. (3)
과 (4)도 {코의 낮은 말}로 풀이되면서 <코+낮은 말>의 특성을 가지고 있다.
이것은 빈도수면에서 볼 때 (2)보다는 덜 쓰여지는 것으로 보인다. <코> 명칭
분절구조는 귀납적으로 발견된 사실이지만 <모양>, <상태>가 일차적인 관
조의 대상이 되고 있다. <모양>의 아래로는 <뭉툭함>, <납작함>, <함실됨
>, <구붓함>, <들림>, <휨>, <잘록함>, <콧구멍이 큼>이 관조의 대상이
되어 있다. <상태>의 아래로는 <색깔>과 <병>, <비꼼>과 <자는 체 함>
이 관조의 대상이 되어 있다. <코> 명칭 분절구조의 기본구조를 도식화하면
[그림 1]이 될 것이다.

[그림 1] <코> 명칭 분절의 기본구조

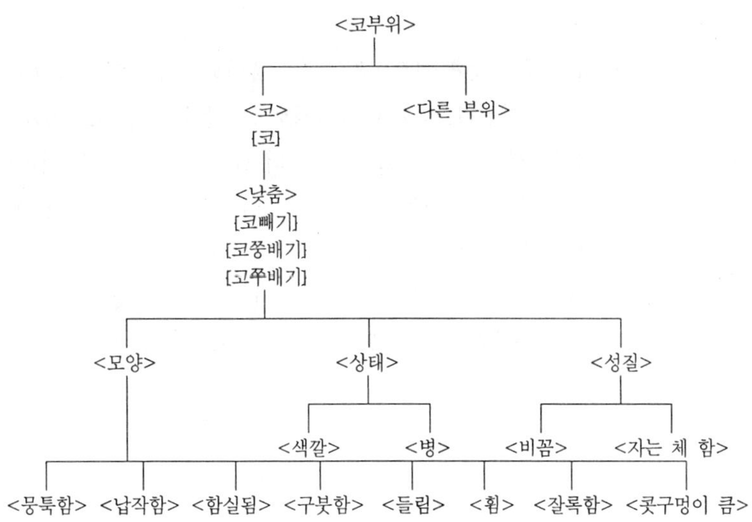

2.1. 〈모양〉의 분절구조

(5) 개발코

(6) 주먹코

(5)는 {개의 발 모양으로 너부죽하고 뭉툭하게 생긴 코}로 풀이되면서 이것
은 <코+모양-뭉툭함+개의 발처럼 생김>의 특성을 가진다. (6)은 {뭉둑하
고 볼품없이 크게 생긴 코}로 풀이되면서 이것은 <코+모양-뭉툭함+주먹
처럼 생김>의 특성을 가진다.

(7) 납작코

(8) 넓적코

(9) 벌렁코

(10) 전병코

(11) 벽장코

　(7)은 {콧날이 서지 않고 낮게 가로퍼진 코}로 풀이되면서 이것은 <코＋모
양-납작함>의 특성을 가진다. (8)도 마찬가지로 {콧날이 서지 않고 낮게 가
로퍼진 코}로 풀이되면서 이것은 <코＋모양-더 납작함>의 특성을 가진다.
[벌렁코]는 {넓적하게 벌어진 코}로 풀이되면서 이것은 <코＋모양-넓적함
＋벌어짐>의 특성을 가진다. [전병코]는 {몹시 넓적한 코}로 풀이되면서 이
것은 <코＋모양-더 넓적함>의 특성을 가진다. [벽장코]는 {콧등이 넓적하
고 그 가가 우묵하게 들어간 코}로 풀이되면서 이것은 <코＋모양-콧등이
넓적함>의 특성을 가진다.

(12) 함실코
(13) 매부리코
(14) 매불코
(15) 매코

　[함실코]는 {코가 두려빠져서 입천장과 맞뚫린 코}로 풀이되면서 이것은 <
코＋모양-함실됨>의 특성을 가진다. [매부리코]는 {매부리와 같이 끝이 삐
죽하게 아래로 숙어진 코}로 풀이되면서 이것은 <코＋모양-구붓함>의 특
성을 가진다. [매코]도 (14)와 같은 특성을 가진다.

(16) 들창코
(17) 사자코
(18) 사지코

　[들창코]는 {끝이 위로 들려서 콧구멍이 드러나 뵈는 코}로 풀이되면서 이
것은 <코＋모양-들림>의 특성을 가진다. [사자코]는 {사자의 코처럼 생긴
들창코}로 풀이되면서 이것은 <코＋모양-들림＋사자의 코처럼 생김>의 특

성을 가진다. (18)도 (17)과 같은 내용으로 풀이되면서 같은 특성을 가진다.

(19) 활등코
(20) 안장코
(21) 말코
(22) 멀코

[활등코]는 {콧등이 활등처럼 휘우듬하게 생긴 코}로 풀이되면서 이것은 <코+모양-휨>의 특성을 가진다. [안장코]는 {안장처럼 등이 잘록한 코}로 풀이되면서 이것은 <코+모양-잘록함+안장처럼 생김>의 특성을 가진다. [말코]는 {콧구멍이 크고 벌름벌름하는 특징이 있는 사람의 코}로 풀이되면서 이것은 <코+모양-콧구멍이 큼>의 특성을 가진다. [멀코]도 [말코]와 마찬가지로 {콧구멍이 크고 벌름벌름하는 특징이 있는 사람의 코}로 풀이되면서 이것은 <코+모양-콧구멍이 더 큼>의 특성을 가진다.

지금까지 <코>의 분절구조 중 <모양>의 분절구조에 관하여 살펴보았다. 이것을 도식화하면 [그림2]와 같다.

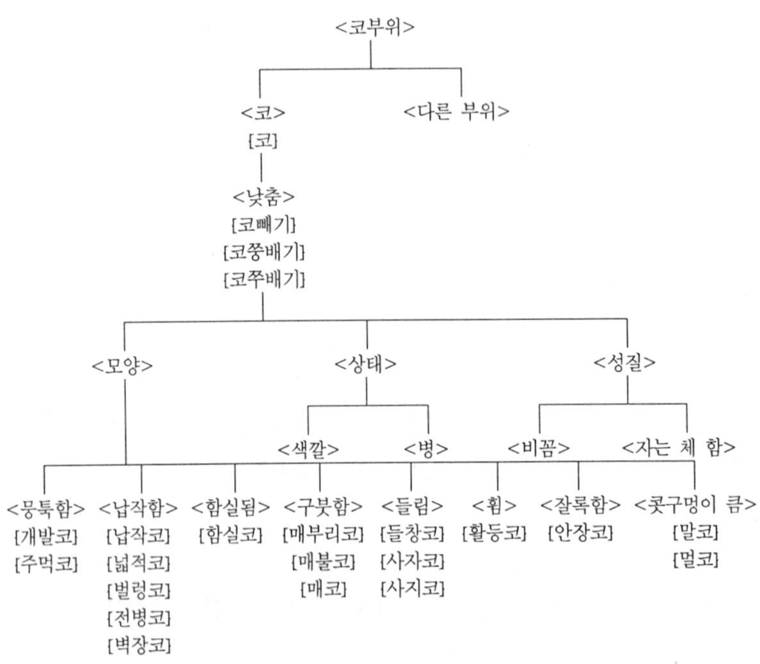

[그림 2] <코> 명칭 분절구조(1)

2.2. 〈상태〉의 분절구조

<상태> 분절구조에서는 <색깔>, <병>, <비꼼>, <자는 체 함>이 관조의 대상이 되어 있다.

(23) 딸기코

(24) 주독코

(25) 주부코

(26) 주묵코

(23)은 {코끝이 딸기처럼 발갛게 된 코}로 풀이되면서 이것은 <코+상태+

색깔-붉음>의 특성을 가지고 있다. [주독코]는 {주독으로 생기는 비삿증 또는 그런 병에 걸린 코}로 풀이되면서 이것은 <코+상태+병-비삿증>의 특성을 가지고 있다. [주부코]는 {비삿증으로 부어 오르고 붉은 점이 있는 코}로 풀이되면서 이것은 <코+상태+병-비삿증+불은 점이 있음>의 특성을 가지고 있다. [주묵코]는 경남에서 쓰이는 말로 [주부코]와 마찬가지로 {비삿증으로 부어 오르고 붉은 점이 있는 코}로 풀이되면서 이것은 <코+상태+병-비삿증+불은 점이 있음>의 특성을 가지고 있다.

(27) 양코
(28) 헛코

[양코]는 {서양 사람의 높은 코를 농조로 이르는 말}로 풀이되면서 이것은 <코+상태-비꼼+대상-서양 사람>의 특성을 가진다. [헛코]는 {자는 체하느라고 일부러 고는 코}로 풀이되면서 이것은 <코+상태-자는 체함>의 특성을 가지고 있다.

<상태>의 분절구조를 도식화하면 [그림2]와 같다.

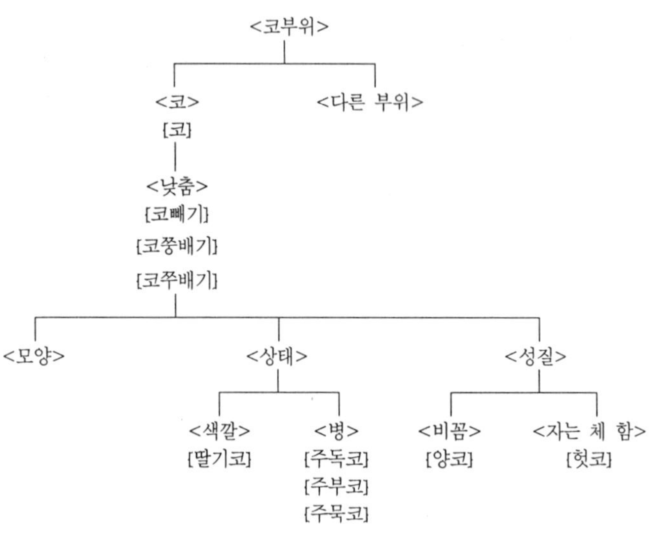

3. <다른 부위>의 분절구조

<다른 부위>분절에서는 <코>의 부분으로서 <등성이>, <콧구멍>, <코밑>, <콧살>이 관조의 대상이 되어 있다. 그 각각에 대하여 살펴보면 다음과 같다.

(29) 콧등

(30) 코끝

(31) 콧마루

(29)는 {코의 등성이}로 풀이되면서 이것은 <다른 부위-콧등>의 특성을 가진다. (30)은 {콧등의 끝}으로 풀이되면서 이것은 <다른 부위-콧등+위치-끝>의 특성을 가진다. (31)은 {콧등의 마루 부분}으로 풀이되면서 이것은

<다른 부위-콧등+위치-마루>의 특성을 가진다. [콧마루]는 <코>의 생김
새를 <산>의 마루에 비교하여 코의 위쪽 부분을 나타냈다는 점에서 이 단어
의 개념형성과정을 추측할 수 있다.

(32) 코허리
(33) 콧잔등(이)
(34) 콧대

(32)는 {콧등의 잘록한 곳}으로 풀이되면서 이것은 <다른 부위-콧등+위
치-허리>의 특성을 가진다. [코허리]는 신체에 있어 몸의 한 부분인 허리에
견주어 단어의 개념이 형성되었음을 알 수 있다. (33)은 {코허리의 낮춤말}로
풀이되면서 이것은 <다른 부위-콧등+위치-허리+낮춤>의 특성을 가진
다. (34)는 {콧등의 우뚝한 줄기}로 풀이되면서 이것은 <다른 부위-콧등+위
치-줄기>의 특성을 가진다.

(35) 콧구멍
(36) 콧속

(35)는 {코에 뚫린 구멍}으로 풀이되면서 이것은 <다른 부위-콧구멍>의
특성을 가신나. 한자어 [비공 : 鼻孔], [비문 : 鼻門]도 이와 같은 내용을 표현
하지만 일상생활에서 거의 쓰이지 않는 것으로 추정된다. (36)은 {콧구멍의
속}으로 풀이되면서 이것은 <다른 부위-콧구멍+속>의 특성을 가진다. 이
와 같은 내용을 표현하는 한자어로 [비강 : 鼻腔]이 있다.

(37) 코밑
(39) 콧살

(37)은 {코 아래의 부위}로 풀이되면서 이것은 <다른 부위-코밑>의 특성

을 가진다. (38)은 {코를 찡그려 생긴 주름}으로 풀이되면서 이것은 <다른 부위-콧살>의 특성을 가진다.

지금까지 <다른 부위>의 분절구조 중 <콧등>, <콧구멍>, <코밑>, <콧살>에 관하여 살펴보았다. 이것을 도식화하면 [그림 3]과 같다.

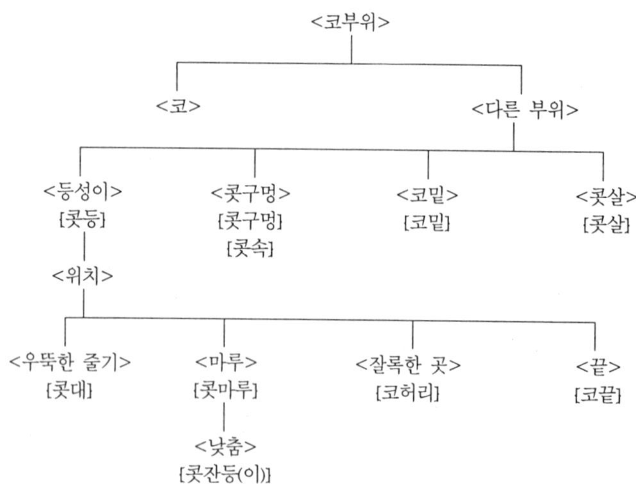

5. 마무리

이 연구는 현대국어에 있어서 <코부위> 명칭 분절구조를 해명하기 위하여 시도된 것인데, 이것은 <신체>명칭 분절구조 해명의 전제작업을 성격을 가진다. 언어의 구조가 그 언어를 사용하는 사람들의 세계관을 결정한다는 동적 언어이론의 내용은, 귀납되어진 결과이지만 <코부위> 명칭 분절구조에서도 잘 나타나고 있다.

<신체>는 <머리>, <얼굴>, <목>, <몸통>, <팔다리>로 이루어지는 <외부>와 <골격>, <근육>, <내장>, <호흡기>, <순환기>, <신경>, <감각>으로 이루어지는 <내부>의 분절구조를 가지고 있는데, <코> 명칭의 분절

구조는 <외부>구조 중 <얼굴>에 해당하는 것이라 할 수 있다. <코부위> 명칭의 분절구조는 크게 <코>와 <콧등>, <콧구멍>, <코밑>, <콧살>이 관조의 대상이 되어 있는 <다른 부위>로 하위분절되는 특징을 가지고 있다. <코> 명칭 분절구조는 <모양>, <상태>가 관조의 대상이 되어 있는데, <모양>의 아래로는 <뭉툭함>, <납작함>, <함실됨>, <구붓함>, <들림>, <휨>, <잘록함>, <콧구멍이 큼>이 관조의 대상이 되어 있다. <상태>의 아래로는 <색깔>과 <병>, <비뚦>, <자는 체 함>이 관조의 대상이 되어 있다.

참고문헌

강기선 외 4인(2001) :『인체해부학』, 고문사.

김재봉(1988) :「<착용> 동사의 낱말밭 연구」, 고려대 교육대학원.

김재영(1996) :『성능중심 어휘론』, 국학자료원.

대한의학협회(1984) :『의학용어집』, 학연사.

배성우(1996) :「<그릇> 명칭에 대한 고찰」,『한국어내용론』제4호, 한국어 내용학회.

______(1997) :「<칼> 명칭에 대한 고찰」,『우리어문연구』제10집, 우리어문학회.

______(1998) :「국어 <모자> 명칭의 분절구조 연구-독일어와의 비교를 통하여」,
  고려대학교 교육대학원 석사학위논문.

배성훈(1999) :「<산> 명칭에 대한 고찰-<크기>를 중심으로」,『한국어 내용론』제
  6호(한국어와 세계관), 한국어 내용학회.

______(1999) :「<산> 명칭에 대한 고찰-<위치>를 중심으로」,『우리어문연구』13
  집(한국어의 내용적 고찰), 우리어문학회.

배해수(1992) :『국어 내용 연구 (2)』, 국학자료원.

______(1994) :『국어 내용 연구 (3)-<친척> 명칭에 대한 분절구조』, 국학자료원.

______(1997) :『국어 내용 연구(1)-수정판』, 고려대학교 민족문화연구소.

______(1998) :『국어 내용 연구(4)-한국어와 동적언어이론』, 고려대학교 출판부.

백상호(2000) :『해부학총론』, 군자출판사.

안정오(1995) :「낱말밭과 언어습득의 상관성」,『한국어 내용론』제3호, 한국어내용학회.

이성준(1993) :『언어 내용 이론-통어론을 중심으로』, 국학자료원.

______(1999) :『훔볼트의 언어철학』, 고려대학교 출판부.

장기문(1995) :「<소> 명칭에 대한 고찰」,『우리어문 연구』제9집, 우리어문연구회.

______(1996) : 「<여자> 명칭에 대한 고찰」, 『한국어 내용론』 제4호, 한국어내
    용학회.

장은하(1996) : 「<눈>이름씨에 대한 고찰」, 『한국어내용론』 제4호, 한국어내용학회.

______(1997) : 「<눈부위> 명칭에 대한 고찰」, 『우리어문연구』 제10집, 우리어문학회.

______(1998) : 「현대국어의 <손부위> 명칭에 대한 연구」, 고려대학교 대학원 석사
    학위논문.

______(1999) : 「현대국어의 <몸> 명칭에 대한 연구」, 『한국어내용론』 제6호(한국어
    와 세계관), 한국어 내용학회.

______(1999) : 「현대국어의 <발부위> 명칭에 대한 연구」, 『우리어문연구』 13집(한
    국어의 내용적 고찰), 우리어문학회.

정소프트(주)(1997) : 『컴퓨터용 전자사전 피시딕 7.0』

정시호(1994) : 『어휘장이론 연구』, 경북대 출판부.

정태경(1999) : 「<떡> 명칭의 분절구조」, 『한국어 내용론』 제6호(한국어와 세계관),
    한국어 내용학회.

______(1999) : 「<국> 명칭의 분절구조」, 『우리어문 연구』 13집(한국어의 내용적 고
    찰), 우리어문학회.

한글학회(1997) : 『우리말 큰사전』, 어문각.

허발(1981) : 『낱말밭의 이론』, 고려대출판부.

허웅(1981) : 『언어학-그 대상과 방법』, 샘문화사.

Bloomfield(1926) : "A set of Postulates for the Science of Language", Language 2.

E. Coseriu(1971) : "Sprache, Strukturen und Funktionen", Tübingen.

H.   Gipper(1974) : "Inhaltbezogene Grammatik", Grundzüge de Literatur und
    Sprachwissenschaft, Band 2. Deutsche Taschen-buch Verlag.

G. Helbig(1974) : "Geschichte der neueren Sprachwissenschaft", Rowo hlt Taschenbuch
    Verlag, Leipzig/München.

W. v. Humboldt(1979) : Werke Band 3. "Schriften zur Sprachphiloso-phie", Cott'asche
    Buchhandlung, Stuttgart.

M. Ivić(1970) : "Trends in Linguistics" Mouton/Co. N. V., Publishers, The Hague.

J. Lyons(1979)："Semantics" 1. 2 Cambridge University Press.

E. A. Nida(1975)：Componential Analysis of Meaning, Mout on Publishers, The Hague.

S. Ullmann(1967)："Semantics—An Introduction to The Science Of Meaning", Oxford, Basil Blackwell.

(고려대 강사)

A study on the word field of the nouns expressing 〈코부위〉(nose and its parts) in modern Korean language

Jang Eun-Ha

This study attempts to support the explanation of the word field of the nouns expressing <코부위>(nose+its part) in modern Korean language. The explanation of word field is related to feature analysis.

<코부위>(nose+its part) is structurized by <nose>, <nose's part>. From those above investigations, word field of nouns expressing <코부위>(nose+its part) can be summarized as below.

(1) <nose> is structurized by <shape>, <state>.

(2) <shape> is structurized by <stummy shape>, <flat shape>, <smooth-bottom shape>, <slightly bent shape>, <upturned shape>, <curve shape>, <slender shape>, <big nostril>.

(3) <state> is structurized by <color>, <disease>, <talk cynically>, <pretent to sleep>.

(4) <nose's regions> is structurized by <the ridge of nose>, <nostril>, <under the nose>, <wrinkled part>.

현대국어 〈말〉 명칭에 대한 고찰(2)

—〈평가방식〉을 중심으로

손숙자

1. 머리말

이 연구는 현대국어에 있어서 〈말〉 명칭 가운데 〈평가방식〉을 나타내는 명칭의 분절구조를 해명해 보기 위하여 시도된다. 이 연구는 〈말〉이라는 객관세계에 대한 한국인의 관조방식을 발견하는데 그 의의가 있다.

〈말〉 명칭은 일차적으로 〈목적〉, 〈평가방식〉, 〈내용〉, 〈표현방식〉 등이 관조의 대상이 되면서 하위분절되어 있음이 귀납되었다. 이 연구는 이 분절들 가운데 〈평가방식〉 분절만을 중심으로 그 구조를 해명하게 된다.

헤르더(J.G.Herder)에 의하여 싹튼 동적언어관은 훔볼트(W.v.Humboldt)에 의하여 체계화되고 완성되었다.

훔볼트는 인도네시아 자바섬의 카비(kawi)어를 최초로 연구함으로서 언어의 본질과 인간생활에 있어서의 언어의 역할에 관해 아주 새로운 관점으로 접근하였다. 그의 언어관의 핵심은 언어의 동적인 현상, 내적언어형식과 외적언어형식의 결합, 언어를 통한 세계관의 반영, 중간세계에 대한 전망, 언어의 분절성 등으로 요약될 수 있다.[1]

---

1) 배해수(1998), 『한국어와 동적언어이론』, 고려대학교출판부, 143쪽.

홈볼트의 동적언어사상은 단적으로 "언어는 에르곤(Ergon : 작품)이 아니라, 에네르게이아(Energeiea : 활동)라는 구절을 통해 표현된다. 즉, 홈볼트에게 있어서 언어는 동적(dynamic)인 현상인 것이며, 언어의 정적인 면은 표면에 불과했던 것이다. 곧 언어는 형성물이라기보다는 형성활동이기 때문에 외적언어형식보다 내적언어형식이 더욱 중요시되어야 하고, 언어는 음성뿐만 아니라 내용으로서도 전체적으로 고찰되어야 하며, 나아가서 인간, 문화, 세계상과의 관련에서 고찰되어야 한다는 것이다.[2]

바이스게르버(L.Weisgerber)는 홈볼트의 철학을 충실하게 언어학이론으로 변형시켜 동적언어이론의 체계화를 이룩하였다. 홈볼트의 중간세계에 대한 전망은 중간세계이론으로 체계화되어 바이스게르버 언어이론의 핵심을 이루게 된다.

바이스게르버는 언어연구를 4단계로 나누었는데, 언어연구의 4단계는 정적인 에르곤으로서의 언어가 고찰의 대상이 되는 문법적인 방법과 동적인 에네르게이아로서의 언어가 고찰의 중심이 되는 언어학적인 방법이 있다. 문법적인 방법에는 첫 번째 단계의 형태중심의 고찰방법과 두 번째 단계의 내용중심의 고찰방법이 포함되며, 언어학적인 방법은 세 번째 단계의 직능중심의 고찰방법과 네 번째 단계의 작용중심의 고찰방법을 포함하게 된다. 형태중심의 고찰에서는 기능(Funktion)과 의미(Bedeutung)가 주된 개념이 되고, 내용중심의 고찰에서는 내용(Inhalt)이 중심개념이 된다. 그리고 직능중심의 고찰에서의 주된 개념은 포착(Zugriff)과 세계의 언어화(das Worten der Welt)이며, 작용중심의 고찰에서는 타당성(Geltung)이 주된 개념이 된다.

4단계이론 가운데 2단계의 내용중심의 고찰방법이 바로 어휘분절구조이론이다.

분절구조의 발견을 위해서는 자료수집이 선행되어야 하는데, 이 연구에서 해당자료의 수집을 위해서 참고한 사전류는 다음과 같다.

---

2) 배해수(1998) : ibid.143

신기철・신용철 편저(1980) :『새 우리말 큰사전 : 상・하』, 삼성출판사.

이가원・권오순・임창순 감수(1985) :『동아한한대사전』, 동아출판사.

한글학회(1997) :『우리말 큰 사전』, 어문각.

이희승 편저(1986) :『국어 대사전』, 민중서림.

이기문 감수(1997) :『동아 새 국어 사전』, 동아출판사.

정소프트(주)(1997) :『컴퓨터용 전자사전 피시딕7.0』.

위의 문헌에서 발견된 자료들을 형태순으로 배열하면 다음과 같다.

거짓말	공말	공언(空言)
궤변(詭辯)	궤사(詭辭)	궤설(詭說)
궤언(詭言)	기담(奇談)	기어(奇語)
기어(綺語)	기언(奇言)	기화(奇話)
낭설(浪說)	도구(徒口)	도언(徒言)
도청(道聽)	도청도설(道聽塗說)	둔사(遁辭)
뜬소문	말	망담(妄談)
망발(妄發)	망설(妄說)	망설(妄舌)
망언(妄言)	무근지설(無根之說)	무언(誣言)
법어(法語)	법언(法言)	부언(浮言)
빈말	빈소리	사언(詐言)
식사(飾辭)	시설(飾說)	실담(實談)
위사(偉辭)	위언(僞言)	유언(流言)
유언비어(流言蜚語)	정말	진담(眞談)
진언(眞言)	참말	참설(讒舌)
참언(讒言)	패담(悖談)	패설(悖說)
표설(漂說)	풍문(風聞)	풍설(風說)
허담(虛談)	허성(虛聲)	허언(虛言)
헛된말	헛소리	헛소문
헛말		

2. 원어휘소와 기본구조

(1) 말

이 낱말은 {① 사람의 생각이나 느낌을 입으로 나타내는 소리. 또는 그 행위나 내용. ② 낱말, 이은말, 속담, 월 들의 두루 일컬음. ③ 어떤 현상과 관계되는 이야기} 등의 의미로 풀이되는데, 이 풀이 가운데 ①이 이 분절에서의 주된 내용이 된다. 그리고 이 낱말은 <사고표현행위＋기관(방식)－입 혹은 글>이라는 특성을 가지면서, <말>이라는 분절에 있어서 원어휘소의 자리에 위치하고 있다.

[말]을 원어휘소로 하는 <말> 명칭의 분절에 있어서는, 1차적으로 <목적>, <평가방식>, <내용>, <표현방식> 이 관조의 대상이 된다. <말>명칭 분절구조의 기본구조를 도식화하면 [그림 1]과 같다.

[그림 1] <말> 중심의 표현

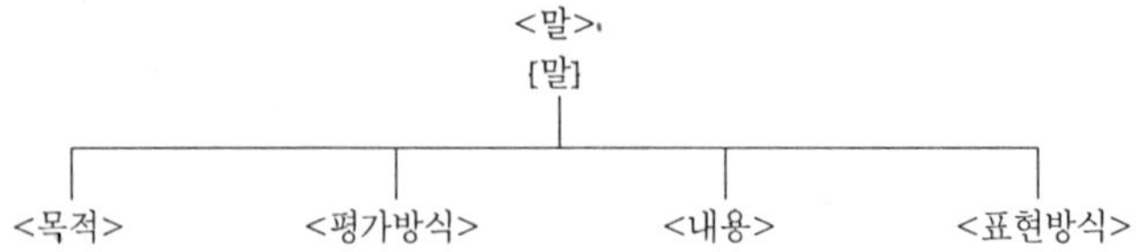

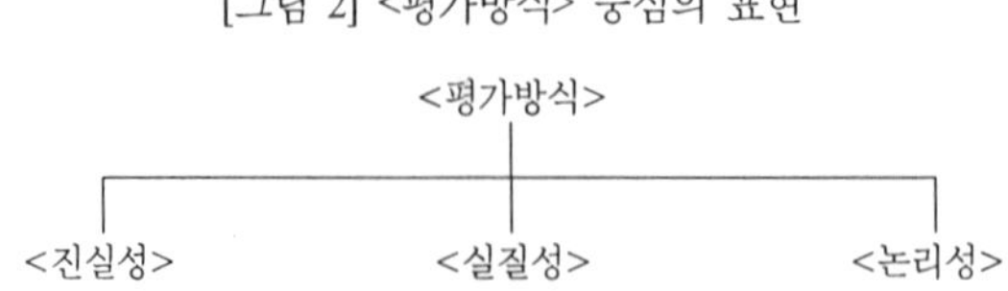

여기서는 <말>의 분절구조 중에서 <평가방식>만을 다루기로 한다. <평가방식>의 분절은 [그림 2]와 같이 다시 <진실성>, <실질성>, <논리성>으로 하위분절된다.

[그림 2] <평가방식> 중심의 표현

3. <진실성> 중심의 표현

<진실성>의 분절구조는 <참>과 <거짓>에 의하여 하위분절되는 것으로
귀납되었다. <참>은 다시 <마음>과 <진실>로 하위분절되며, <진실성>의
분절구조의 구체적인 내용을 살펴보면 다음과 같다.

  (3) 참말
  (4) 정말

  (3)은 {참된말}로 풀이되며, (4)는 {거짓이 없는 바른 말}로 풀이되면서, <말
+평가방식+진실성+참>의 특성을 지닌다.

  (5) 진담(眞談)
  (6) 진언(眞言)[3]

  (5)는 {참 마음으로 하는 말}로 풀이되고, (6)은 {참된 말}로 풀이되면서, <
말+평가방식+진실성+마음>의 특성을 문제삼고 있다.

  (7) 실담(實談)

  이 낱말은 {거짓없는 진실한 말}로 풀이되면서, <말+평가방식+진실성+
진실>의 특성을 지닌다.

---

3) 한자말[폐부지언 : 肺腑之言]은 {마음속 깊이 우러 나오는 참된 말}로 풀이되면서 유사한 내
  용특성을 문제삼고 있는 듯하다.

(8) 거짓말4)

(9) 망설(妄舌)

(10) 사언(詐言)

(11) 위언(僞言)

(12) 허언(虛言)5)

(8)은 {사실과 다르게 꾸며 하는 말}로 풀이되고, (9)~(12)는 {거짓말}로 풀이되면서, <말+평가방식+진실성+거짓+꾸밈>의 특성을 문제삼고 있다.

(13) 궤변(詭辯)

이 낱말은 {이치에 맞지 아니한 억지로 맞는 것처럼 꾸며대는 말}로 풀이되면서, <말+평가방식+진실성+거짓+꾸밈+억지>의 특성을 지닌다.

(14) 둔사(遁辭)

이 낱말은 {관계나 책임을 회피하려고 억지로 꾸며서 하는 말}로 풀이되면서, <말+평가방식+진실성+거짓+꾸밈+억지+책임회피>의 특성을 문제삼고 있다.

(15) 식사(飾辭)

(16) 식설(飾說)

위 낱말은 {듣기 좋게 꾸며서 하는 말}로 풀이되면서, <말+평가방식+진

---

4) [가짓말]은 거짓말을 얕잡는 말이며, [가짓부리]. [가짓부렁], [가짓부렁이], [거짓부리], [거짓부렁], [가짓부렁이], [거짓불] 등은 [거짓말]의 낮은 말이다.

5) [망탄 : 妄誕], [망어 : 妄語], [양언 : 佯言], [허설 : 虛說], [허사 : 虛辭]도 {거짓말}로 풀이되면서, 유사한 내용특성을 문제삼고 있는 듯하다.

실성＋거짓＋꾸밈＋듣기좋음>의 특성을 지닌다.

(17)무언(誣言)

이 낱말은 {없는 일을 꾸며서 남을 헤치는 말}로 풀이되면서, <말＋평가방
식＋진실성＋거짓＋꾸밈＋헤침>의 특성을 문제삼고 있다.

(18) 궤설(詭說)

이 낱말은 {거짓으로 꾸미어 남을 속이는 말}로 풀이되면서, <말＋평가방
식＋진실성＋거짓＋꾸밈＋속임>의 특성을 지닌다.

(19) 궤사(詭辭)
(20) 궤언(詭言)

위 낱말은 {간사하게 꾸미어 남을 속이는 말}로 풀이되면서, <말＋평가방
식＋진실성＋거짓＋꾸밈＋속임＋간사>의 특성을 문제삼고 있다.

(21) 참언(讒言)
(22) 참설(讒說)

위 낱말은 {거짓 꾸며서 남을 참소하는 말}로 풀이되면서, <말＋평가방식＋진
실성＋거짓＋참소>의 특성을 문제삼는다.

(23) 기어(綺語)

이 낱말은 {교묘하게 꾸며대는 말}로 풀이되면서, <말＋평가방식＋진실성
＋거짓＋교묘>의 특성을 지닌다.

지금까지의 고찰에서 살펴 보았듯이 <진실성>분절에서는 <참>과 <거짓>이 관조의 대상이 되어 왔다. <거짓>은 다시 <억지>, <듣기좋음>, <헤침>, <속임>, <참소>, <교묘>로 하위분절된다. 이것을 도식화하면 [그림 3]과 같다.

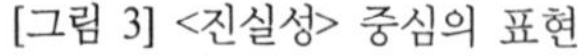

[그림 3] <진실성> 중심의 표현

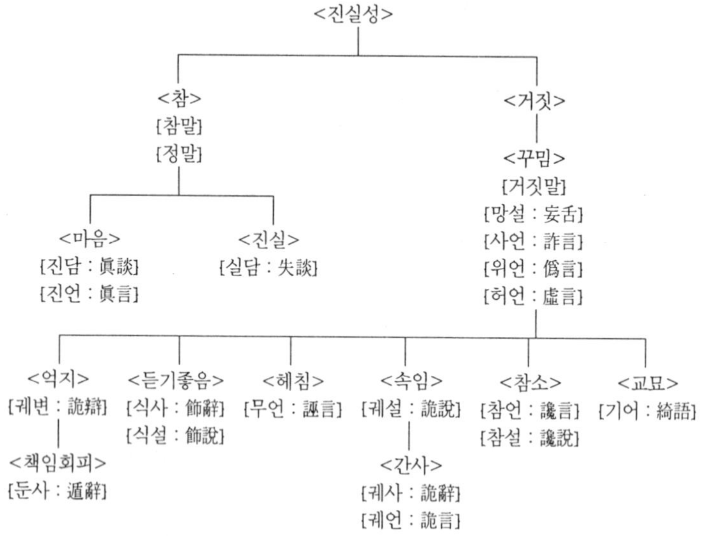

4. <실질성> 중심의 표현

<실질성>의 분절구조는 <소문>과 <빈말>, <헛된말>에 의하여 하위분절되는 것으로 귀납되었다. <소문>은 <뜬소문>과 <헛소문>, <떠돎>으로 하위분절되며, <빈말>은 다시 <진실 아님>과 <이야기>로 하위분절되고, <헛된 말>은 <말>과 <소리>로 하위분절된다.

<실질성> 명칭의 분절구조의 구체적인 내용을 살펴보면 다음과 같다.

(24) 뜬소문

(25) 부언(浮言)

(26) 유언(流言)

(27) 표설(漂說)6)

(24)는 {터무니없이 떠돌아다니는 소문}으로 풀이되며, (25)~(27)은 {뜬소문}으로 풀이되면서, <말＋평가방식＋실질성＋소문＋뜬소문>의 특성을 지닌다.

(28) 도청(道聽)

(29) 도청도설(道聽塗說)

위 낱말은 {길에서 얻어 들은 것을 이야기함}으로 풀이되면서, <말＋평가방식＋실질성＋소문＋뜬소문＋길>의 특성을 지닌다.

(30) 무근지설(無根之說)

이 낱말은 {터무니가 없는 뜬소문}으로 풀이되면서, <말＋평가방식＋실질성＋소문＋근거없음}의 특성을 지닌다.

(31) 헛소문

(32) 낭설(浪說)

(33) 유언비어(流言蜚語)7)

(31)은 {헛소문}으로 풀이되며, (32)는 {터무니 없는 헛소문}으로 풀이되며, (33)은 {사회적 의미를 가진 확증이 없는 헛소문}으로 풀이되면서, <말＋평가

---

6) [뜬소리], {유설 : 流說}, [비어 : 蜚語], [비언 : 蜚言], [부설 : 浮說], [요언 : 謠言] 등은 같은 내용의 차원에서 이해될 만하다.

7) [허문 : 虛聞], [부언낭설 : 浮言浪說], [부언유설 : 浮言流說]도 {헛소문}으로 풀이되면서, 유사한 내용특성을 문제삼고 있는 듯하다.

방식＋실질성＋소문＋헛소문>의 특성을 지닌다.

(34) 풍문(風聞)

(35) 풍설(風說)

위 낱말은 {떠도는 말}로 풀이되면서, <말＋평가방식＋실질성＋소문＋떠돎>의 특성을 지닌다.

(36) 빈말

(37) 공말

(38) 공언(公言)

(39) 빈소리

(40) 헛말[8]

(36)~(40)은 {실속이 없는 말. 빈말}로 풀이되면서, <말＋평가방식＋실질성＋빈말>의 특성을 문제삼고 있다.

(41) 위사(偉辭)

이 낱말은 {진실하지 아니한 말}로 풀이되면서, <말＋평가방식＋실질성＋빈말＋진실 아님>의 특성을 문제삼는다.

(42) 허담(虛談)[9]

이 낱말은 {빈말}로 풀이되면서, <말＋평가방식＋실질성＋빈말＋이야기>의 특성을 문제삼고 있다.

---

8) [구두선], [섬어]도 {빈말}이라 풀이되면서, 유사한 내용특성을 문제삼고 있는 듯하다.
9) [공담 : 空談]도 같은 내용의 차원에서 이해될 만하다.

(43) 헛된말

(44) 도구(徒口)

(45) 도언(徒言)

위 낱말은 {헛된말}로 풀이되면서, <말＋평가방식＋실질성＋빈말＋헛된
말＋말>의 특성을 지닌다.

(46) 헛소리

(47) 허성(虛聲)

위 낱말은 {헛소리}로 풀이되면서, <말＋평가방식＋실질성＋헛된말＋소
리>의 특성을 문제삼고 있다.

지금까지의 고찰에서 살펴보았듯이 <실질성> 분절구조에서는 <소문>,
<빈말>, <헛된말>로 하위분절된다. <소문>은 다시 <뜬소문>, <헛소문>,
<떠돎>으로 하위분절되며, <빈말>은 <진실아님>과 <이야기>로, <헛된말>은
<말>과 <소리>로 하위분절된다. 이것을 도식화하면 [그림 4]와 같다.

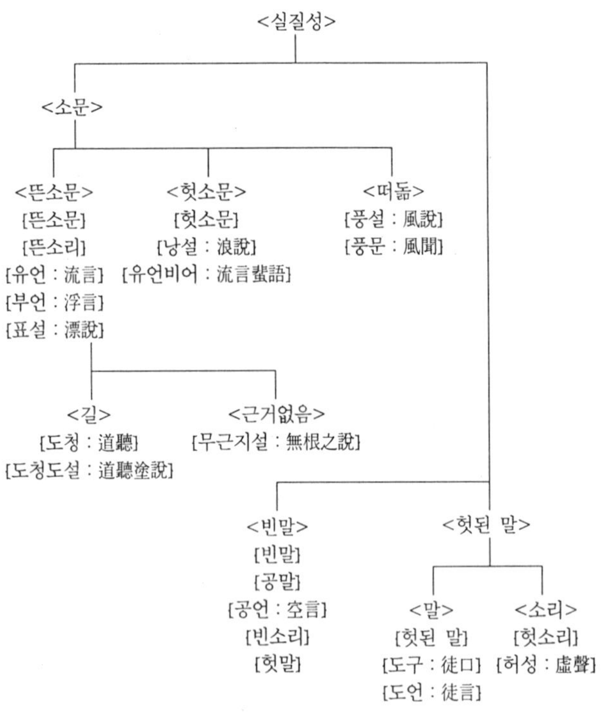

[그림 4] <실질성> 중심의 표현

5. <논리성> 중심의 표현

(48) 법어(法語)

(49) 법언(法言)

이 낱말은 {법도가 될만한 말}로 풀이되면서, <말＋평가방식＋논리성＋논리＋맞음>의 특성을 지니고 있다.

(50) 패담(悖談)

(51) 패설(悖說)

　이 낱말은 {사리에 어그러진 말}로 풀이되면서, <말＋평가방식＋논리성＋
논리＋어긋남>의 특성을 문제삼고 있다.

(52) 망담(妄談)

(53) 망언(妄言)

　이 낱말은 {망령된 말}로 풀이되면서, <말＋평가방식＋논리성＋비논리＋
망령>의 특성을 지닌다.

(54) 망발(妄發)

　이 낱말은 {망령이 나거나 실수로 인하여 사리에 어긋나게 하는 말이나 행
동}으로 풀이되면서, <말＋평가방식＋논리성＋비논리＋망령＋행동>의 특
성을 문제삼고 있다.

(55) 망설(妄說)

　이 낱말은 {망령된 생각이나 주장}으로 풀이되면서, <말＋평가방식＋논리
성＋비논리＋망령＋생각>의 특성을 지닌다.

(56) 기어(奇語)

(57) 기언(奇言)

　이 낱말은 {기이한 말}로 풀이되면서, <말＋평가방식＋논리성＋비논리＋

기이함＋말>의 특성을 문제삼고 있다.

(58) 기담(奇談)
(59) 기화(奇話)

이 낱말은 {기이한 이야기}로 풀이되면서, <말＋평가방식＋논리성＋비논리＋기이함＋이야기>의 특성을 지닌다.

지금까지의 고찰에서 살펴 보았듯이 <논리성> 분절구조에서는 <논리>와 <비논리>로 하위분절된다. <논리>는 다시 <맞음>과 <어긋남>으로 하위분절되며, <비논리>는 다시 <망령>과 <기이함>, <허황>으로 하위분절된다. 이것을 도식화하면 [그림 5]와 같다.

[그림 5] <논리성> 중심의 표현

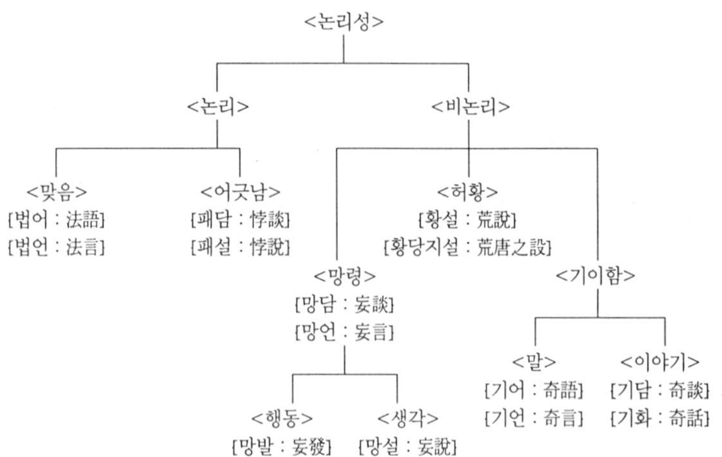

6. 마무리

이 연구는 현대국어에 있어서 <말> 명칭의 <평가방식>을 중심으로 어떻게 하위분절되었는가를 살펴 보았는데, 이는 <말>이라는 객관세계에 대하여 한국인의 관조방식을 발견하고, <말> 명칭의 분절구조를 해명해 보기 위하여 시도된 것이다.

이 분절구조의 해명시도 결과 드러난 특징을 살펴보면 다음과 같다.

(1) <말> 명칭의 분절구조를 대표하는 원어휘소인 [말]은 {1. 사람의 생각이나 느낌을 입으로 나타내는 소리. 또는 그 행위나 내용 2. 낱말, 이은 말, 속담, 월들의 두루 일컬음 3. 어떤 현상과 관계되는 이야기} 등으로 풀이되면서, [말]이 원어휘소의 자리를 차지한다. 이것은 <목적>, <평가방식>, <내용>, <표현방식>이 관점이 되었다. <평가방식>은 다시 <진실성>, <실질성>, <논리성>으로 하위분절된다.

(2) <진실성> 중심의 표현은 <참>과 <거짓>으로 하위분절되며, <참>은 다시 <마음>과 <진실>로 하위분절된다. <거짓>은 다시 <억지>, <듣기좋음>, <헤침>, <속임>, <참소>, <교묘>로 하위분절된다.

(3) <실질성> 중심의 표현은 <소문>과 <빈말>, <헛된말>로 하위분절되며, <소문>은 다시 <뜬소문>과 <헛소문>, <떠돎>으로 하위분절되고, <뜬소문>은 다시 <길>과 <근거없음>으로 하위분절된다. 또한 <빈말>은 다시 <진실아님>과 <이야기>과 하위분절되며, <헛된말>은 다시 <말>과 <소리>로 하위분절된다.

(4) <논리성> 중심의 표현은 <논리>와 <비논리>로 하위 분절된다. <논리>는 다시 <맞음>과 <어긋남>으로 하위분절되며, <비논리>는 다시 <망령>과 <기이함>, <허황>으로 하위분절된다.

<말> 명칭의 분절구조중 <내용>과 <표현방식>에 대한 연구는 후고로 미룬다.

참고문헌

김방한 역(1993) :『언어학사』, 형설출판사.

김재영(1996) :『성능중심어휘론』, 국학자료원.

김진우(1999) :『언어』, 탑출판사.

배해수(1995) :「동적언어이론의이해」,『한국어내용론(3)』, 국학자료원.

______(1998) :『한국어와 동적언어이론』, 고려대학교 출판부.

______(2000) :『국어내용연구(5)』, 국학자료원.

신기철·신용철 편저(1980) :『새 우리말 큰사전 : 상·하』, 삼성출판사.

이가원·권오순·임창순 감수(1985) :『동아한한대사전』, 동아출판사.

이기문 감수(1997) :『동아 새 국어 사전』, 동아출판사.

이성준(1993) :『언어내용연구－통어론을 중심으로』, 국학자료원.

이희승편저(1986) :『국어 대사전』, 민중서림.

임환재역(1984) :『언어학사』, 형설출판사.

장기문(2001) :『현대국어 <여자>명칭의 분절구조 연구』, 고려대대학원.

정소프트(주)(1997) :『컴퓨터용 전자사전 피시딕7.0』.

한국어내용학회(1999) :『한국어와 세계관』, 국학자료원.

______________(2000) :『한국어와 모국어정신』, 국학자료원.

한글학회(1997) :『우리말 큰 사전』, 어문각.

허발(1981) :『낱말밭의 이론』, 고려대학교 출판부.

(한성대강사)

A Study on the word-field of the nouns expressing
〈mal (language)〉 in modern Korean language

-Espgcially on the 〈Was of evaluation〉-

Son, Sook-Ja

This study aims at showing how to characterized as the terms of <language>, focusing on the <Way of evaluation> of the <Language>. This is to try to find out the way of reflection of Koreans concerning the objective world of <language> and clarify wordfield theory of <language> names.

The characteristic points that have derived from this study's trial for clarifying the structure are summarized below.

(1) <Language> as archilexem represents the wordfield theory of <language> names. And the <language> can be interpreted as 1. voices showing the thought and feeling through mouth or its activities and contents and as 2. something that includes word, proverb, sentence and as 3. stories related with certain phenomenon. By taking these roles, <language> comes to occupy the position of archilexem. This means that <purpose>, <content>, <way of expression>, and <way of evaluation> become the objects of viewpoints. And these characterized as <the truth>, <essence>, and <logicality>.

(2) <The truth> oriented expressions characterized as <truely> and <untruth>. <Truely> characterized as <the mind> and <truth>. <Untruth> characterized as <obstinacy> and <tease>, and <deceit> characterized as <a false>, <skill>.

(3) The central expressions of <the truth> characterized as <a rumor> and <an idle talk>, <empty talk>. <A rumor> characterized as <a groundless rumor> and <a canard>, <wander>. <A groundless rumor> characterized as <a road> and <a sound>.

(4) <Logicality>-oriented expressions characterized as <logic>, <illogical>. <Logic> characterized as <correct> and <crookedness>. <Illogical> characterized as <warp> and <strange>, <groundless>. And the in depth studies on <contents> and <way of evaluation> will be done in later thesis.

김 연 심

〈시각행위〉명칭 분절구조 연구 (2)

—〈방법〉을 중심으로—

1. 머리말

이 연구는 현대 국어에 있어서 〈시각행위〉 명칭 가운데 〈방법〉 중심 분절이 어떠한 분절구조로 이루어져 있는가를 고찰해 보기 위하여 시도된다. 〈시각〉은 눈이라는 감각기관을 통하여 보는 행위인데, 이 가운데 〈시각행위＋방법〉 명칭에 대한 한국인의 관조방식과 관점, 부차적으로 해당어휘체계의 발견이 이 연구에 있어서 중심과제가 된다.

이러한 분절구조의 고찰은 상위 분절구조인 〈시각행위〉 명칭 분절구조의 전체적인 고찰을 위한 필수적인 전제작업이며, 나아가 〈청가행위〉 명칭, 〈후각행위〉 명칭, 〈미각행위〉 명칭, 〈촉각행위〉 명칭 등과 함께 구성되는 상위 〈감각행위〉 명칭의 분절구조 해명을 위한 기본작업의 성격을 띠게 된다. 〈감각〉은 생물학적으로 감각 기관에서 출발하여 대뇌에 이르는 구심신경(求心神經)의 작용과정으로 규정되며, 심리학적으로는 신경 계통의 외부에서 발생하여 얻어진 경험, 의식의 지적 방면에 있어서의 가장 간단하고 요소적인 것으로 내관에 의해서 그 이상 분석할 수 없는 경험내용으로 규정된다. 이러한 풀이에 따르면 감각은 [감각기관의 신경작용]이라는 특성과 함께 이해될 수 있고, 〈감각〉의 하위개념으로서의 〈시각〉은 생물학적으로 [빛의 자극을 눈을 통해서 받아들이는 감각. 시감. 보기감각]으로 규정되며, 언어학적으로 <감각+감각기관/눈>이라는 특성으로 이해될 수 있을 것이다.

<시각행위> 명칭의 하위분절구조에 있어서는 <목적>, <방법>, <태도>, <방향>, <주체>, <대상> 따위가 관조의 대상이 되어 있음이 귀납되었다. 즉, <시각 행위>는 보는 사람의 이유, 목적, 의도에 따른 표현 <목적>, 어떻게 보는가에 따른 표현 <방법>, 보는 사람의 심리적 마음가짐에 따른 표현 <태도>, 어디를 보는가에 따른 표현 <방향>, 보는 사람이 누구인가에 따른 표현인 <주체>, 무엇을 보는가에 따른 표현 <대상> 따위로 하위분절 되어 있다. <시각행위> 명칭의 분절구조에 대한 전체적인 연구를 위해서는 <목적>, <방법>, <태도>, <방향>, <주체>, <대상>에 따른 하위분절구조의 고찰 작업이 모두 이루어져야 하지만, 여기서는 <대상>을 중심으로 하는 <시각행위>명칭 분절구조 연구 (1)에 이어서 <방법>을 중심으로 고찰하게 된다.

이 연구는 어휘분절구조 이론(Wortfeld-theory)을 이론적 배경으로 삼게 되는데, 이 이론은 훔볼트의 동적언어관과 바이스게르버의 동적언어이론에서 연유된다. 이는 우리민족의 고유어인 한국어 어휘체계의 고찰을 통하여 한국인의 객관세계에의 관조방식을 발견하고자 함이며, 나아가 모국어를 통한 민족의 정신세계를 규명해 보려는 의도를 내포한다.

기존의 정적인 언어관과는 다른 동적언어관을 제창한 훔볼트는 언어와 정신과의 밀접한 관계를 중시하여 "언어는 에르곤(Ergon; 작품)이 아니고, 에네르게이아(Energeia; 활동)"[1]이며, 언어는 정신을 형성하고 그러한 정신활동의 소산물이 언어로 표출되는 끊임없는 활동이라고 주장한다. 훔볼트의 동적언어관을 계승하여 일반언어학 이론을 체계화한 바이스게르버는 중간세계이론을 중심으로 동적언어 이론을 전개한다. 전통적으로 음성형식과 사물이 직접적인 관계를 맺고 있다고 보는 것과 관련하여, 바이스게르버는 음성형식과 사물과의 직접적인 연결이 가능하지 않다는 인식 하에 음성형식과 사물을 연결

---

1) 배해수(1998) : 「한국어와 동적언어이론」, 『국어내용연구』(4), 고려대학교출판부, 138, 139쪽 참조.

시켜 주는 존재로서 중간세계를 인식하게 된다. 민족마다의 정신이 주도적인 역할을 행하게 되며, 그러한 의미에서 이 중간세계는 정신적인 중간세계이다. 인간의 의식 속에 존재하는 정신적 중간세계에서는 언어공동체를 중심으로 하는 모국어적 중간세계이며, 그 안에서 사물이 비로소 음성형식을 취하게 된다고 본다. 따라서 동일 언어를 모국어로 쓰는 민족의 정신은 모국어의 특징으로 발현될 수 있고, 그 언어는 다시 민족 정신에 영향을 미치는 불가분의 밀접한 관계에 놓이게 된다.

바이스게르버는 언어를, 모국어를 중심으로 언어공동체와 함께 민족의 정신을 형성하는 힘으로 파악하면서, 중간세계 이론을 바탕으로 하여 언어 연구 방법을 4단계를 설정하였다. 먼저 언어 연구는 문법적인 방법의 정적인 언어연구와 언어학적 방법의 동적인 언어연구로 분류되며, 정적인 언어연구는 다시 형태(Gestalt)중심 고찰과 내용(Inhalt)중심 고찰로 나뉘고 동적인 언어연구는 다시 직능(Leistung)중심 고찰과 작용(Wirkung)중심고찰로 분류된다.[2]

동적 언어이론에서는 어휘론, 조어론, 품사론, 월구성안 등 네 가지 문법에 대한 연구가 고유의 목표가 되는데, 이 가운데 어휘를 4단계 연구과정 가운데 2단계인 내용중심 단계에서 고찰할 수 있도록 마련된 방법론이 어휘분절구조이론(Wortfelt-theory)이다.

이 분절에 관여하는 어휘 자료의 수집을 위하여 다음의 문헌들을 참조하였다.

정소프트(주)(1997) : 『컴퓨터용 전자사전 피시딕 7.0』.
이희승 편저(1986) : 『국어 대사전』, 민중서림.
신기철·신용철 편저(1980) : 『새 우리말 큰 사전 : 상·하』, 삼성출판사.
한글학회(1996) : 『우리말 큰사전』, 어문각.

그 결과 다음의 관련어휘들이 수집되었는데, 이를 가나다 순으로 나열해 보이면 다음과 같다.

---

2) ibid., 155, 156쪽 참조.

곁눈질	관시(觀視)	관조(觀照)
규시(窺視)	당시(瞠視)	면시(眄視)
목격(目擊)	목견(目見)	목도(目睹)
비예(睥睨)	사시(斜視)	옆눈질
유면(流眄)	응망(凝望)	응시(凝視)
일견(一見)	일람(一覽)	일망(一望)
정관(貞觀)	정시(正視)	정안(正眼)
정찰(正察)	정찰(精察)	제면(睇眄)
제시(睇視)	조견(早見)	조람(照覽)
조사(調査)	주목(注目)	주시(注視)
직관(直觀)	직시(直視)	질시(嫉視)
질시(疾視)	체관(諦觀)	체시(諦視)
측목(側目)	측시(側視)	통견(通見)
통견(洞見)	통관(洞觀)	통시(洞視)
통찰(洞察)	투시(透視)	투시(妬視)
투찰(透察)	호시(虎視)	홀시(忽視)

2. <시각행위+방법> 명칭의 상위분절 구조

전술한 바와 같이 <시각행위> 명칭의 분절구조에 대한 연구는 <감각행위> 명칭의 하위분절구조로서 <청각행위> 명칭, <후각행위>명칭, <미각행위> 명칭, <촉각행위> 명칭 등과 함께 <감각>이라는 특성을 공유하면서 인접한 위치를 차지한다. <시각행위> 명칭은 <대상>, <목적>, <방법>, <태도>, <방향>, <주체>에 의하여 하위분절되는데, 이 연구에서는 이러한 하위분절 가운데 <방법>만을 논의하게 된다. <방법>을 중심으로 하는 분절구조를 그림으로 나타내면 [그림 1]이 될 것이다.

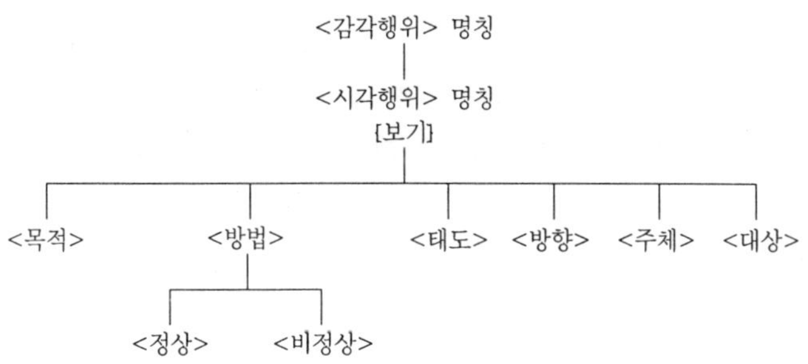

[그림 1] <시각행위 +방법> 명칭의 상위분절 구조

3. <정상적인 방법>에 따른 표현

전술한 바와 같이 <시각행위＋방법>의 어휘들은 <정상>과 <비정상>적인 개념으로 하위분절되고 있으며, <정상> 표현에 따른 분절구조는 다시 <정시>, <응시>, <관통>으로 하위분절되고 있다. 여기에서는 <정상> 표현에 따른 분절구조 어휘들을 살펴보기로 하겠다.

(1) 정시(正視)

이 낱말은 {똑바로 봄}으로 풀이되어, <정상＋바로 봄>이라는 특성을 문제삼고 있다.3)

(2) 목격(目擊)

이 낱말은 {몸소 눈으로 봄}으로 풀이되어, <정상＋바로 봄＋직접 봄>이라는 특성을 문제삼고 있다.4)

---

3) 정안[正眼] : 이 낱말은 {똑바로 봄}으로 풀이되어, <정상＋바로 봄>이라는 특성을 문제삼고 있으나 현대국어에 있어서 사어화되어가고 있는 것으로 추측된다.
4) 목견[目見] : 이 낱말은 (2)의 낱말과 같은 뜻으로 풀이되면서, (2)와 같은 특성을 갖는 낱말로

(3) 목도(目睹)

이 낱말은 (2)와 같은 뜻으로 풀이되면서, (2)와 같은 특성을 갖는 낱말로 이해되는데, (3)보다 더 문어적인 특성을 가진 낱말로 이해된다.

(4) 관시(觀視)

이 낱말은 {분명히 봄}으로 풀이되어, <정상＋바로 봄＋직접 봄 ＋분명히 봄>이라는 특성을 문제삼고 있다.

(5) 조람(照覽)

이 낱말은 {똑똑히 봄}으로 풀이되어, <정상＋바로 봄＋직접 봄 ＋똑똑히 봄>이라는 특성을 문제삼고 있다.

(6) 직시(直視)

이 낱말은 {똑바로 봄}으로 풀이되어, <정상＋바로 봄 ＋곧게 봄>이라는 특성을 문제삼고 있다.

(7) 직관(直觀)

이 낱말은 ① {있는 그대로를 곧바로 봄} ② {바로 곧 느껴 깨달음}으로 풀이되는데, 이 연구와 관련되는 것은 ①의 의미로, (6)과 같은 특성을 갖는 낱말로 이해되는데, (6)보다는 추상적인 특성을 가진 낱말로 이해된다.

이해된다. 그런데 이 낱말은 현대에는 거의 사어화되어 가고 있다.

(8) 정찰(正察)

이 낱말은 {똑바로 살핌}으로 풀이되어, <정상+바로 봄 +곧게 봄 +살펴 봄>이라는 특성을 문제삼고 있다.

지금까지는 <정상>의 하위개념으로 <정시>와 관련된 표현에 대해서 고찰하였다. <정시>와 관련된 표현은 <직접 봄>과 <똑바로 봄>으로 하위분절되고, <직접 봄>의 아래에는 <분명히 봄>과 <똑똑히 봄>이라는 관점으로 다시 하위분절되었다. 이러한 <정시>와 관련된 표현의 분절구조를 그림으로 나타내면, [그림 2]가 될 것이다.

[그림 2] <정상+정시>와 관련된 표현의 분절구조

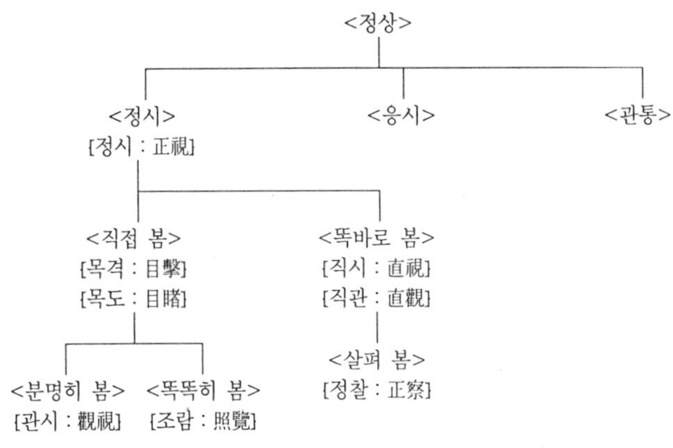

(9) 응시(凝視)

이 낱말은 {한참 눈여겨 봄}으로 풀이되어, <정상+눈여겨 봄>이라는 특성을 문제삼고 있다.

(10) 응망(凝望)

이 낱말은 (9)와 같은 뜻으로 풀이되면서, (9)와 같은 특성을 갖는 낱말로 이
해되는데, (9)보다 더 문어적인 특성을 가진 낱말로 이해된다.

(11) 주시(注視)

이 낱말은 {자세히 살피려고 눈을 쏘아서 봄}으로 풀이되어, <정상＋눈여
겨 봄＋집중해 봄>이라는 특성을 문제삼고 있다.
이 낱말은 또, <비정상＋곁눈 ＋쏘아 봄>이라는 특성을 문제삼기도 한다.

(12) 주목(注目)

이 낱말은 ① {보는 눈을 한쪽으로 향함} ② {의심하고 경계하는 눈으로
봄}으로 풀이되는데, 이 연구와 관련되는 것은 ①의 의미로, (11)과 같은 특성
을 갖는 낱말로 이해되는데, (11)보다 더 집중의 정도가 강한 특성을 가진 낱
말로 추측된다.
이 낱말의 ②의 의미는 <비정상＋곁눈 ＋쏘아 봄 ＋경계하는 눈>이라는 특
성을 문제삼고 있다.5)

(13) 조사(調査)

이 낱말은 {사물의 내용을 자세히 살펴 봄}으로 풀이되어, <정상＋눈여겨
봄＋집중해 봄 ＋자세히 봄>이라는 특성을 문제삼고 있다.6)

(14) 숙시(熟視)

---

5) 촉목(囑目) : 이 낱말은 {눈여겨 봄. 주목하여 봄}으로 풀이되면서, (12)와 같은 특성을 문제
   삼고 있으나 현대에는 점차 사어화되어 가는 것으로 보인다.
6) 정찰[精察] : 이 낱말은 {정세하게 살핌}으로 풀이되면서,(13)과 같은 특성을 문제삼고 있으
   나 현대에는 거의 사어화되어 가고 있는 것 같다.

이 낱말은 {눈여겨 자세하게 들여다 봄}으로 풀이되어, <정상+눈여겨 봄
+집중해 봄 +자세히 봄>이라는 특성을 문제삼고 있으나 현대에는 점차 사
어화되어 가는 것으로 보인다.

(15) 묵시(默視)

이 낱말은 {잠잠히 눈여겨 봄}으로 풀이되어, <정상+눈여겨 봄+조용히
봄+말없이 봄>이라는 특성을 문제삼고 있다.

(16) 정관(貞觀)

이 낱말은 {고요히 사물을 관찰하여 그 이치를 생각 함}으로 풀이되어, <
정상+눈여겨 봄+조용히 봄+고요함>이라는 특성을 문제삼고 있다.[7]

(17) 관조(觀照)

이 낱말은 {고요한 마음으로 사물을 관찰하거나 비추어 보는 일}로 풀이되어,
<정상+눈여겨 봄+조용히 봄+고요한 마음>이라는 특성을 문제삼고 있다.

(18) 통견(通見)

이 낱말은 {훑어 봄}으로 풀이되어, <정상+눈여겨 봄+훑어봄>이라는 특
성을 문제삼고 있다.

(19) 일견(一見)

---

7) 체관[諦觀] : 이 낱말은 {충분하게 봄. 샅샅이 살핌}으로 풀이되면서, (16)과 같은 특성을 가
　　진 낱말로 풀이되는데 현대에는 거의 사어화되어 가고 있는 것 같다.

이 낱말은 ① {한번 봄. 언뜻 봄} ②{한번에 보기에. 언뜻 보기에}로 풀이되는데, 이 연구와 관련되는 것은 ①의 의미로, <정상+눈여겨 봄+한번 봄 + 언뜻 봄>이라는 특성을 문제삼고 있다.

(20) 일람(一覽)

이 낱말은 ① {한번 죽 훑어 봄. 한번 열람하는 일} ② {내용을 한눈에 알 수 있게 한 것}으로 풀이되는데, 이 연구와 관련되는 것은 ①의 의미로, <정상+눈여겨 봄+훑어 봄+한번 봄>이라는 특성을 문제삼고 있다.

(21) 일망(一望)

이 낱말은 {한번 바라 봄. 또는 한 눈에 바라 봄}으로 풀이되어, <정상+눈여겨 봄+훑어 봄+한번 봄+한눈에 봄>이라는 특성을 문제삼고 있다.

(22) 조견(早見)

이 낱말은 {한눈에 얼른 쉽게 봄}으로 풀이되어, <정상+눈여겨 봄+훑어 봄+한번 봄+한눈에 봄+빨리 봄>이라는 특성을 문제삼고 있다.

지금까지는 <정상>의 하위개념으로 <응시>와 관련된 표현에 대해서 고찰하였다. <응시>와 관련된 표현은 <집중해 봄>과 <조용히 봄>, 그리고 <훑어 봄>으로 하위분절되고, <조용히 봄>의 아래에는 <고요히 봄>과 <고요한 마음으로 봄>이라는 관점으로 다시 하위분절되었다. 그리고 <훑어 봄>은 <한번 봄>과 <한눈에 봄>으로 다시 하위분절되었다. 이러한 <응시>와 관련된 표현의 분절구조를 그림으로 나타내면, [그림 3]이 될 것이다.

[그림 3] <정상+응시>와 관련된 표현의 분절구조

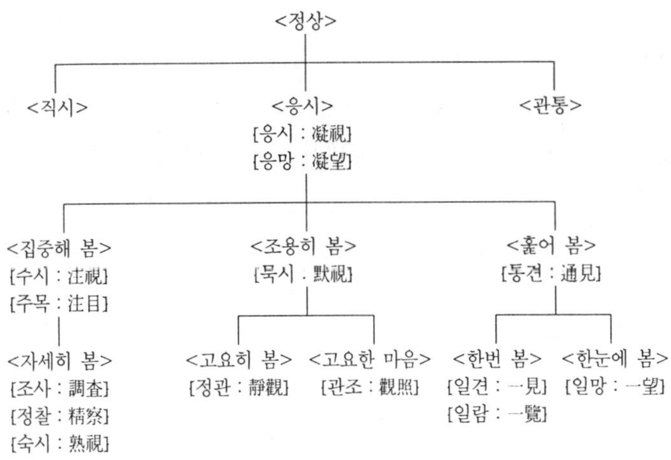

(23) 통찰(洞察)

　이 낱말은 ① {온통 밝혀 살핌} ② {전체를 환하게 내다봄}으로 풀이되는
데, 이 연구와 관련되는 것은 ②의 의미로, <정상+전체를 봄>이라는 특성을
문제삼고 있는데, 비교적 공시적 상황에 많이 사용되는 것으로 추측된다.

(24) 통찰(通察)

　이 낱말은 {처음부터 끝까지 내리 봄}으로 풀이되어, (22)와 같은 특성을 문
제삼고 있는데, 비교적 통시적 표현에 많이 사용되는 것으로 추측된다.

(25) 통람(通覽)

　이 낱말은 {처음부터 끝까지 죄다 봄}으로 풀이되어, <정상+전체를 봄>
이라는 특성을 문제삼고 있다.[8]

(26) 투시(透視)

이 낱말은 ① {막힌 물체를 틔어 봄. 환히 꿰뚫어 봄} ② {<심>감각에 의하여 알 수 없는 것을 인지하는 일} ③ {<의>인체에 조사하여 투과한 엑스선을 형광판으로 받아 육안으로 보면서 진찰하는 방법}으로 풀이되는데, 이 연구와 관련되는 것은 ①의 의미로, <정상+전체를 봄+꿰뚫어 봄>이라는 특성을 문제삼고 있다.

(27) 통시(洞視)

이 낱말은 {꿰뚫어 봄}으로 풀이되어, <정상+꿰뚫어 봄>이라는 특성을 문제삼고 있다.9)

(28) 통관(洞觀)

이 낱말은 {꿰뚫어 봄}으로 풀이되어, <정상+꿰뚫어 봄>이라는 특성을 문제삼고 있는데, (26)보다 추상적인 것으로 추측된다.

지금까지는 <정상>의 하위개념으로 <관통>과 관련된 표현에 대해서 고찰하였다. <관통>과 관련된 표현은 <내다 봄>과 <꿰뚫어 봄>으로 하위분절되었다. 이러한 <관통>과 관련된 표현의 분절구조를 그림으로 나타내면, [그림 4]가 될 것이다.

---

8) 통견[洞見] : 이 낱말은 {①환히 내다 봄 ②꿰뚫어 봄}으로 풀이되는데, 여기에서는 ①의 뜻이 (24)와 같은 특성을 문제 삼는다. 또 ②의 뜻은 (26)과 같은 특성을 문제삼고 있으나. 현대에는 거의 사어화되어 가고 있는 것 같다.

9) 투찰[透察] : 이 낱말은 {꿰뚫어 짐작함}으로 풀이되면서, (26)과 같은 특성을 문제삼고 있으나 현대에는 거의 사어화되는 것 같다.

[그림 4] <정상+관통>과 관련된 표현의 분절구조

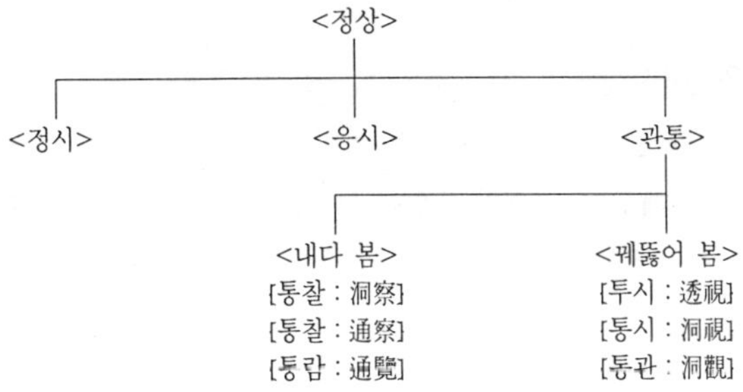

4. <비정상적인 방법>에 다른 표현

(29) 당시(瞠視)

이 낱말은 {놀라거나 괴이쩍게 여겨서 눈을 휘둥그렇게 뜨고 바라봄}으로 풀이되어, <비정상+놀란 눈+큰 눈으로 봄>이라는 특성을 문제삼고 있다.[10]

(30) 당면(瞠眄)

이 낱말은 {눈을 휘둥그렇게 뜨고 똑바로 봄}으로 풀이되어, <비정상+놀란 눈+큰 눈+똑바로 봄>이라는 특성을 문제삼고 있다.

(31) 곁눈질

이 낱말은 {곁눈으로 보는 짓}으로 풀이되어, <비정상+곁눈>이라는 특성을 문제삼고 있다.[11]

---

10) 당목[瞠目] : 이 낱말은 (28)의 낱말과 같은 뜻으로 풀이되어 같은 특성을 문제삼고 있는데, 현대에는 거의 사어화된 것 같다.

(32) 사시(斜視)

　　이 낱말은 ①{사팔뜨기. 사팔눈} ②{눈을 모로 떠서 봄. 곁눈질}로 풀이되
는데, 이 연구와 관련되는 것은 ②의 의미로, <비정상+곁눈+모로뜬 눈>이
라는 특성을 문제삼고 있으며, 고유어 (30)에 대응되는 한자말로 보여진다.

(33) 측시(側視)

　　이 낱말은 {모로 보거나 옆으로 봄}으로 풀이되어, <비정상 +곁눈+모로
봄 (+옆으로 봄)>이라는 특성을 문제삼고 있다. 그런데 이 낱말은 현대에는
점차 사어화되어 가는 것 같다.

(34) 측목(側目)

　　이 낱말은 ① {곁눈질 함} ② {무섭고 두려워서 바로 보지 못함}로 풀이되
어, ①과 ② 모두 이 연구와 관련되는 것으로 <비정상+곁눈+바로 보지 못
함>이라는 특성을 문제삼고 있다. 이것은 (32)와 마찬가지로 점차 사어화되어
가고 있는 (30)의 다른 한자어로 추측된다.[12]

(35) 응시(鷹視)

　　이 낱말은 {매와 같이 노려봄}으로 풀이되어, <비정상 +곁눈+쏘아 봄 +
노려 봄+독수리 눈>라는 특성을 문제삼고 있다.

---

11) 곁눈 : 이 낱말은 {머리는 돌리지 않고 눈알만 돌려서 곁을 보는 일}로 풀이된다.
　　옆눈질 : 이 낱말은 일반적으로 (30)의 낱말과 같은 뜻으로 풀이되어 같은 특성을 문제삼는
　　것으로 보이는데, (30)보다는 눈동자가 한쪽으로 치우쳐 있는 것으로 추측된다.
12) 이와 유사한 낱말로 [면시 : 眄視], [유면 : 流眄], [제면 : 睇眄], [제시 : 睇視]도 발견되었으나
　　모두 현대에 사어화되어 사용되지 않는 것으로 추측된다.

(36) 호시 (虎視)

이 낱말은 {범처럼 날카로운 눈초리로 쏘아 봄}으로 풀이되어, <비정상+
곁눈+쏘아 봄 +호랑이 눈>라는 특성을 문제삼고 있다.

(37) 규시(窺視)

이 낱말은 {엿봄}으로 풀이되어, <비정상+곁눈+엿봄>이라는 특성을 문
제삼고 있다.

(38) 내람(內覽)

이 낱말은 (41)과 같은 뜻으로 풀이되면서, (41)과 같은 특성을 문제삼고 있는
낱말로 이해되는데, 이 낱말은 현대에는 거의 사어화되어 가고 있는 것 같다.

(39) 질시(嫉視)

이 낱말은 ① {흘겨봄} ② {시기하여 봄}으로 풀이되어, ①과 ② 모두 이
연구와 관련되는 것으로 <비정상+곁눈+흘겨 봄+(시기함)>이라는 특성을
문제삼고 있다.

(40) 투시(妬視)

이 낱말은 (44)와 같은 뜻으로 풀이되면서, (44)와 같은 특성을 문제삼고 있는
낱말로 이해되는데, 이 낱말은 현대에는 거의 사어화되어 가고 있는 것 같다.

(41) 비예(睥睨)

이 낱말은 {눈을 흘겨서 봄}으로 풀이되면서, (44)와 같은 특성을 문제삼고

있는 낱말로 이해되는데, 이 낱말은 한자어의 품위 있는 말로 추측된다.

지금까지는 <비정상>과 관련된 표현에 대해서 고찰하였다. <비정상>과 관련된 표현은 <큰 눈>과 <곁눈>으로 하위분절되었다. 그리고 <큰 눈>은 <놀란 눈>과 <직시>로 다시 하위분절되고, <곁눈>은 다시 <쏘아 봄>, <엿 봄>, <흘겨 봄>으로 하위분절되었다. 이러한 <비정상>과 관련된 표현의 분절구조를 그림으로 나타내면, [그림 5]가 될 것이다.

[그림 5] <비정상>과 관련된 표현의 분절구조

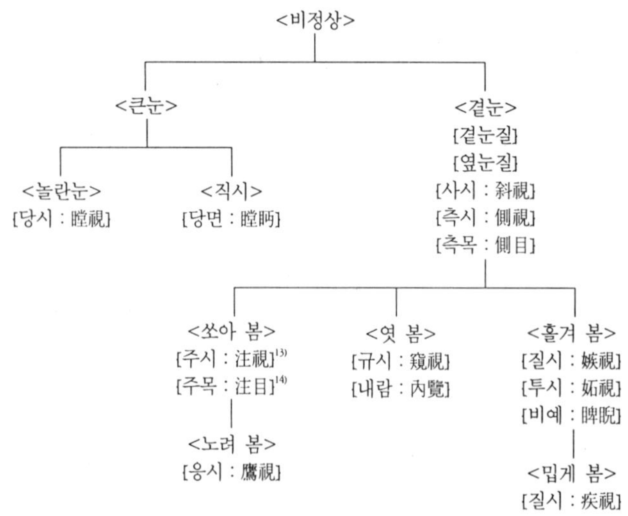

5. 맺음말

<시각행위> 명칭 분절구조 연구의 하위분절인 <방법> 중심 표현은 <어떻게 봄>이라는 특성을 가진 분절이다. 이러한 특성에 관여하는 어휘들을 보

---

13) 앞에서 논의된 (11)의 풀이에 관여한다.
14) 앞에서 논의된 (12)의 풀이에 관여한다.

면, 고유어 낱말은 [곁눈질], [옆눈질], 한자어 낱말은 [견 : 見], [관 : 觀], [람 : 覽], [시 : 視], [찰 : 察] 등을 비롯해서 현대에는 잘 쓰이지 않지만 [면 : 眄], [제 : 睇] 등이 한자 조성어에 관여하고 있다. 지금까지의 고찰에서 발견된 특징들을 종합, 정리해 보면 다음과 같다.

(1) <시각행위> 명칭의 낱말은 우선 <정상>과 <비정상> 등으로 하위분절 되는 특성을 보인다.

(2) <정상>은 다시 <정시>, <응시>, <관통>으로 하위분절 된다.

(3) <정시>는 <직접 봄>과 <똑바로 봄>으로 하위분절되고, <직접 봄>은 다시 <똑똑히 봄>과 <분명히 봄>이 관조의 대상이 되었다.

(4) <응시>는 <집중해 봄>, <조용히 봄>, <훑어 봄>으로 하위분절되고, <조용히 봄>은 다시 <고요히 봄>과 <고요한 마음으로 봄>으로 하위분절되고, <훑어 봄>은 <한번 봄>과 <한눈에 봄>으로 하위분절되는 특성을 보인다.

(5) <관통>은 <내다 봄>과 <꿰뚫어 봄>으로 하위분절되는 특성을 보인다.

(6) <비정상>은 <큰 눈>과 <곁눈>으로 하위분절 되며, <큰 눈>은 다시 <놀란 눈>과 <직시>로 하위분절되고, <곁눈>은 다시 <쏘아 봄>, <엿봄>, <흘겨 봄>으로 하위 분절되는 특성을 보인다.

지금까지 현대국어의 <시각행위＋방법> 분절구조를 중심으로 전체적인 해명을 시도했었던 바, 그 결과 귀납적으로 발견된 특징들을 요약함으로써 결론을 삼으려 한다. 나머지 <시각행위> 명칭의 하위분절구조에 대한 고찰은 후고로 미룬다.

참고문헌

김방한(1993) : 『언어학사』, 형설출판사.

배해수(1990) : 『국어내용연구』, 고려대학교 민족문화연구소.

______(1992) : 『국어내용연구 (2)』, 국학자료원.

______(1994) : 『국어내용연구 (3)-친척명칭에 대한 분절구조』, 국학자료원.

______(1998) : 『한국어와 동적언어이론』, 고려대학교 출판부.

______(1998) : 『국어내용연구 (4)-한국어와 동적언어이론』, 고려대학교 출판부.

______(1998) : 「동적언어이론의 도입과 한국어연구」, 『한국어 내용론』 제5호(모국어
　　　　　　와 에네르게이아), 한국어 내용학회.

______(2000) : 『국어내용연구 (5)』, 국학자료원.

안정오(1995) : 「낱말밭과 언어습득의 상관성」, 『한국어 내용론』 제3호, 한국어 내용
　　　　　　학회.

이성준(1993) : 『언어내용이론』 국학자료원.

______(1999) : 『훔볼트의 언어철학』, 고려대학교 출판부.

임환재(1984) : 『언어학사』, 경문사.

장기문(2000) : 「현대 국어 <여자> 명칭의 분절구조 연구」, 고려대학교 박사학위
　　　　　　논문.

정소프트(주)(1997) : 『컴퓨터용 전자사전 피시딕 7.0』.

이희승 편저(1986) : 『국어대사전』, 민중서림.

신기철·신용철 편저(1980) : 『새 우리말 큰 사전 : 상, 하』, 삼성출판사.

한글학회(1992) : 『우리말 큰 사전』, 어문각.

한글학회(1995) : 『국어학 사전』, 어문각.

<숙명여대강사>

ABSTRACT

A study on the word-field of the nouns expressing〈시각〉 (seeing act) in modern Korean language (Ⅱ)

-especially on the 〈방법 (method)〉-

Kim Yeun Sim

The main expression of a study on the word-field of the nouns <시각(seeing act)> is the substructure which is characterized as <방법(method)>. Some words related to this characteristics are (1) <looking sideways>—archilexem, and (2) [견 : 見], [관 : 觀], [시 : 視], [찰 : 察]—Chinese characters.

From those above investigations, the word-field of the nouns expressing <시각> can be summurized as below.

(1) At first, the word-field of the nouns expressing <방법> is characterized as <normal> and <abnormal>.

(2)<normal method> is characterized as <straightly>, <commonly> and <throughly>.

(3) <abnormal method> is characterized as <in alarm> and <squint>, <in alarm> is characterized as <frightently> and <look at>, <squint> is characterized as <stare>, <furtively>, <looking aside>

〈언덕〉 명칭에 대한 고찰(2)

-〈용도〉를 중심으로-

배 성 훈

1. 머리말

인간의 심리적, 지적인 세계는 그 인간이 사용하는 언어 구조와 밀접하게 결부되어 있어서, 외부 세계의 인상을 보는 인간의 심리적 시야는 그 언어 구조에 의존하게 된다. 그렇기 때문에 언어 유형은 문화 유형을 규정하는 것이며, 언어공동체의 인식 과정에 영향을 미치게 되는 것이다. 언어란 분절된 음성을 사유의 표현이 될 수 있게 하는, 항구적으로 되풀이되는 정신 활동이기 때문이다.[1]

훔볼트는 언어 전제를 통한 주도적인 원리를 분절의 원리로 인식하여[2], 언어에 있어서 개별적인 것은 아무 것도 없으며, 모든 개개의 요소들은 전체의 부분으로서만 나타날 뿐이라고 피력한 바 있는데, 이는 상호 의존관계에 있는 언어의 단위들은 전체 조직으로부터 자신의 확고한 개념적 내용을 획득할 수 있음을 의미한다. 흔히 표현되는 전체성의 원리는, 언어 단위들은 전체와의 관계에서만 존재하며, 단지 이 전체 속에서만, 그리고 이 전체에 의해서만 의

---

1) 배해수(1998), 「한국어와 동적언어이론」, 『국어내용연구』(4), 고려 대학교 출판부, 179쪽 참조.

2) 이성준(1999) : 『훔볼트의 언어철학』, 고려대학교 출판부, 135쪽 참조.

미를 지니게 됨을 뜻하는 것이고, 그리고 기호 본질의 법칙이라는 것은, 한 기호 명칭의 내용과 범위는 그것과 내용적으로 인접하는 다른 기호들과의 총체 속에서 차지하는 위치에 따름을 뜻한다.[3)]

그런데 이러한 언어의 체계성과 전체성은 필연적으로 언어의 분절성, 언어의 유기체성, 언어와 정신과의 밀접한 관계를 그 전제로 하고 있음을 간과해서는 안 된다. 언어 전체를 통한 지배적인 원리는 분절인 것이며, 분절은 동적인 전체로서 인간의 본성, 정신과 밀접하게 결합하고 있는 언어를 그 전제로 하기 때문이다.[4)]

이 연구는 바이스게르버(L. Weisgerber : 1899~1985)의 언어연구 4단계 중 내용중심 단계에서 어휘를 연구하도록 마련된 어휘분절구조이론(Wortfeld-theorie)[5)]을 토대로 하여 현대 국어의 <언덕> 명칭을 <용도>라는 관점을 중심으로 규명하기 위하여 시도된다. 곧, 이 연구는, <언덕의 용도>라는 객관 세계에 대한 우리 민족의 관조방식을 해명하고, 부차적으로 전체성의 원리에 입각하여 해당 분절의 어휘체계를 발견하려는 목표를 과제로 삼고 있다. 훔볼트에 의하면 "언어가 상이하다"는 말의 의미는 사물을 표시하는 기호가 서로 다르다는 뜻이 아니라 사물을 바라보는 민족의 관점, 즉 언어의 세계관이 다르다는 뜻임으로[6)], 결국 현대 국어의 <언덕> 명칭의 분절구조를 해명하는 것은 그 속에 내재해 있는 한국인의 세계관을 해명하는 작업이 된다.

2. 원어휘소와 기본구조

토박이말 [언덕]과 한자말 [구부 : 丘阜], [강부 : 岡阜], [구강 : 丘岡], [구릉 : 丘陵], [능구 : 陵丘], [구롱 : 丘壟], [구분 : 丘墳] 등은 이 분절구조에서 원

---

3) 배해수(1998) : op cit. 181~182쪽 참조.
4) ibid. 182쪽 참조.
5) ibid. 163쪽 참조.
6) 이성준(1999) : op cit. 128쪽 참조.

어휘소(Archilexem)의 자리에 위치하며, <땅＋높이－높음＋비탈짐>이라는 특
성을 지닌 낱말들로 귀납되었다.7) 또한 이러한 낱말들을 원어휘소로 하는 <
언덕> 명칭은 일차적으로 <형상>, <구성>, <용도>, <시공>이라는 특징
들을 문제삼으면서 하위분절 되는 양상을 보이는 것으로 귀납되었는데, 그 하
위분절상 가운데 여기서 다루는 <용도>의 분절은 다시 <도로용>과 <치수
용>으로 하위분절되는 양상을 보이고 있다. 이러한 기본구조를 도식화하면
[그림 1]이 될 것이다.

[그림 1] <언덕> 명칭분절의 기본구조

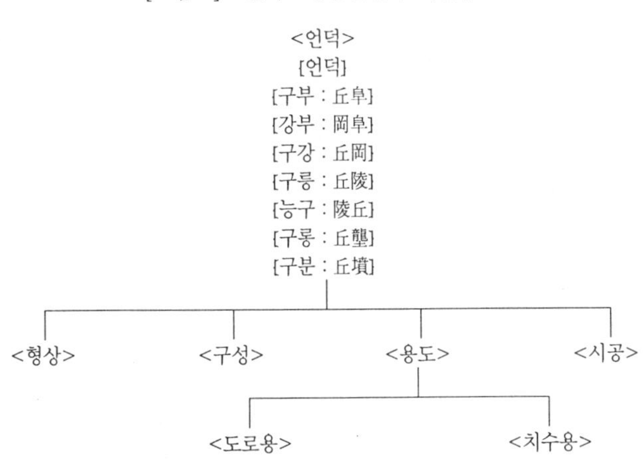

3. <용도>에 따른 분절구조

<용도>는 먼저 <도로용>과 <치수용>으로 하위분절 되어 있으며, <치
수용>은 다시 <방수8)용>과 <저수9)용>으로 하위분절 되어 있다. 이러한 분

---

7) 배성훈(2000) : 「<언덕> 명칭에 대한 고찰」 참조, 『한국어 내용론』 7(한국어와 모국어 정
    신)>, 한국어내용학회.
8) 방수(防水) : {새거나 스미거나 넘치거나 하는 물을 막음}, 한글과 컴퓨터(1995), 『윈도우즈용
    흔글 우리말 큰사전 1.0』.

절상을 도식화한 것이 [그림 2]이다.

[그림 2] <용도>의 분절구조(1)

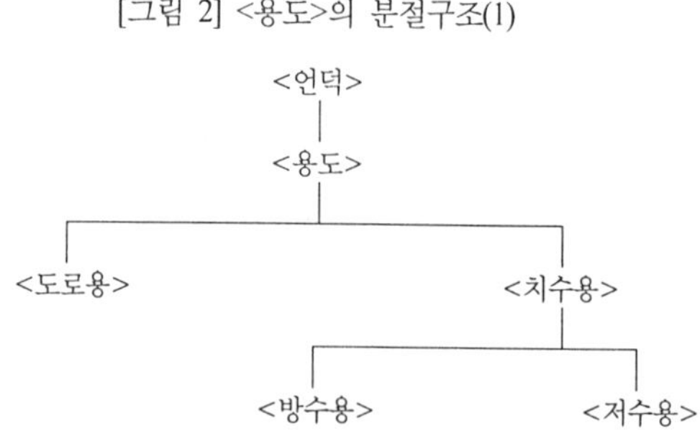

3.1. <도로용>의 표현에 따른 분절구조

(1) 둑

이 낱말은 ① {큰물이 넘치는 것을 막거나 물을 저장하려고 돌이나 흙 따위
로 쌓은 언덕}, ② {낮은 땅에 좀 높게 길을 내려고 흙으로 쌓아 올린 언덕}으
로 풀이되는데, ①의 의미로 쓰일 때는 <치수용＋방수용＋저수용＋구성＋흙
이나 돌>이라는 특성을 가진 낱말로 이해되고, ②의 의미로 쓰일 때는 <도로
용＋구성＋흙>이라는 특성을 가진 낱말로 이해된다. 물론 이 분절과 관련된
것은 ②의 의미로 쓰일 때일 것이다.

(2) 두둑

이 낱말은 ① {낮은 땅에 좀 높게 길을 내려고 흙으로 쌓아 올린 언덕}, ②
{논이나 밭을 갈아 골을 타서 만든 두두룩한 바닥}으로 풀이되는데, 이 연구
와 관련된 의미는 ①의 의미로 <도로용＋구성＋흙>이라는 특성을 지닌 낱말

---

9) 저수(貯水) : {물을 잡아서 모아 둠}, 한글과 컴퓨터(1995), 『윈도우즈용 흔글 우리말 큰사전
1.0』.

로 이해되며, 이러한 의미에서 <구성>의 분절에도 관여하는 특성을 보이고
있다고 하겠다.

 (3) 흙둑

  이 낱말은 {흙으로 쌓은 둑}으로 풀이되어, <도로용＋치수용＋방수용＋저
수용＋구성＋흙>라는 특성을 지닌 낱말로 이해되며, <구성>의 분절에도 관
여하는 특징을 보인다.

 (4) 토제(土堤)

  이 낱말은 (3)과 같은 특성을 갖는 낱말인데, 한자말 [제 : 堤]는 방죽을 의미
함으로 이 낱말에서는 둑의 <방수용>으로서의 용도가 좀더 강조된 것으로
추측되어진다.

 (5) 토파(土坡)

  이 낱말도 (3)과 같은 특성을 갖는데, (3)의 토박이말 [흙둑]에 대응되는 한자
말로 보여진다.

 (6) 계반(溪畔)

  이 낱말은 {시냇가의 두둑}으로 풀이되어, <도로용＋구성＋흙＋장소＋시
냇가>라는 특성을 지닌 낱말로 이해되며, <구성>과 <장소>의 분절에도 관
여하고 있다.

(7) 밭두둑

이 낱말은 {밭의 두둑}으로 풀이되어, <도로용＋구성＋흙＋장소＋밭>의
특성을 가진 낱말로 이해되며, <구성>과 <장소>의 분절에도 다 관여하는
특성을 보이고 있다.

(8) 주롱(疇壟)

(8)은 (7)과 같은 특성을 갖는 낱말인데, 한자말 [주 : 疇]는 밭을 의미하고
[롱 : 壟]은 언덕을 의미하므로, 이 낱말은 (7)의 낱말에 비해 언덕의 의미가 더
강조되어 있는 것으로 보인다.

(9) 진역(畛域)

(9) 역시 (7)과 같은 특성을 갖는 낱말인데, 한자말 [진 : 畛]은 두렁길을 의미
하고 [역(域)]은 경계를 의미하므로, 이 낱말은 (7)이나 (8)의 낱말에 비해 길의
의미가 더욱 강조되어 있는 것으로 추측된다.

(10) 모랫둑

이 낱말은 {모래흙으로 된 둑}으로 풀이되면서, <도로용＋치수용＋방수용
＋저수용＋구성＋모래흙>라는 특성을 지니는 것으로 이해되는데, 이 낱말은
<구성>의 분절에도 관여하고 있다.

(11) 고당(高塘)

이 낱말은 {높은 둑}으로 풀이되면서, <도로용＋치수용＋방수용＋저수용
＋구성＋흙이나 돌＋형상＋형태＋크기－높이＋높음>이라는 특성을 지닌 낱

말로 이해되며, <형상>과 <구성>의 분절에도 다 관여하는 특징을 보이고 있다.

(12) 냇둑

이 낱말은 {냇가에 쌓은 둑}으로 풀이되어, <도로용＋치수용＋방수용＋저수용＋구성＋흙이나 돌＋장소＋냇가>라는 특성을 지닌 낱말로 이해되며, <구성>과 <장소>의 분절에도 다 관여하는 특징을 보인다.

(13) 천방(川防)

이 낱말은 (12)와 같은 특성을 갖는 낱말인데, 토박이말 [냇둑]에 대응되는 한자말로 보여진다.

(14) 방천(防川)

이 낱말도 (12)와 같은 특성을 갖는데, (13)의 한자말 [천방 : 川防]의 앞과 뒤를 바꿔 쓴 것이다.

(15) 밭눅

이 낱말은 {밭가에 둘러 있는 둑}으로 풀이되어, <도로용＋치수용＋방수용＋저수용＋구성＋흙이나 돌＋장소＋밭가>라는 특성을 지닌 낱말로 이해되며, <구성>과 <장소>의 분절에도 다 관여하는 특징을 보인다.

(16) 전주(田疇)

이 낱말은 (15)와 같은 특성을 갖는데, 한자말 [주(疇)]는 밭두둑을 의미함으

로 이 낱말에서는 둑의 <도로용>으로서의 용도가 좀더 강조된 것으로 추측
되어진다.

(17) 휴반(畦畔)

이 낱말도 (15)와 같은 특성을 갖는 낱말인데, 한자말 [휴 : 畦]는 밭두둑을
의미하고 [반 : 畔]은 두둑을 의미함으로 둑의 <도로용>으로서의 용도가 (16)
의 낱말보다 더 강조되어 있는 것으로 보인다.
이러한 분절상을 도식화하면 [그림 3]처럼 될 것이다.

[그림 3] <도로용>의 분절구조

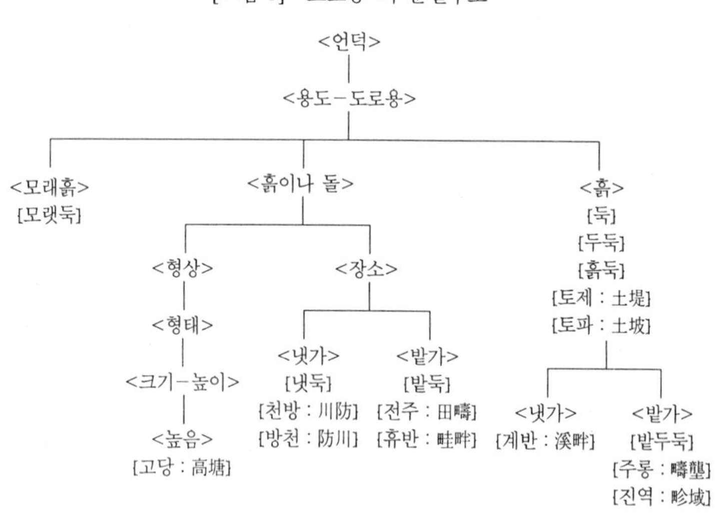

3.2 <치수용>의 표현에 따른 분절구조

앞서 언급했듯이 <치수용>은 <방수용>과 <저수용>으로 하위분절되는
데, 이 분절에서는 먼저 <방수용>의 분절에 관여하는 낱말들을 먼저 살펴보
고, 이어서 <저수용>의 분절에 대하여 다루도록 하겠다.

3.2.1 〈방수용〉의 표현에 따른 분절구조

(18) 동(垌)

이 낱말은 <치수용＋방수용＋저수용＋구성＋흙이나 돌>이라는 특성을 문제삼으면서 <구성>의 분절에도 관여하고 있는데, 이는 (17)이 ①의 의미로 풀이될 때와 같은 특성을 갖는다. 한자말 [동(垌)]은 {동막이하다}라는 뜻이 있는데, {동막이하다}라는 말은 {둑막이하다}와 같은 의미로 {둑을 막는 일을 하다}라고 풀이된다. 따라서 이 낱말은 <행위－동막이하다(둑막이하다)→결과－둑>이라는 개념형성과정을 거쳐서 이루어진 낱말로 추측된다.

(19) 동둑(垌－)

이 낱말은 (18)과 같은 특성을 갖는 낱말인데, 한자말 [동(垌)]과 토박이말 [둑]이 결합하여 둑의 의미가 더욱 강조되어 있는 것 같다.

(20) 물둑

이 낱말도 (18)과 같은 특성을 갖는 낱말인데, 토박이말 [물]과 [둑]이 결합하여 둑의 용도가 <치수용>임이 강조되어 있는 것으로 보인다.

(21) 방강(防江)

이 낱말 역시 (18)과 같은 특성을 갖는 낱말로, 한자말 [방(防)]과 [강(江)]이 결합된 것으로 보아 이것은 둑의 용도가 <치수용>이며, 또한 강물과 관련되어 있음을 문제삼고 있는 것 같다.

(22) 언제(堰堤)

(22)도 (18)과 같은 특성을 갖는 낱말인데, 한자말 [언(堰)]과 [제(堤)]는 모두 방죽(防築)을 뜻함으로 이 낱말은 둑의 용도 중에서 <방수용>을 특히 강조하고 있는 것으로 보인다.

(23) 제당(堤塘)

이 낱말 역시 (18)과 같은 특성을 갖는데, 한자말 [당(塘)]은 못(池)을 뜻함으로 이것은 못에 쌓은 작은 방죽을 의미하는 것으로 볼 수 있다. 따라서 이 낱말은 그 크기가 조금 작은 둑을 의미하고 있는 것으로 추측된다.

(24) 제방(堤防)

(24)도 (18)과 같은 특성을 갖는 낱말인데, 방죽을 의미하는 한자말 [제(堤)]와 둑을 의미하는 한자말 [방(防)]이 결합하여 둑의 용도 중에서 <방수용>의 의미를 강조하고 있는 것으로 보이는데, (22)의 낱말보다는 그 정도가 약한 것으로 추측된다.

(25) 축답(築畓)

이 낱말 역시 (18)과 같은 특성을 갖는데, 한자말 [축(築)]은 쌓는 것을 의미하고 [답(畓)]은 논을 의미함으로 이것은 논에 쌓은 둑을 의미하는 것으로 보여진다.

(26) 방죽(防築)

이 낱말은 ①{물의 침범을 막고자 쌓은 둑}, ②{파거나 둑으로 둘러막은 못}으로 풀이되는데, 이 연구와 관련된 의미는 ①의 의미로 <방수용＋구성＋흙이나 돌>이라는 특성을 문제삼고 있으며, 이 낱말은 <구성>의 분절에도 관여하는 특징을 보이고 있다.

(27) 축방(築防)

이 낱말은 (26)과 같은 특성을 갖는데, 이는 (26)의 취음인 방축(防築)의 앞과 뒤를 바꿔 놓은 것이다.

(28) 강둑(江－)

이 낱말은 {강물이 넘치지 못하게 하천에 쌓은 둑}으로 풀이되면서, <방수용＋구성＋흙이나 돌＋장소＋하천>이라는 특성을 지닌 낱말로 이해되며, <구성>과 <장소>의 분절에도 다 관여하는 특징을 보이고 있다.

(29) 하제(河堤)

이 낱말은 (28)과 같은 특성을 갖는데, (28)과 비교해보면 (28)의 낱말은 둑의 <방수용>으로서의 용도를 더 강조하고 있는 것으로 보이며, 이 낱말은 둑이 있는 장소가 하천(河川)이라는 점을 더 강조하고 있는 것으로 보여진다.[10]

(30) 논둑

이 낱말은 {논의 가장자리에 쌓아 올린 방죽(防築)}으로 풀이되면서, <방수용＋구성＋흙이나 돌＋장소＋논가>라는 특성을 지닌 낱말로 이해되며, 이 낱말은 <구성>과 <장소>의 분절구조에도 관여하는 특징을 보인다.

------

10) 이희승 편저(1986), 『국어대사전』(민중서림)에서는 하제(河堤)를 {하천에 만든 제방}으로 풀이하고 있음.

(31) 방파제(防波堤)

이 낱말은 {바다의 센 물결을 막아서 항내의 정온(靜穩)을 보전하기 위하여 항만에 쌓은 둑}으로 풀이되어, <방수용＋구성＋흙이나 돌＋장소＋항만>이라는 특성을 지닌 낱말로 이해되며, <구성>과 <장소>의 분절에도 관여하는 특징을 보인다.

(32) 방조제(防潮堤)

이 낱말은 ① {뭍으로 밀려드는 조수를 막기 위하여 바닷가에 쌓은 둑}, ② {방파제(防波堤)}로 풀이되어, ②의 의미로 쓰일 때는 (20)과 같은 특성을 지니는 낱말로 이해되나, ①의 의미로 쓰일 때는 <방수용＋구성＋흙이나 돌＋장소＋바닷가>라는 특성을 지닌 낱말로 이해된다.

그리고 앞에서 논의된 (1)의 [둑]이라는 낱말이 ①의 의미로 쓰일 때 이 분절에 관여하는 것으로 보이며, (3), (4), (5), (10), (11), (12), (13), (14), (15), (16), (17)의 낱말들도 이 분절에 관여하고 있는 것으로 보인다.

이러한 분절상을 도식화하면 [그림 4]처럼 될 것이다.

[그림 4] <방수용>의 분절구조

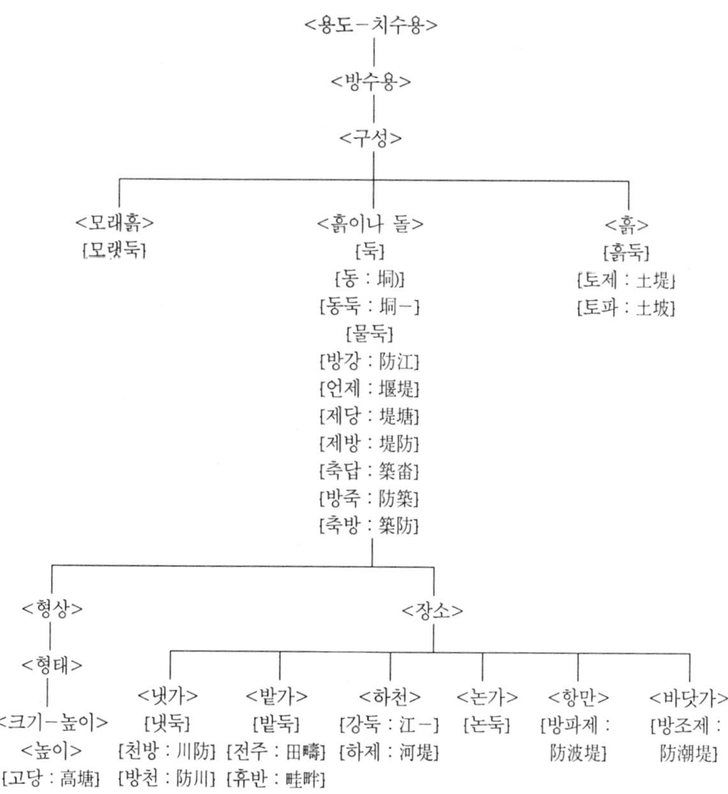

3. 2. 2. ⟨저수용⟩의 표현에 따른 분절구조

전술한 (1)의 [둑]이라는 낱말이 ①의 의미로 쓰일 때 이 분절에 관여하는 것으로 보이며, 또한 (3), (4), (5), (10), (11), (12), (13), (14), (15), (16), (17), (18), (19), (20), (21), (22), (23), (24), (25)의 낱말들이 이 분절에 관여하고 있다.

이러한 분절상을 도식화하면 [그림 5]처럼 될 것이다.

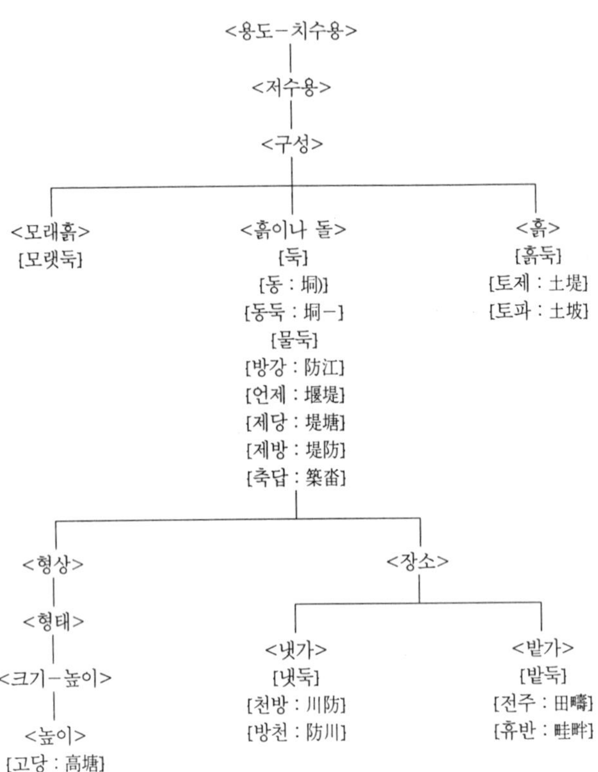

4. 마무리

<땅> 명칭의 하위분절인 <언덕> 명칭은 토박이말 [언덕]과 한자말 [구부 : 丘阜], [강부 : 岡阜], [구강 : 丘岡], [구릉 : 丘陵], [능구 : 陵丘], [구롱 : 丘壟], [구분 : 丘墳] 등을 원어휘소(Archilexem)로 하면서, <땅+높이-높음+비탈짐>이라는 특성을 지닌 분절이다. 이러한 <언덕> 명칭의 하위분절인 <용도>의 분절에는 총 32개의 어휘들이 관여하고 있는데, 지금까지의 논의에서

발견된 특징들을 종합하여 정리하면 다음과 같다.

(1) <언덕> 명칭은 먼저 <형상>, <구성>, <용도>, <시공>으로 하위분절되는 것으로 귀납된바 있는데, 여기서 논의한 <용도>의 분절은 먼저 <도로용>과 <치수용>으로 하위분절되는 양상을 보이고 있다.

(2) <용도>의 분절에서는 <도로용>과 <치수용>을 동시에 관조의 대상으로 하는 낱말들도 발견되었다.

(3) 또한 <치수용>의 분절은 <방수용>과 <저수용>을 문제삼으면서 하위분절되는 양상을 보이고 있는데, <저수용>의 분절에 관여하는 낱말들은 모두 <방수용>의 분절에도 관여하고 있는 특징을 보였다.

<언덕> 명칭의 다른 하위분절들에 대한 고찰도 잇따라야 할 것인데, 이에 대한 고찰은 후고로 미룬다.

<h1 style="text-align:center">참고문헌</h1>

김보균(1996) : 「<하늘> 명칭에 대한 고찰」,『한국어 내용론』제4호, 한국어내용학회.

김영진(1995) : 「<비> 명칭의 낱말밭 연구－한자말을 중심으로」, 고려대교육대학원.

배성우(2000) : 「<궤도차> 명칭에 대한 고찰」,『한국어 내용론』제7호(한국어와 모국어 정신), 한국어내용학회.

______(2000) : 「<수레> 명칭에 대한 고찰」,『21세기 국어학의 과제』, 월인.

배성훈(1999) : 「<산> 명칭에 대한 고찰－<위치>를 중심으로」,『우리어문 연구』13집(한국어의 내용적 고찰), 우리어문학회.

______(2000) : 「<언덕> 명칭에 대한 고찰」,『한국어 내용론』제7호(한국어와 모국어 정신), 한국어내용학회.

배해수(1992) :『국어 내용 연구(2)』, 국학자료원.

______(1994) :『국어 내용 연구(3)－<친척> 명칭에 대한 분절구조』, 국학자료원.

______(1997) :『국어 내용 연구(1)－수정판』, 고려대학교 민족문화연구소.

______(1998) :『국어 내용 연구(4)－한국어와 동적언어이론』, 고려대학교 출판부.

______(2000) :『국어 내용 연구(5)－그 방안과 실제』, 국학자료원.

변정민(2000) : 「<길> 명칭의 분절구조 연구」,『한국어 내용론』제7호(한국어와 모국어 정신), 한국어내용학회.

손남익(2000) : 「국어의 식사 명칭에 대한 연구」,『한국어 내용론』제7호(한국어와 모국어 정신), 한국어내용학회.

송민규(1999) : 「<다리> 명칭에 대한 연구」,『한국어 내용론』제6호(한국어와 세계관), 한국어 내용학회.

신기철・신용철 편저(1980) :『새 우리말 큰 사전 : 상・하』, 삼성출판사.

안정오(2000) : 「내용중심문법의 생성, 발전 그리고 전망」,『한국어 내용론 7』(한국어와 모국어 정신), 한국어내용학회.

______(2000) :「헤르더의 언어관과 언어교육」,『한국학 연구 13』, 고려대학교 한국학
        연구소.

오미정(2000) :「<창> 명칭의 어휘분절구조 연구」,『한국어 내용론』 제7호(한국어와
        모국어 정신), 한국어내용학회.

이성준(1999) :『훔볼트의 언어철학』, 고려대학교 출판부.

______(2000) :「훔볼트의 언어관에 나타나는 형식과 소재의 문제」,『한국어 내용론』
        제7호(한국어와 모국어 정신), 한국어내용학회.

이희승 편저(1986) :『국어 대사전』, 민중서림.

장기문(2000) :「현대국어 <여자> 명칭의 분절구조 연구」, 고려대 대학원(박사학위
        논문).

장은하(2000) :「현대국어의 <가슴> 명칭의 분절구조 연구」,『한국어 내용론』 제7호
        (한국어와 모국어 정신), 한국어내용학회.

정소프트(주)(1997) :『컴퓨터용 전자사전 피시딕 7.0』.

정주리(2000) :「동사의 틀(frame) 의미 요소 연구」,『한국어 내용론』 제7호(한국어와
        모국어 정신), 한국어내용학회.

정태경(2000) :「<밥> 명칭의 분절구조」,『한국어 내용론』 제7호(한국어와 모국어 정
        신), 한국어내용학회.

조재수·유재원·안정애(2000) :『바른글 한국어 전자사전』, 한글토피아.

하길종(2000) :「<풀> 명칭의 분절구조」,『한국어 내용론』 제7호(한국어와 모국어 정
        신), 한국어내용학회.

한글과컴퓨터(1995) :『윈도우즈용 흔글 우리말 큰사전 1.0』.

한글학회(1992) :『우리말 큰사전』, 어문각

______(1995) :『국어학 사전』.

허 발(1981) :『낱말밭의 이론』, 고려대출판부.

______옮김(1993) :『모국어와 정신 형성』, 문예출판사.

H. Geckeler(1973) : Strukturelle Semantik des Franzoesischen, Max Niemeyer Verlag,
        Tuebingen.

G. Helbig(1974) : Geschichte der neueren Sprachwissenschaft, Rowohlt Taschenbuch Verlag,
        Leipzig/Muenchen.

K. Baldinger(1980) : Semantic Theory, Basil Blackwell Publishers, Oxford.

G. Nickel(1985) : Einfuehrung in die Linguistik—Entwicklung, Problme, Methoden—, Erich

Schmidt Verlag, Berlin.

E. A. Nida(1975) : Componential Analysis of Meaning, Mouton Publishers, The Hague.

C. K. Ogden/I. E. Richards(1946) : The Meaning of Meaning, Harcourt Brace Jovanovich Book, New York/London.

M. Ivić(1970) : Trends in Linguistics, Mouton/Co. N. V., Publishers, The Hague.

C. J. Fillmore(1969) : "Toward a Modern Theory of Case", Modern Studies in English(Readings in Transformational Grammar), Prentice-Hall, Inc., Englewood Cliffs, New Jersey.

J. Lyons(1979) : Semantics 1. 2. Cambridge University Press, Cambride.

J. Trie(1934) : "Deutsche Bedeutungsforschung", Wege der Forschung(1973), Wissenschaftliche Buchgesellschaft, Darmstadt.

S. Ullmann(1967) : Semantics—An Introduction to The Science Of Meaning—, Oxford, Basil Blackwell.

N. Chomsky(1965) : Aspects Of Theory Of Syntax, The M. I. T. Press, Cambridge, Massachusetts.

L. Weisgerber(1929) : Muttersprache und Geistesbildung, Goettingen.

__________(1962) : Grundzuege der inhaltbezogenen Grammatik, Duesseldorf.

__________(1963) : Die Vier Stufen in der Erforschung der Sprachen, Paedagogischer Verlag, Duesseldorf.

__________(1964) : Das Menschheitsgesetz der Sprache, Quelle/Meyer Verlag, Heidelberg.

__________(1965) : "Die Lehre von der Sprachgemeinschaft", Frankfurter Hefte Zeitschrift fuer Kultur und Politik, Duesseldorf.

__________(1971) : Die Geistige Seite Der Sprache und ihre Erforschung, Paedagogischer Verlag, Schwann, Duesseldorf.

W. v. Humboldt(1979) : Werke Band 3. Schriften zur Sprachphilosophi, Cott'asche Buchhandlung, Stuttgart.

(고려대학교 대학원)

A study on the word-field of the nouns expressing 〈언덕〉 (hill) in modern korean language

Especially focusing on <용도> (purposes)

Bae Seong Hoon

In this study I made an attempt to find out the word-field of the nouns expressing <언덕>(hill) in modern korean language, especially focusing on <용도>(purposes). I found that the nouns expressing <도로용>(purpose of road) and <치수용>(purpose of managing water) have appeared below the word-field of the nouns expressing <용도>(purposes) in modern korean language. Furthermore I found that the word-field of the nouns expressing <치수용>(purpose of managing water) have been constituted by the nouns expressing <방수용>(purpose of water-proof) and <저수용>(purpose of reservoir).

〈찌개〉 명칭의 분절구조 연구

정 태 경

1. 머리말

이 연구는 현대국어에 있어서 <찌개> 명칭이 어떠한 모습으로 분절되어 있는가를 해명해보기 위해 시도된다. <찌개> 명칭에 대한 연구는 <음식물> 명칭의 분절구조를 해명하는 전제 작업의 성격을 가지면서, <국> 명칭에 대한 연구와 밀접한 관련을 가진다.

<찌개> 명칭의 분절구조에서는 홈볼트(W.von.Humboldt)와 바이스게르버(L.Weisgerber)의 언어이론에 기초하여, 우리 민족이 <찌개>라는 객관세계를 어떻게 관조하고 있는가를 알아봄으로써 우리 민족익 세계관이 어떻게 실현되고 있는지를 구체적으로 살펴보게 된다.

홈볼트의 동적인 언어철학은 1세기가 지나서야 비로소 바이스게르버에 의해 일반언어학의 창시로 승화된다. 홈볼트는 인도유럽어(Indo-European language)의 언어 구조적 특질과는 근본적으로 다른 인도네시아 자바섬의 카비말(Kawi-Sprache)을 최초로 연구함으로써 언어의 본질과 인간 생활에 있어서의 언어의 역할에 관해서 전혀 새로운 관점으로 접근하게 되었다.

이러한 홈볼트의 언어관의 핵심은 언어의 동적인 현상(Energeia), 내적언어형식과 외적언어형식의 결합, 언어를 통한 민족의 세계관 반영, 중간세계에 대한 전망, 언어의 분절성 등으로 요약[1]될 수 있으며, 바이스게르버에 의해 한층 더 발전하게 된다. 바이스게르버의 언어이론은 훔볼트의 '언어는 에르곤(Ergon : 작품)이 아니라 에네르게이아(Energeia : 활동)이다'[2]라는 언어의 동적인 측면을 수용하면서, 중간세계이론과 언어 연구의 4단계 이론을 체계화한다.

중간세계에서 주도적인 역할을 하는 민족의 정신은 객관세계(외계)를 관조하는 방식인 세계관이며, 이러한 세계관은 정신적인 여러 가지 형성과 변형의 과정을 겪은 후 인간의 의식 속에서 하나의 존재위치를 획득하게 된다. 여기에 개입되는 것이 바로 정신적 중간세계이다. 이 중간세계는 외계와는 전혀 다른 별개의 세계로써, 외계와 관계를 맺으면서 인간의 정신과 함께 언어적으로 형성된다. 이렇게 창조되는 언어가 바로 언어공동체를 기반으로 하는 모국어인 것이다. 즉 언어공동체의 정신은 모국어적으로 형성되며, 모국어는 민족의 정신이 창출하는 작품이 된다. 따라서 정신적인 중간세계는 곧 언어적인 중간세계이며, 모국어적인 중간세계가 되는 것이다.

바이스게르버는 이러한 중간세계 이론을 바탕으로 언어라는 현상을 효과적으로 연구하기 위해서 언어연구의 4단계를 설정했다. 이 4단계의 중요한 관점인 형태(Gestalt), 내용(Inhalt), 직능(Leistung), 작용(Wirkung)의 측면이 각각의 언어적 현상마다 구별되어야 한다고 주장하면서, 동적인 관점에서의 언어 연구의 기틀을 확정한다.

이 4단계는 일차적으로 정적인 에르곤으로서의 언어가 고찰의 대상이 되는 문법적인 방법과 동적인 에네르게이아로서의 언어가 고찰의 중심이 되는 언어학적인 방법으로 나뉜다. 문법적인 방법에는 첫 번째 형태중심의 고찰 방법과 두 번째 내용중심의 고찰 방법이 포함되며, 언어학적인 방법은 세 번째 직능중심의 고찰 방법과 네 번째 작용중심의 고찰 방법을 포함하게 된다.

형태중심의 고찰에서는 기능(Funktion)과 의미(Bedeutung)가 주된 개념이 되고, 내용중심의 고찰에서는 내용(Inhalt)이 중심 개념이 된다. 직능중심의 고찰에서는 포착(Zugriff)과 세계의 언어화(das Worten der Welt)가 주된 개념이 되

---

1) 배해수(1998) :『한국어와 동적언어이론』, 142쪽 참조.
2) 허발(1979) :『낱말밭의 이론』, 고려대학교 출판부, 11쪽 참조.

며, 작용중심의 고찰에서는 타당성(Geltung)의 개념이 중심에 위치한다.[3]

결국, 이 4단계는 각각이 독립적으로 존재하는 것이 아니라 지속적으로 순환되는 특징을 가지고 있으며, 하나의 전체를 형성하게 되는 것이다.

동적언어이론은 어휘론, 조어론, 품사론, 월구성안의 네 가지 부문의 문법에 대한 연구를 고유의 목표로 삼는다. 어휘의 경우, 형태중심의 고찰, 내용중심의 고찰, 직능중심의 고찰, 작용중심의 고찰 등 네 차원에서 연구 방법론이 가능하며, 둘 이상의 단계를 연계시키는 연구 방법론도 기대할 수 있다. 어휘를 내용중심 단계의 차원에서 고찰할 수 있도록 마련된 방법론이 어휘의 분절구조이론(Wortfeldtheorie)[4]이다.

2. 원어휘소와 상위 기본구조

어휘분절구조이론에 근거한 민족의 정신세계 규명과 어휘체계의 발견을 목표로 삼는 본 연구에서는 내용 해명을 위해 다음의 사전류를 참조했으며, <찌개> 명칭에 대한 어휘 중 명사만을 연구대상으로 삼았다.

신기철·신용철 편저(1980) :『새 우리말 큰 사전 : 상·하』, 삼성출판사.

이희승 편저(1986) :『국어대사전』, 민중서림.

한글학회(1995) :『우리말 큰사전』, 어문각.

민중서림(1999) :『漢韓大字典』, 민중서림.

정소프트(주)(1997) :『컴퓨터용 전자사전 피시딕 7.0』.

한글과 컴퓨터(1995) :『윈도우즈용 흔글 우리말 큰사전 1.0』.

사전류를 중심으로 가려 뽑은 <찌개> 명칭의 어휘들을 가나다 순서로 나열하면 다음과 같다.

---

3) 배해수(1998) : op cit, 155~156쪽 참조.
 4) 배해수(1998) : ibid. 162~163쪽 참조.

게감정	무장찌개	알젓찌개
고추장찌개	북어찌개	알찌개
김치찌개	비지찌개	양찌끼찌개
깍두기찌개	새우젓찌개	장찌개
달걀찌개	생선찌개	찌개
대구찌개	선지찌개	청국장찌개
된장찌개	쇠고기찌개	
두부찌개	순두부찌개	

이희승(1995)의 「우리말 큰사전(한글학회)」과 신기철·신용철(1984)의 「새 우리말 큰 사전(삼성출판사)」에 따르면 <찌개>는 ①고기나 채소에 고추장·된장 따위를 쳐서 바특하게[5] 끓인 반찬 ②윷판의 첫밭으로부터 앞뒷밭에 꺽이지 않고 열두째 밭으로 풀이되고 있다. 이 연구의 주제와 관련이 되는 <찌개>의 개념은 ①이 될 것이다.

<찌개> 명칭에 대한 연구와 밀접한 연관성을 갖는 <국>은 {채소·생선·고기 등을 넣고 물을 많이 부어 끓인 음식}으로 풀이되는데, <찌개>는 흔히 {국보다 물을 조금 적게 잡아 끓인 음식}으로 이해될 수 있다. 따라서 이 연구는 <국> 명칭의 분절구조와 함께 고려되어야 분절구조의 특성이 더욱 분명해질 것으로 보이며, 두 분절의 공통점과 차이점의 발견을 통해 우리 민족이 <국>과 <찌개>라는 객관세계를 어떠한 방법으로 관조하는지를 살펴보게 될 것이다.

<찌개> 명칭의 전체적인 분절 구조를 살펴보면 상위어로,

(1) 찌개

가 나타나는데, 이 낱말은 이 분절의 특성 자체와 일치하는 어휘적 실현으로 이 분절구조 안에서 원어휘소(Archilexem)의 자리에 위치한다.

[찌개]를 원어휘소로 하는 <찌개> 명칭의 분절구조는 일차적으로 <재료> 하나만이 관조의 대상이 되고 있음이 발견되었으며, 이러한 상위 기본구조를

---

5) [바특하다] : 국물이 적어 톡톡하다.

전제로 하여 전체의 구조를 해명하고자 한다.

[그림 1] <찌개>명칭의 상위 기본구조

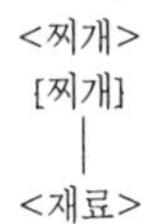

3. <재료>에 의한 분절구조

<재료>와 관련된 표현은 <동물성>, <식물성>이 관조의 대상이다. <동물성>분절은 <어패류>, <육류>가 관조의 대상이며, <식물성>은 <장(醬)>, <김치>, <콩>이 관조의 대상이다. 그러므로 <찌개+재료>분절의 기본 분절구조는 [그림 2]와 같이 도식화 될 것이다.

[그림 2] <재료>분절의 기본구조

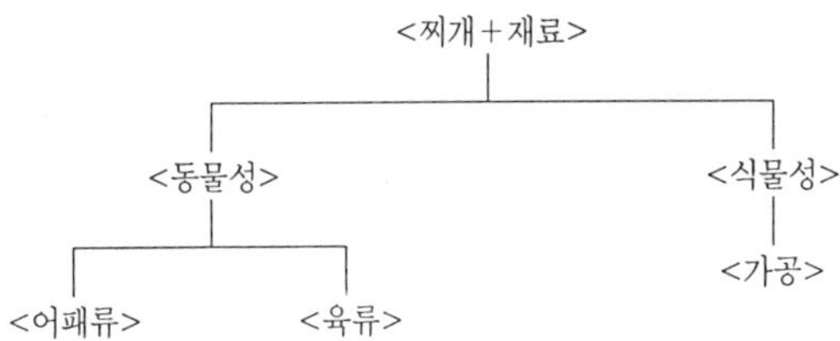

3.1. <동물성>과 관련된 표현

<동물성>은 일차적으로 <어패류>와 <육류>가 관조의 대상이 되어 있다.

(2) 생선찌개

이 낱말은 {생선으로 끓인 찌개}로 풀이되면서 <찌개+재료+동물성+어패

류+생선>의 특성을 문제삼고 있다.

(3) 알찌개

이 낱말은 {생선 알에 간장이나 고추장을 치고 양념을 하여 채소 따위를 넣어서 바특하게 끓인 찌개}로 풀이되면서 <찌개+재료+동물성+어패류+생선 알>의 특성을 문제삼고 있다.

(4) 새우젓찌개

이 낱말은 {햇새우젓을 물에 씻어서 고기와 파를 썰어 넣고 기름과 고춧가루를 쳐서 버무린 뒤에 물을 붓고 끓인 찌개}로 풀이되면서 <찌개+재료+동물성+어패류+가공+햇새우젓[6]>의 특성을 문제삼고 있다.

(5) 알젓찌개

이 낱말은 {알젓 국물을 조금 치고, 고기, 파, 두부 따위를 썰어 넣고 끓인 찌개}로 풀이되면서 <찌개+재료+동물성+어패류+가공+알젓+국물>의 특성을 문제삼고 있다.

(6) 동태찌개

이 낱말은 {맑은 장국에 토막친 동태와 고춧가루·무를 넣고 끓인 찌개}로 풀이되면서 <찌개+재료+동물성+어패류+명태+가공+얼리다>의 특성을 문제삼고 있다.

---

6) 이밖에 <새우젓>을 <재료>로 한 <찌개>에는 [젓국찌개]와 [무새우젓찌개]가 있다. [젓국찌개]는 {쌀뜨물에 알젓을 토막내어 넣고 새우젓국으로 간을 맞춰 끓인 찌개}이며, [무새우젓찌개]는 {무를 얇게 저며 썰고 쇠고기 다진 것과 파를 섞어 새우젓간으로 끓인 찌개}로 풀이된다.

(7) 북어찌개

이 낱말은 {토막친 북어와 쇠고기·두부를 섞어서 간장이나 젓국 또는 고
추장 푼 물에 국물이 바특하게 끓인 찌개}로 풀이되면서 <찌개＋재료＋동물
성＋어패류＋명태＋가공＋말리다>의 특성을 문제삼고 있다.

(8) 게감정[7]

이 낱말은 {게의 등딱지에 다진 쇠고기, 데친 숙주, 두부 따위로 소를 만들
어 담아 간장간이나 고추장간으로 끓인 찌개}로 풀이되면서 <찌개＋재료＋동
물성＋어패류＋게}의 특성을 문제삼고 있다.

　지금까지 살펴본 바와 같이 (2)~(8)은 <어패류>를 <재료>로 하는 낱말들의
분절구조이다. <어패류>는 <생선>, <게>가 관조의 대상이 된다. <생선>은
<생선알>, <가공>이라는 특성이 관조의 대상이며, <가공>은 다시 <젓갈>,
<명태>로 하위 분절된다. <젓갈>은 <새우젓>, <알젓>이 관조의 대상이
며, <명태>는 <얼리다>, <말리다>의 특성이 관조의 대상이 되고 있다.

(9) 쇠고기찌개

이 낱말은 {양념에 재었던 쇠고기와 버섯을 볶다가 물을 두고 끓인 다음
양파, 두부, 파, 달걀 등을 차례로 넣고 다시 끓인 찌개}로 풀이되면서 <찌개
＋재료＋육류＋쇠고기>의 특성을 문제삼고 있다.

(10) 양찌끼찌개

이 낱말은 {소의 양을 잘게 썰어 끓이거나 볶아서 짜낸 물인 양즙의 남은 찌

---

7) <찌개>보다 국물을 적게 한 것을 <감정>이라고 하는데, 대개 <고추장>으로 간을 하며,
　조선시대 궁중에서 [고추장찌개]를 [감정]이라고 했다.

꺼기를 장이나 젓국 또는 고추장에 넣고 파, 두부, 무를 넣고 끓인 찌개}로 풀이
되면서 <찌개+재료+육류+쇠고기+양즙의 찌꺼기>의 특성을 문제삼고 있다.

(11) 선지찌개

이 낱말은 {신선한 선지와 연한 풋배추 데친 것, 시래기 따위를 뼈를 고아
만든 국물에 넣고 간장, 파, 마늘, 고춧가루로 간을 하여 끓인 찌개}로 풀이되
면서 <찌개+재료+육류+쇠고기+선지>의 특성을 문제삼고 있다.

(12) 계란찌개

이 낱말은 {계란을 풀어 새우젓을 다져 넣고 양념하여 끓는 밥솥에 넣어 익
힌 찌개}로 풀이되면서 <찌개+재료+육류+계란>의 특성을 문제삼고 있다.
　지금까지 살펴본 바와 같이 (9)~(12)는 <육류>를 <재료>로 하는 낱말들
의 분절구조이다. <육류>는 <쇠고기>, <계란>이 관조의 대상이 된다. <쇠
고기>는 <양즙 찌꺼기>, <선지>가 관조의 대상이 되고 있다.

　지금까지 논의한 <재료>분절구조의 하위 분절의 하나인 <동물성>과 관
련한 낱말의 분절구조상의 중요한 특징을 요약 정리하면 다음과 같다.
　<재료>분절구조의 하나인 <동물성>은 일차적으로 <어패류>, <육류>
로 하위 분절되며, 총 11개의 어휘가 실현되고 있다. 먼저 <어패류>분절은
<생선>, <게>가 관조의 대상이 되고 있다. <생선>은 <생선알>, <가공>
이 관조의 대상으로 <생선알>에 1개의 낱말이 관여하고 있다. 다시 <가공>
은 <젓갈>, <명태>에 2개의 낱말이 관여하고 있어 <생선>의 하위 분절에
는 6개의 어휘가 관여하고 있으며, <어패류>에는 모두 7개의 어휘가 위치하
고 있다. <육류>분절은 <쇠고기>, <계란>이 관조의 대상이 되고 있다. <쇠
고기>는 <양즙 찌꺼기>, <선지>에 각각 1개의 낱말, <계란>에 1개의 낱말
이 위치하고 있어 모두 4개의 어휘가 관여하고 있다. 이러한 <동물성>분절구

조의 특징을 그림으로 정리하면 [그림 3], [그림 4]와 같이 도식화 될 것이다.

[그림 3] <동물성>과 관련된 표현(1)

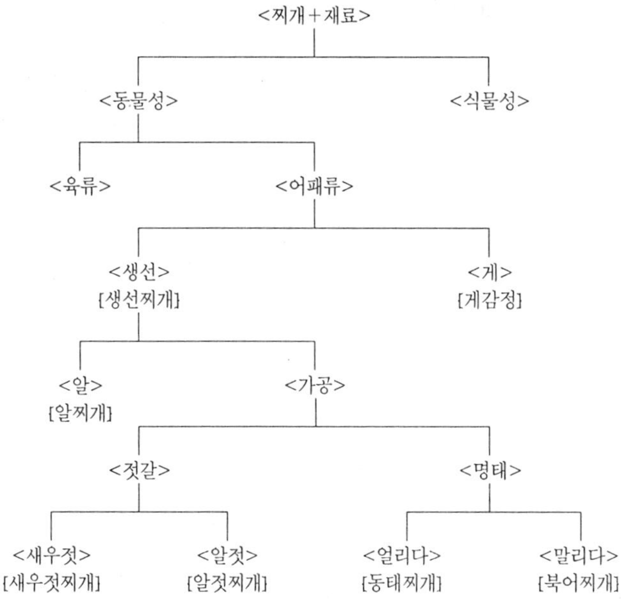

[그림 4] <동물성>과 관련된 표현(2)

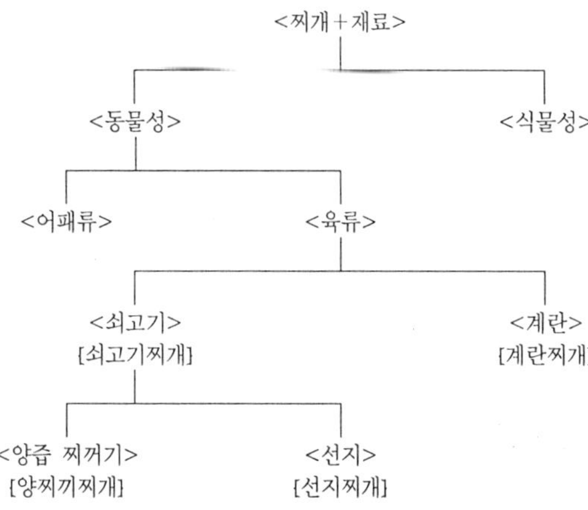

3.2. 〈식물성〉과 관련된 표현

〈식물성〉은 원료를 가공한 식품을 〈재료〉로 사용하기 때문에 일차적으로 〈가공〉이 관조의 대상이 되고 있다.

(13) 장찌개

이 낱말은 {된장이나 고추장을 많이 풀어서 끓인 찌개}로 풀이되면서 〈찌개+식물성+콩이나 고추 가공+된장이나 고추장〉의 특성을 문제삼고 있다. 이 중 〈된장〉은 개념형성 과정에서 〈콩〉을 〈가공〉한 것이며, 〈고추장〉은 개념형성 과정에서 〈고추〉를 〈가공〉한 것으로 이해될 수 있다.

(14) 고추장찌개

이 낱말은 {고추장에 물을 조금 부어 풀고, 고기, 파, 두부 등을 썰어 넣고 끓인 찌개}로 풀이되면서 〈찌개+재료+식물성+고추 가공+고추장〉의 특성을 문제삼고 있다.

(15) 된장찌개

이 낱말은 {된장을 잘 갠 다음 속뜨물을 붓고 걸러서 끓이다가 버섯, 두부, 풋고추, 양파 등 계절에 맞추어 여러 가지 재료를 넣어 끓인 찌개}로 풀이되면서 〈찌개+재료+식물성+콩 가공+된장〉의 특성을 문제삼고 있다.

(16) 무장찌개

이 낱말은 {마른 메주를 물에 담갔다가 소금을 타서 익힌 후에 달이지 않고 그냥 먹는 된장인 무장을 건더기째 쇠고기, 파, 무, 북어를 넣고 끓인 찌개}로 풀이되면서 <찌개+재료+식물성+된장+무장>의 특성을 문제삼고 있다.

(17) 청국장찌개

이 낱말은 {청국장을 되직하게 풀고 김장김치, 돼지고기, 두부들을 넣고 걸쭉하게 끓인 찌개}로 풀이되면서 <찌개+재료+식물성+콩 가공+청국장>의 특성을 문제삼고 있다. <청국장>은 {콩을 푹 삶아 더운 데서 발효시켜 만든 된장의 한 가지}로 풀이되며, <된장>보다 만드는 기간이 짧고, 주로 중부 이남지방에서 추운 겨울 김장김치를 넣고 끓여 먹었다.

지금까지 살펴본 봐와 같이 (13)~(17)은 <장(醬)>을 <재료>로 하는 낱말들의 분절구조이다. <장(醬)>은 <된장>, <고추장>이 관조의 대상이 되며, <된장>은 <무장>, <청국장>의 특성으로 하위 분절되고 있다.

(18) 김치찌개

이 낱말은 {김치를 썰어 넣고 끓인 찌개}로 풀이되면서 <찌개+재료+식물성+배추·무·오이 등 가공+김치>의 특성을 문제삼고 있다. <김치>는 {배추·무·오이 등을 소금에 절이거나 각종 양념과 젓갈을 넣어 버무려 익힌 염장발효식품}으로 풀이되며, 개념형성 과정에서 <배추·무·오이 등>을 <가공>한 것으로 이해될 수 있다.

(19) 깍두기찌개

이 낱말은 {깍두기에 고기를 넣어 끓인 찌개}로 풀이되면서 <찌개+재료+식물성+무 가공+김치+깍두기>의 특성을 문제삼고 있다.

지금까지 살펴본 봐와 같이 (18)~(19)는 <김치>를 <재료>로 하는 낱말들의 분절구조이며, <김치>의 하위 분절에는 <깍두기>가 관여하고 있다.

(20) 두부찌개

이 낱말은 {두부를 주로 하고 쇠고기, 파를 넣고 기름, 간장을 친 뒤에 새우
젓국이나 고추장을 풀어서 섞어 만든 찌개}로 풀이되면서 <찌개+재료+식물
성+콩 가공+두부>의 특성을 문제삼고 있다. <두부>는 개념형성 과정에서
<콩>을 <가공>한 것으로 이해될 수 있다.

(21) 비지찌개

이 낱말은 {콩을 살짝 삶아서 물을 조금씩 주면서 갈아 콩비지를 만들어
김치를 넣고 끓인 찌개}로 풀이되면서 <찌개+재료+식물성+콩 가공+콩비
지>의 특성을 문제삼고 있다.

(22) 순두부찌개

이 낱말은 {콩을 갈아 만든 순두부를 넣어 끓인 찌개}로 풀이되면서 <찌개
+재료+식물성+콩 가공+순두부>의 특성을 문제삼고 있다.
　　지금까지 살펴본 봐와 같이 (20)~(22)는 <콩>을 가공한 식품인 <두부>를
<재료>로 하는 낱말들의 분절구조이다. <두부>는 <비지>, <순두부>가
관조의 대상이 되고 있다.

　　지금까지 논의한 <재료>분절구조의 하위 분절의 하나인 <식물성>과 관
련한 낱말의 분절구조상의 중요한 특징을 요약 정리하면 다음과 같다.
　　<재료>분절구조의 하나인 <식물성>은 일차적으로 원료를 <가공>한 것
으로 하위 분절되며, 총 10개의 어휘가 실현되고 있다. 먼저 <장(醬)>분절은
<된장>, <고추장>이 관조의 대상이며, <된장>은 <무장>, <청국장>을
관조의 대상으로 각각 1개의 낱말이 관여하고 있어 <된장>의 특성을 문제삼
는 어휘는 3개, <고추장>의 특성을 문제삼는 어휘는 1개 위치하고 있다. <김

치>분절은 <깍두기>을 관조의 대상으로 삼으면서 2개의 어휘가 위치하고 있으며, <두부>분절은 <비지>, <순두부>를 관조의 대상으로 삼으면서 3개의 어휘가 위치하고 있다. 이러한 <식물성>분절구조의 특징을 그림으로 정리하면 [그림 5], [그림 6]과 같이 도식화 될 것이다.

[그림 5] <식물성>과 관련된 표현(1)

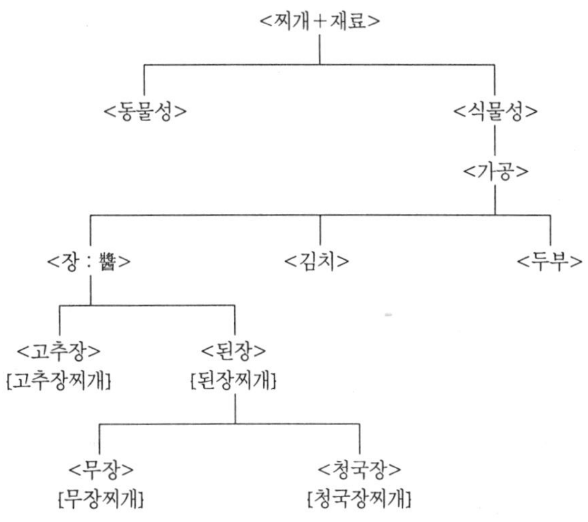

[그림 6] <식물성>과 관련된 표현(2)

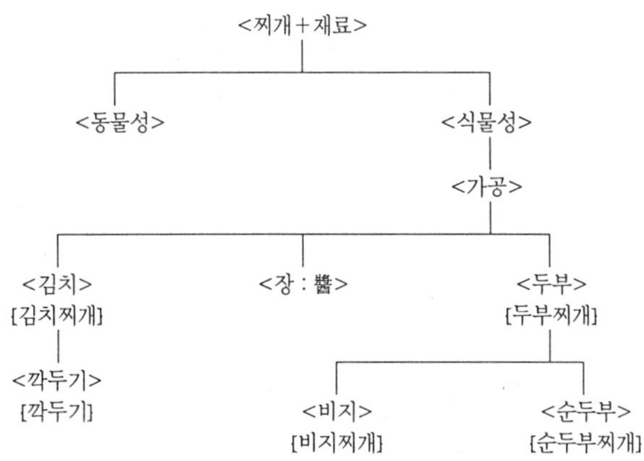

4. 맺음말

이 연구는 현대국어에 있어서 <찌개> 명칭 분절의 구조를 해명하기 위하여 시도된 것인데, <음식물> 명칭의 분절구조를 해명하는 전제 작업의 성격을 가진다. 이러한 과정은 동적언어이론의 타당성 증명, 민족의 정신세계 해명, 한국어의 어휘체계의 발견, 모국어 교육에 있어서의 효용성 등에 있어 중요한 의의를 가지게 된다.

현대국어 <찌개> 명칭의 분절구조를 어휘분절구조이론에 의거하여 분절구조 해명을 시도한 이 연구는 중간세계에 관여하는 관점인 세계관의 발견과 전체성의 원리에 입각한 어휘 체계의 발견에 목표를 두었다.

이 연구는 <찌개> 분절에 관계하고 있는 관점들을 남김없이 발견하면서, 전체적인 분절구조와 개별어들의 위상가치들을 내용적으로 해명했던 바, 그 과정에서 발견된 특징들을 요약하여 정리하면 다음과 같다.

(1) <찌개> 명칭의 분절구조 연구에 사용된 낱말은 총 22개이며, 이 분절의 특성 자체와 일치하는 토박이말인 [찌개]가 원어휘소(Archilexem)의 자리에 위치하고 있다. <찌개> 명칭의 분절구조는 <국> 명칭과 밀접한 연관성을 가지는데, <찌개>는 {국보다 물을 조금 적게 잡아 끓인 음식}으로 이해된다.

(2) 이 분절은 일차적으로 <재료>를 관조의 대상으로 하위 분절되어 있다. <재료>에 의한 분절구조는 크게 <동물성>, <식물성>을 관조의 대상으로 삼으면서, <동물성>에 11개 어휘, <식물성>에 10개의 어휘가 관여하고 있어 큰 차이를 보이지 않는 것으로 나타났다. <국> 명칭의 <재료>에 의한 하위 분절구조에서는 <동물성>에 22개 어휘, <식물성>에 29개의 어휘가 관여함으로써 <식물성>인 <재료>가 많이 나타났다.

(3) <동물성>분절은 <어패류>, <육류>가 관조의 대상이 되고 있으며, <어패류>에 7개 어휘, <육류>에 4개의 어휘가 관여하고 있다. <어패류>는 <생선>, <게>가 관조의 대상이고, <생선>은 <생선알>, <가공>으로 하위 분절되며, <가공>은 다시 <젓갈>, <명태>로 하위 분절되고 있다. <육류>는 <쇠고기>, <계란>이 관조의 대상이고, <쇠고기>는 <양즙 찌꺼기>, <선지>로 하위 분절되고 있다.

(4) <식물성>분절은 원료를 <가공>한 식품인 <장(醬)>, <김치>, <두부>가 관조의 대상이 되고 있으며, <장(醬)>에 5개 어휘, <김치>에 2개 어휘, <두부>에 3개 어휘가 관여하고 있다. <장(醬)>은 <된장>, <고추장>이 관조의 대상이며, <김치>는 <깍두기>가, <두부>는 <비지>, <순두부>가 관조의 대상이 되고 있다. <식물성>분절에서는 실현된 모든 어휘가 <가공>의 특성을 문제삼고 있는데, <국>명칭의 분절구조에서도 <가공>에 19개 어휘, <비가공>에 10개의 어휘가 실현되어 <국>과 <찌개>명칭 모두에서 <가공>한 식품을 <재료>로 많이 사용하고 있음이 발견되었다.

(5) 지금까지 <음식물>명칭에 대한 분절구조 연구의 일환으로 <찌개>명칭의 분절구조를 살펴보았다. 이상에서 논의된 바와 같이 우리 민족의 식생활과 함께 발달해 온 <찌개>명칭은 다층적인 어휘구조를 이루고 있으며, 후속되는 <반찬>명칭에 대한 분절구조의 연구가 있어야 그 위상가치가 더욱 분명해질 것으로 보인다.

참고문헌

민중서림(1999) :『漢韓大字典』, 민중서림.

배해수(1994) :『국어 내용 연구(3)-<친척>명칭에 대한 분절구조』, 국학자료원.

______(1998) :『국어 내용 연구(4)-한국어와 동적언어이론』, 고려대출판부.

______(2000) :『국어 내용 연구(5)-그 방안과 실제』, 국학자료원.

신기철·신용철(1980) :『새 우리말 큰사전 : 상·하』, 삼성출판사.

이성준(1999) :『훔볼트의 언어철학』, 고려대출판부.

이희승 편저(1986) :『국어대사전』, 민중서림.

장기문(2000) : 「현대국어 <여자>명칭의 분절구조 연구」, 고려대 대학원 박사학위논문.

정소프트(주)(1997) :『컴퓨터용 전자사전 피시딕 7.0』

정태경(1999) : 「<국>명칭의 분절구조 연구」,『한국어의 내용적 고찰』, 우리어문학회.

한글과 컴퓨터(1995) :『윈도우즈용 흔글 우리말 큰사전 1.0』.

한글학회(1995) :『우리말 큰사전』, 어문각.

허 발(1979) :『낱말밭의 이론』, 고려대출판부.

 (고려대 대학원)

A study on the word-field of the nouns expressing <chiegae>(food) in modern korean language

Joung, Tae-Gyoung

This study attempts to support the explanation of the word-field of the nouns expressing <chiegae>(a pot stew) in modern Korean language with word-field theory.

The aim of this study is to find viewpoints of Korean about object word name <chiegae>(a pot stew). from those above investigations, the word-field of the nouns expressing <chiegae>(a pot stew) can be summarized as below.

(1) <chiegae>(a pot stew) as archilexem represents the word-field theory of <chiegae> nouns.
(2) <chiegae>(a pot stew) is characterized as <material>
(3) <material> is structurized by <animal nature> and <vegetable nature>
(4) <animal nature> is structurized by <fishes+shellfish> and <flesh+meat>
(5) <vegetable nature> is structurized by <process+vegetable>

동적언어이론을 바탕으로 한 한국어 시소러스

-"한국어 명칭사전" 편찬 방향에 관하여-

오 새 내

1. 서론

1.1. 연구목적

본고의 목적은 동적언어이론(die dynamische Sprachtheories)을 바탕으로 한 한국어 시소러스 사전 구축의 필요성을 제시하고 범용시소러스로서의 한국어 명칭사전 편찬의 실제적인 사항들을 논하는 데 있다.

시소러스(Thesaurus)[1]란 어휘정보 검색에 있어서 어휘의 사용법과 어휘들 사이의 관계에 대한 정보를 제공하는 도구를 말한다. 일반적으로 시소러스 내의 어휘 간 관계성은 상위 개념(BT : broader term), 하위 개념(NT : Narrower Term), 용례 혹은 동의어(UF : Use For Or Synonymous), 관계어(RT : Related

---

1) 정보 구축자의 입장에서, 자연어시스템의 경우에는 같은 주제라도 문헌생산자나 색인작성자, 이용자간에 그 표현하는 용어가 달라질 수 있어 문헌의 분석이나, 색인작성시에 많은 어려움이 따르고, 정보 이용자의 입장에서는 하나의 검색어(자연어)만으로 해당 주제를 전부 검색할 수 없으므로 그 검색어에 관련된 개념의 大 小, 관련어 등을 모두 검색하여야 하는 불편이 뒤따르게 된다. 따라서 해당 주제분야에서 필요한 모든 개념을 수집하여 이들에 대한 개념의 대소관계나, 동의어, 동형이의어, 관련어 등을 적절히 조절하여 정보시스템과 문헌생산자, 색인작성자, 이용자 간에 통일적으로 사용할 수 있도록 통제한 용어통제어표인 시소러스를 이용하는 것이다(이영자 · 이경호 1987).

Term), 대체어(USE) 등으로 분류되는데, 시소러스는 이러한 어휘 간 관계성을 이용, 탐색 시 질의에 포함된 어휘의 의미를 확대하기 위해 주로 사용된다.

의미와 어휘형태를 연결시켜주는 매개체인 시소러스의 구축은, 인간에게 내재한 개념과 객관세계를 구성하는 요소의 이름을 이어주는 중간세계를 구현하는 것이라고도 할 수 있다. 정보이용자는 정보에 접근하기 위해 정보를 구성하는 어휘형태를 선택해야 하는데, 알고자 하는 어휘형태는 모르고 단지 개념만 알고 있는 경우에 시소러스를 이용하면 의도하는 바와 일치하는 어휘 형태를 선택할 수 있다.

이러한 시소러스의 구조는 동적언어이론의 방법론 중 하나인 어휘분절구조 이론(Wortfeld Theorie)의 어휘분절구조와 상통한다고 할 수 있다. 동적언어이 론에서 어휘분절구조는 전체 체계 속에서 낱말들이 의미를 가질 수 있게 하는 변별기준이며 언어공동체의 세계관을 반영한다. 각 분절구조에 의해 묶일 수 있는 개별 어휘형의 위치는 그 어휘의 의미를 알려준다. 언어의 차이는 분절구조의 차이이며 언어공동체가 지닌 관점의 차이이고, 어휘분절구조는 이러한 관점들을 발견하는 데 있어서 필요하다.

본고에서는 기존의 번역시소러스의 문제점을 살펴보고, 어휘분절구조이론을 중심으로 한 한국어 범용시소러스 구축의 필요성을 제시하고자 한다. 그리고, 이제까지 나온 어휘분절구조이론의 연구물들을 바탕으로 이루어질 한국어범용시소러스라 할 수 있는 "한국어명칭사전"의 편찬방향에 대해서 논의하고자 한다.

1.2. 번역 시소러스 구축의 문제점

한국어에서 시소러스는 주로 전문용어[2]를 중심으로 이루어져왔다. 이는 정

---

2) 전문용어 시소러스를 다룬 연구들은 다음과 같다.
  오동우(1994), 「도서관학 용어를 중심으로 한 시소러스 개발에 관한 연구」, 건국대중원인문연구소.
  서미령, 권영규 (1998), 「한의약학 검색통제어 선정을 위한 기초 연구」, 동의대 한의학연구소.

보검색용 시소러스의 일반적인 특징인데, 기존의 시소러스들의 특정 분야를 중심으로 이용되었기 때문이다. 그러나 최근 데이터베이스간의 통합이 활발하게 이루어지면서 시소러스 통합의 필요성이 제기되었다. 여기에, 인터넷이 일반화되면서 일반인들도 검색도구를 쉽게 접할 수 있게 되었으며, 글쓰기와 언어교육에 있어서 분류어휘집의 수요가 늘어나고 있다.

시소러스의 구축방법에는 독자적인 체계에서 구축하는 것과 외국 시소러스를 번역하는 방법, 컴퓨터에 의해 자동적으로 생성되는 방법이 있다. 시소러스를 독자적으로 구축하는 것은 많은 시간과 노력, 전문성이 필요한 작업이고, 컴퓨터에 의한 생성은 현재 활발히 연구 진행중인 분야이다. 따라서 초기의 한국어 시소러스 구축은 외국시소러스를 번역하는 방식으로 이루어졌다.

외국시소러스를 번역하여 시소러스를 구축하는 방식은 독자적인 구축방식보다 비교적 짧은 시간과 저렴한 비용으로 대용량의 시소러스를 구축할 수 있다는 장점이 있다. 그러나 대역시소러스에는 한국어와 외국어의 언어적, 문화적 차이를 전혀 반영하지 못하고 있다는 치명적인 결점이 있다.

오재익(1997)에서는 영한대역 시소러스의 문제점을 보기 위해 1981년에 한국 교육개발원에서 발행한 「KEDI 교육시소러스」와 이의 원본이 되는 1977년에 나온 「Thesaurus of ERIC descriptors(7th ed.)」을 비교하여 그 문제점들을 지적하고 있다. 오재익(1997 : 29-31)에서는 시소러스의 번역이 단어 대 단어라는 제한영역을 갖는다는 점, 일반번역학에서는 문장이나 텍스트의 의미를 다른 언어로 표현하는 것이므로 그 번역문의 길이에는 강력한 제한이 없지만, 시소러스의 경우는 하나의 의미를 나타내는 명사나 명사구를 기준으로 하므로 그 번역된 용어의 길이에 제약이 따른다는 점, 게다가 문장단위의 번역은 문장 전후 배경을 참작할 수 있다고 하지만 시소러스의 번역은 단어 단위이기 때

박두순, 공용해 (1997), 「시소러스를 이용한 전통복식 검색시스템 설계 및 구현」, 『순천향 산업기술연구소논문집』, 순천향 산업기술연구소.
정영미(1993), 「신문 시소러스 개발의 이론과 실제」, 『한국문헌정보학회지』, 한국문헌정보학회.
KINDS 신문기사 종합검색 시소러스, 한국언론연구원.
이 가운데 신문을 이용한 시소러스는 신문에 관련된 전문용어도 다루고 있지만, 신문기사에 나타나는 어휘 전반을 다룬 것이라 할 수 있다.

문에 오역이 치명적일 수 있다는 점을 문제점으로 제시하였다. 실제로 두 시소러스를 비교했을 때 나타나는 문제점은 다음과 같이 정리되었다.

1) 번역상의 어려움으로 인해 색인어를 의도적으로 번역하지 않고 제외시키거나 대당하는 번역어가 없어서 색인어로 채택하지 않은 경우
2) 명백한 오역[3]
3) 관습에 의한 번역
   ① 해석위주의 번역 : 전문용어에 대한 일반적인 번역
     예) Recycling(재활용) → '재순환'으로 번역
        Young Adult(청년) → '젊은 성인'으로 번역
   ② 조사를 포함한 번역
     예) Suburban housing을 '교외의 주택'으로 번역－'교외주택'이 바람직하다.
        Auditory test를 '청각적 검사'로 번역－'청각검사'가 바람직하다.
4) 명료성이 부족한 용어
5) 두 언어공동체 간의 문화 차이로 발생하는 용어 등가성(term equivalence)의 문제
   ① teachers colleges는 '사범대학'과 '교육대학' 두 단어로 번역될 수 있는데, '사범대학'만 채택되고 '교육대학'이 누락된 예처럼, 영어에서는 하나의 단어이지만 국어에서는 둘 이상의 대당어가 있는 경우에 누락 어휘가 생긴다.
   ② 문화적 차이에 의해서 특정 단어의 대응어가 존재하지 않는 경우와 우리 시소러스 용어로 번역이 불가능한 경우에는 영어의 색인어가 삭제되어야 한다.[4] 이와 반대로 우리의 문화적, 제도적, 사회적 산물로

---

3) 오재익(1997 : 46)에 나온 명백한 오역의 예로는 Art education(예술교육)을 '미술교육'으로, Maids(가정부)를 '처녀'로 Waste(쓰레기)를 '낭비'로 번역한 예가 있다.
4) 이에 해당하는 예로는 'parenthood education'과 'state universities'를 들 수 있다. 'parenthood education'은 미국에서 10대의 소년, 소녀들에게 아동발달과 부모의 역할 등을 학습시키는 것으로 효과적인 친자(親子)관계를 준비하도록 도와주기 위해 고안된 프로그램으로 마땅한 대

형성된 용어들은 외국의 시소러스에 존재하지 않으므로 포함시켜야
한다.

6) 영어와 한국어의 구문론적 차이에 의해 번역의 문제가 발생하는 경우가
있다. 번역상 색인어가 설명적 구가 되는 예로 'student financial aid'를 '학
생에 대한 재정적 보조' 번역한 것과 'Design preferences'를 '디자인에 대
한 선호도'로 번역한 경우들을 들 수 있다. 이 외에도 단어라는 형태를
보존하기 위해 지나친 의미축약을 보이는 예로 'Urban Education'(도시빈
민자녀교육)'을 '도시교육'이라 번역한 경우가 있다.

7) 번역의 일관성을 상실한 경우

8) 색인어의 계층관계와 연관관계가 영어와 한국어에서 차이를 보이는 경우

  8-1) 동등관계

    ① 번역을 했을 때 색인어와 보조색인어가 동일한 용어가 되는 경
       우가 있다.

       예) 영어 시소러스에서는 Woman studies가 색인어, Female studies
           가 보조색인어이지만 국어에서는 둘 다 '여성학'으로 번역된다.

    ② 국가간의 제도나 문화 때문에 용어가 존재하지 않아서 색인어를
       번역할 수 없는 경우가 있다.

    ③ 한국의 현실과 맞지 않아서 도입할 수 없는 어휘가 있다.

  8-2) 상위어(Broader term)와 하위어(Narrower trem)의 계층관계

    ① 번역의 오류로 인해 발생하는 부적합

       예) Medicine(의학)을 '약'으로 번역하여 하위어로 설정된 '치과'
           와 '정신과'등과 상하관계 불일치

    ② 문화적 제도적 차이로 인한 부적합

       예) Classical Literature를 '고전문학'으로 번역하고, 영문 시소러스
           에서 '고전문학'의 하위어인 '그리스문학'과 '라틴문학'을 그
           대로 번역하여 한국 시소러스에 실었다.

역어가 없다. 'state universities'는 번역하면 '주립대학'이 되겠으나, 한국에는 state라는 개념이
없으므로 번역을 하더라도 실제적인 효용성은 없다고 하겠다(오재익 1997 : 56).

③ 유의어 영역차이에서 발생하는 부적합

　예) art를 '미술'로 번역하여 '미술'아래에 무용, 음악, 사진, 작곡, 조각들을 하위어로 설정하였다. 이 경우는 '예술'로 번역할 수 있으나 '기술'이라는 의미로 art를 쓰는 industrial arts의 경우도 있어서 art를 단순히 '예술'이라고 번역할 수도 없는 문제가 생긴다.

8-3) 반의어, 종속관계, 원인과 효과, 도구관계, 재료 관계등을 지시하는 어휘 간의 연관관계(related trem)의 모순에서 발생하는 예

　예) Ballad를 '민요'라 번역하고 연관관계의 단어들로 '서사시, 소네트, 중세의 낭만'을 들고 있지만 한국의 민요를 설명하는데 연관되는 항목은 찾아볼 수 없다.

특정주제분야에 한정되지 않은 범용 시소러스인 한국어개념사전의 편찬에 관한 연구로는 김수정(2000)이 있다. 김수정(2000)에서는 워드넷(wordnet)의 모델을 도입하여 한국어 개념사전 구축 방향을 제시한다. 워드넷은 프린스턴 대학의 심리학과 인지과학연구실에서 1985년부터 구축하기 시작한 영어어휘데이터베이스로 1996년 4월 현재 120,400개의 어휘형태(word form)와 96,767개의 분절구조로 이루어져 있다.[5] 워드넷에서 제시한 개념과 의미관계를 응용한 김수정(2000)에서는 연세대학교 언어정보연구원에서 구축한 4500만어절의 연세말뭉치에서 품사에 관계없이 상위 1000개 단어를 추출하고 그 중에서 300개의 명사를 뽑아 개념을 기술하고 어휘관계를 설정하여 분류하는 개념사전

---

5) 워드넷의 구성은 명사, 동사, 형용사, 부사, 기능어의 5가지 품사범주로 되어 있고 실제 데이터베이스에서는 명사, 동사, 형용사만 이루어져 있다. 의미영역은 품사범주에 따라 달리 부여되는데 그 이유는 품사마다 갖는 의미범주와 어휘관계가 다르다고 보기 때문이다.
명사의 의미영역 : 행위, 동물, 인공물, 속성, 신체, 인지, 커뮤니케이션, 사건, 감정, 음식, 집합, 위치, 동기, 자연물, 자연현상, 사람, 식물, 소유, 과정, 수량, 관계, 모양, 상태, 물질. 시간 (25가지)
형용사의 의미영역 : 상대적인 반의관계를 중심으로 짝을 지어서 관리
동사의 의미영역 : 신체기능과 치료, 변화, 커뮤니케이션, 경쟁, 소비, 접촉, 인지, 창조, 동작, 감정/심리, 상태, 지각, 소유, 사회, 상호작용, 날씨(15가지)

을 제시했다.

그런데, 김수정(2000 : 22)에서도 지적한 바와 같이 한국어와 영어의 차이는 워드넷 모델의 차용에서도 문제를 일으킬 수 있다. 이를 고려하여 김수정(2000)에서는 워드넷의 모델은 차용하되 단어선정이나 개념기술에 있어서는 연세대에서 구축한 한국어의 독자적인 말뭉치를 사용하여 고빈도의 명사 300개를 중심으로 하고, 어휘의 의미는 연세한국어사전의 뜻풀이를 사용한 것을 볼 수 있다.

이 연구는 부분적으로나마 독자적인 체계를 갖춘 시소러스를 구축하려 했다는 데 의의가 있지만 김수정(2000 : 43)에서 스스로 인정한 바 몇 가지 문제점을 갖고 있다. 우선 빈도6)에 따라 추출된 단어간의 관계에 연관관계와 반의관계어휘가 모두 포함되지 않았다는 문제가 있다. 의미를 담당한 사전의 뜻풀이에서 일관성이 결여되어서 합리적인 상위어 추출에 문제가 있었다. 또한 다양한 어휘관계가 제시된 언어학적 연구물들을 참고로 하지 않아서 필자 스스로가 포괄적인 분류체계를 갖추지 못했다는 문제점도 지적할 수 있다.

따라서 일방적인 번역이나, 외국연구의 답습으로는 한국어의 시소러스 구축에 한계가 있음을 보여준다. 한국어의 어휘개념사전을 제대로 만들어 내기 위해서는 한국인의 의식구조와 세계관을 반영해야 할 것이며, 한국어 체제에 맞는 개념구조를 설계해야 한다고 여겨진다. 또한 이제까지 나온 어휘분절구조이론을 바탕으로 이루어진 연구물들을 전격적으로 참고하여 한국어 특유의 어휘 관계를 명시한 시소러스를 구축해야 할 것이다.

---

6) 말뭉치에서 빈도를 중심으로 어휘를 추출하는 데 있어서도 위험이 따르는데, 이 문제는 말뭉치의 성격과도 연관된다. 일반적으로 사전편찬을 위해 구축하는 말뭉치는 균형말뭉치라 하여 구어와 문어, 사회전반에서 사용하는 언어사용양상을 고르게 반영하고 있어야 한다. 그러나 현재 말뭉치연구는 주로 문어자료를 중심으로 하고, 소설이나 신문, 잡지를 중심으로 이루어진 것이 사실이다.

2. 어휘분절구조이론과 한국어명칭사전의 필요성

동적언어이론은 언어공동체와 언어의 관계를 기반으로 한 언어이론이다. 개별언어공동체의 언어는 개별언어공동체의 정신활동을 의미하며, 개별언어공동체의 언어에는 개별언어공동체가 갖고 있는 세계관이 반영된다. 동적언어이론의 핵심은 언어공동체의 정신에 의한 언어형성과 언어에 의한 정신형성에 있다. 언어(모국어)는 언어공동체(민족)의 정신활동의 소산물이며, 민족의 정신을 형성하는 힘이다.

동적언어이론은 훔볼트(W.v. Humboldt)에 의해 그 기반이 구축되었고, 바이스게르버(L. Weisgerber)에 의해 일반언어학으로 자리를 잡았다. 훔볼트는 언어를 인간정신의 발로로 보고 모든 언어에 고유한 세계관이 내재되어 있으며, 언어의 연구는 언어 내용에 드러나는 세계관의 연구라고 보았다. 언어는 단순한 의사소통의 수단이 아니라 인간의 정신활동을 통해 이루어지는 세계관 발견의 장면이며 그 언어공동체의 세계관이 투영된 체계이다. 따라서 언어의 요소는 그 체계의 부분으로 존재할 때만 가치를 갖는다. 이러한 관점에서 언어체계를 이루는 분절구조는 전체 체계 속에서 낱말들이 나름대로의 의미를 가질 수 있도록 하는 변별기준이라 볼 수 있다(시정곤 : 2000).

훔볼트의 언어관에서는 언어에 걸친 지배적인 원리를 분절(Artikulation, Gliederung)로 인식한다. 객관세계가 정신적으로 언어화하는 정신활동을 분절로 파악하고, 언어를 분절로 구성된 총체로 본다. 어떠한 언어 사실도 개별화되어서는 존재할 수 없으며 , 언어 곧 민족정신은 전체성, 체계성, 유기체성의 원리에 의해 구성된 분절구조로 파악된다.

훔볼트의 계승자인 바이스게르버는 언어를 외적언어형식(에르곤 : Ergon, 작품)이 아닌 내적인간정신(에네르게이아 : energeia, 활동)으로 본 훔볼트의 견해에 대하여, 언어를 에르곤과 에네르게이아의 평행관계로 해석하고, 에르곤과 에네르게이아의 관계에 대해 언어연구의 4단계론으로 구체화시킨다.

　언어연구의 4단계론은 일차적으로 정적인 에르곤으로서의 언어가 고찰대상이 되는 문법적인 방법과, 동적인 에네르게이아가 고찰대상이 되는 언어학적 방법으로 나눌 수 있다. 언어연구의 4단계에서 첫 번째인 형태중심의 고찰방법과 두 번째인 내용중심의 고찰방법이 문법적 방법에 해당하고, 세 번째인 직능중심의 고찰방법과 네 번째인 작용중심의 고찰방법이 언어학적 방법이 된다.[7] 이 가운데, 어휘를 내용중심의 단계에서 고찰할 수 있도록 마련된 방법론이 어휘분절구조이론이다.

　어휘분절구조(wortfeld)는 바이스게르버에 의해 "유기적인 분절 속에서 상호협력 관계에 있는 언어기호의 무리 전체를 통하여 구성되는 언어적 중간세계의 한 단면"(배해수 1994 : 8)이라고 정의된다. 한 언어의 어휘분절구조의 해명은 한 민족의 정신세계를 보여주고, 그 언어의 어휘체계를 보여준다는 의미를 갖는다.

　인간이 한 언어를 습득하는 것을 '인간이 바깥세계를 볼 수 있는 눈을 만들어주는 것'이라고 보면, 외국인이나 언어지식이 떨어지는 언어학습자들이 한 언어를 배우는 것은 그들 내부에 새로운 인식수단을 만드는 것이라 해석할 수 있다. 여기서의 '인식수단'은 기존의 '가치관'이나 '의미해석의 틀'과는 다른 것으로, 가치관이나 틀이 사물을 이해하도록 고정된 것이면, 인식수단은 사물과 세계를 관조하고 기술할 수 있는 유기체라고 할 수 있다.

　한 어휘의 습득을 '의미해석의 틀'에서 보는 것과 '유기체적인 어휘분절구조[8]'로 보는 두 가지 관점에서 '未明'과 '黎明'이라는 어휘를 어떻게 이해할 수 있는지 예를 들어 살펴보도록 한다. 다음은 '의미해석의 틀'이라 할 수 있는 기존의 사전[9]적인 정의와, 동적언어이론에서 보여주는 '어휘분절구조' 내

---

7) 동적언어이론과 언어연구 4단계론에 대한 이론적 설명은 배해수(1998 : 138-189) 참조.

8) 어휘분절구조의 해명은 어휘에 관한 한, 오직 분절의 구조만이그 가치를 명확하게 가르쳐 줄 수 있는 것이며, 낱말들은 개별적으로는 아무 것도 말해주지 않는다. 는 관점에서 출발한다. 어휘분절구조내에서 한 낱말은 동일 개념 분절 구조의 나머지 다른 낱말과 더불어 자율적인 전체로 묶이며, 이 전체에서 자신의 가치와 지시범위를 확보하게 된다. 어휘분절구조에 대한 자세한 설명은 허 발(1981), 배해수(1999 a) 참조.

9) 여기서의 '사전'은 어휘의 발음정보와 문법정보, 뜻풀이를 단선적으로 제시한 어휘목록을 가리키는 말이다.

의 '未明'과 '黎明'의 인접어적인 위치를 제시한 것이다.

<1> 미명(未明) 명, 날이 새기 전이나 샐 무렵.
　　여명(黎明), 명, 1) 날이 샐 무렵
　　　　　　　　2) 새로운 시대나 새로운 문학, 예술운동 따위가 시작
　　　　　　　　됨을 비유하여 이르는 말.

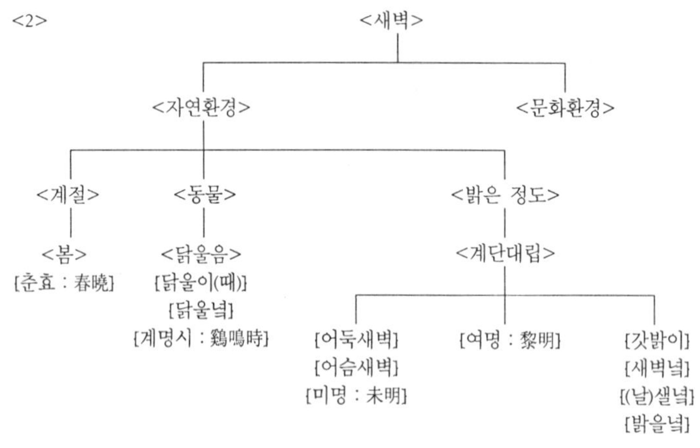

(배해수 1999 a : 126)

　<1>의 뜻풀이가 주는 정보로 언어학습자는 '未明'과 '黎明'의 의미차이를 명확히 구분하기는 어려울 것이다. <1>의 풀이로는 '未明'과 '黎明'이 유의어로도 보이기 때문이다. 임지룡(1995 : 135-137)에서는 유의어를 '상대적 동의어'에 對當하는 것으로 풀이하는데, "둘 이상의 어휘소가 동일한 의미를 지닐 때 성립되며, 동의관계에 있는 어휘소"를 동의어로 정의하고 동의어를 절대적 동의어와 상대적 동의어로 구분하였다. 절대적 동의어는 "개념의미·연상의미·주제의미가 동일하며 모든 문맥에서 치환이 가능한 어휘류"이며, 상대적 동의어는 "문맥상 치환은 가능하나 개념의미만 동일한 어휘류", "제한된 문맥에서 개념의미·연상의미·주제의미가 동일하고 치환이 가능한 어휘류"로 보았다. 그러나, 형태만 다르고 문법적 위치와 어휘의미가 동일한 동의어

를 찾아보기는 어려우며, 유의어라 하더라도 언어사용자의 관점에 따라 그 문법적 위치나 의미차이가 달리 나타날 수 있을 것이다. 이처럼, 기존의 관점에서는 언어사용자의 관점이나 언어사용자집단의 언어관에 따라 나타날 수 있는 의미차이에 대해 설명하는 데 근본적인 문제점을 갖고 있음을 볼 수 있다.

그러나, <2>의 분절구조는 '未明'과 '黎明'의 차이를 일목요연하게 보여준다. 어휘분절구조 내에서 상위분절의 차이는 하위분절들을 '동일한 의미'로 해석할 수 없는 장치를 마련해 준다. '미명'과 '여명'은 상위분절에서 <밝은 정도>와 <계단대립>으로 그 의미차이를 분명히 보여준다. 어휘분절구조의 제시는 이들 두 어휘가 어휘분절구조 내에서 인접한 위치에 있다는 것을 알 수는 있으나 의미가 비슷한 어휘는 아니라는 것을 명시해준다.

이러한 어휘분절구조의 제시는 언어습득에 있어서 고급단계라고 할 수 있는 관용표현이나 은유해석에 있어서도 사전적 정의보다 언어학습자들에게 많은 정보를 준다. 간단한 예를 들어 보면, "唱歌는 한국현대문학의 未明의 시대의 문학이다"나, "이인직의 '鬼의聲'은 한국현대문학의 黎明을 알리는 소설이다"라는 문장을 <1>의 풀이로는 쉽게 이해하기 어렵지만, <2>의 분절구조로는 唱歌가 이인직의 '鬼의聲'보다 이른 시기의 문학이며, 唱歌와 '鬼의聲'이 시기적으로 그리 멀지 않은 관계에 있다는 것을 쉽게 이해할 수 있게 함을 알 수 있다. 또한, 어휘분절구조를 통한 언어학습법을 이용하면 모국어적 직관이 없는 외국인의 언어습득에서 그 효과가 더 크리라고 예상된다. 만일, '未明'과 '黎明'의 구별이 명확하지 않은 문화권의 외국인이 한국어를 공부할 때, '未明'과 '黎明'이 나타나는 관용표현이나 은유표현, 문학작품 내의 표현을 보고 사전을 찾았을 때 의미해석에 있어서 불편함을 느낄 것이지만, 그 외국인이 어휘분절구조 내의 요소로 '未明'과 '黎明'을 습득하였다면 의미해석에 있어서의 불편함이 훨씬 덜할 것이다.

3. 한국어시소러스 사전구축의 실제

3.1. 구축 절차와 방법

동적언어이론을 바탕으로 한 시소러스는 필연적으로 한국어의 특성과 한국인들의 정신세계를 투영한다. 이 장에서는 동적언어이론을 기반으로 한 시소러스 구축의 실제적인 사항들에 대해 논의하고자 한다.

일반적으로 시소러스는 [분류체계의 설정] → [어휘 선정] → [개념기술] → [어휘관계 설정] → [분류 제시]의 과정으로 이루어진다(김수정 2000). 한국인의 세계관을 반영한 한국어 시소러스는 분류체계의 설정에서부터 기존의 시소러스와 차이를 보이게 된다.

동적언어이론을 기반으로 한 시소러스는 한국인의 '일상어'와 '일상적인 경험'이 분류체계설정과 어휘선정의 기준이 되므로 전문용어는 자연스럽게 제외된다.10) 전문용어란 특수계층의 사람들에 의하여 의도적으로 창조된 어휘이며 언어공동체의 정신과 무관한 상태에서 이루어진 것이며, 이것이 언어공동체에 의하여 도입되기 전까지는 오직 전문용어로만 머무르게 된다(배해수 2000 : 1266). 전문용어가 일반적인 어휘, 즉 일상어가 된다는 것은 언어공동체가 그 어휘를 그들의 정신세계에 수용했다는 것을 의미한다. 분류체계 설정 단계에서 자연스럽게 전문용어가 제외되면 대표표제어의 설정도 용이해지고, 일반인들도 쓸 수 있는 범용시소러스의 성격은 더욱 분명해진다.

또한, 한국인의 정신세계를 반영하는 어휘분류체계를 세우기 위해서는 기존의 동적언어이론의 연구물과 함께 전통적인 분류어휘집을 참고하는 것도 필요하다. 類合, 訓蒙字會, 新增類合, 朝鮮館譯語, 方言集釋 등에 나타난 어휘

---

10) 전문용어를 제외한다는 점은 기존에 나온 분류어휘집과의 차이가 된다. 국립국어연구원 (1993 : 14)에서는 어휘분류의 원칙과 기준에서 "어휘 항목의 소진성 조건 : 사전 편찬을 위한 어휘 분류에서는 기초 어휘나 어떠한 분야의 전문어이든 모두 분류 체계 속에 포함될 수 있어야 한다"고 하였다.

분류체계[11]는 전통적으로 한국인들이 어휘분류체계에 대해 어떤 관점을 갖고 있었는지를 파악하는 데 참고할 만한 자료가 된다.

분류체계와 어휘선정단계에서 고려해야 할 개념은 '원어휘소 (Archilexem)'이다. 원어휘소는 동적언어이론에서 각 분절을 대표하는 개념어로, 시소러스의 색인어 또는 개념사전의 대표표제어가 된다. 원어휘소의 자리에는 특정한 낱말이 위치할 수도 있고, 더러는 빈자리로 남아있는 경우도 있다(배해수 1999a, 122). 그러나 한 분절을 대표한다는 개념에서 원어휘소는 중요하다. 특히 각 분절들을 제시하여 사전으로 만들 때에, 대표표제어로 원어휘소를 실징해 주는 것이 바람직하다고 여겨진다. 원어휘소를 중심으로 색인어와 보조색인어가 배열된다.

효과적인 시소러스 설계를 위해서는 분절구조가 상하좌우의 평면적인 구조가 아닌 3차원의 입체적인 구조도 가능할 수 있음을 염두에 두어야 할 것이다. 이는 어휘분절구조가 가져야 하는 필연적인 성격인 전체성, 체계성, 유기체성의 원리에도 합당한 것으로 전체 내에서 유기적으로 체계를 이루기 위해서 입체적인 네트워크구조를 상정할 수도 있어야 한다.

[개념기술]과 [어휘관계설정]의 단계에서는 기존의 어휘분절구조이론의 연구물들에서 발견한 한국어의 원어휘소와 어휘분절구조 내부의 어휘관계를 이용할 수 있다. [분류제시]는 어휘분절구조 제시방법과 유사하다.

다음 장에서는 명사를 중심으로 범용시소러스와 사전을 겸할 수 있게 한 한국어 내용사전인 『한국어명칭사전』에 대해 논의하고자 한다.

3.2. "한국어 명칭사전"의 편찬

『한국어명칭사전』은 동적언어이론을 바탕으로, 표제어의 분절구조를 제시하여 학습자들의 지식과 이해력을 증진시키는 데 목적을 둔 사전이다. 동적언어이론의 원어휘소가 대표표제어 또는 개념어로 자리잡고, 개별어휘항목들이

---

11) 전통적인 한국의 어휘분류체계를 소개한 연구물로는 국립국어연구원에서 1993년에 낸 연구 보고서인 「국어 어휘의 분류 목록에 대한 연구」가 있다.

일목요연하게 배치된다는 장점을 갖는다.

이 사전은 '분절구조'가 갖는 네트워크적 특성을 충분히 살릴 수 있도록 이루어져야 할 것이다. 예를 들어, '찹쌀'이라는 어휘를 찾기 위해 원어휘소 '밥'에 연결된 분절구조와 '떡'에 연결된 분절구조를 모두 참고할 수 있도록 해야 한다. 실제로 유형선(1994)의 '밥' 명칭 분절과 김재임(1994)의 '떡' 명칭 분절을 비교하면, <재료>라는 개념어의 하위어로 '찹쌀'을 두 분절 모두에서 찾을 수 있다.

전자사전 형태의 사전을 만든다면 이들의 연관관계는 네트워크형식으로 구현될 수 있으나, 책자 형태의 사전을 만든다면 이러한 경우에 사용자를 위해 '찾아보기'를 첨가하여 정보전달의 효율성을 극대화할 수 있도록 편집되어야 한다. 다시 말하면, 각 분절 네트워크의 접점이 되는 중복 어휘를 찾을 수 있는 별도의 색인이 필요하다는 것이다. 예로 든 '찹쌀'의 경우, '떡'명칭에서의 '찹쌀'과 '밥'명칭에서의 '찹쌀'이 동일한 어휘이고 <재료>를 나타내는 것이지만, '떡'명칭에서는 떡의 재료로, '밥'명칭에서는 술을 빚기 위한 밑재료로 밥을 짓기 위해 쓰는 재료라는 차이를 갖는다. 이러한 차이를 '찹쌀'이라는 어휘소에 꼬리표 붙이기(태깅 tagging)로 정리하면, 학습자 스스로가 '쌀'과 '밥'의 분절구조를 통합하여 '찹쌀'에 대한 의미를 정립할 수 있을 것이다.

『한국어명칭사전』의 편찬을 위해 해야 할 기초작업은 동적언어이론을 기반으로 한 기존의 어휘분절구조 연구물들을 모아 정리하는 것이다.[12] 여기서 추출한 어휘분절구조를 정리하고 이들을 주제에 맞게 효과적으로 배열하고, 분절의 빈자리를 메꾸는 작업이 필요하다.

또한, 사전은 완성품이 아니라 변해가는 언어의 양상을 보여주는 것이기에 지속적으로 개정판을 만들어야 한다. 『한국어명칭사전』의 경우도 예외는 아니다. 그런데, '명칭사전'의 경우는 개정판을 만드는 데 있어서 기존 사전보다 이점을 갖고 있다. 어휘의 의미변화를 분지의 첨가나 삭제, 분지의 방향성으로 간단히 나타낼 수 있기 때문이다. 기본 분절구조를 그대로 둔 상태에서,

---

12) 이미 시정곤(2000)에서 기존의 분절구조들을 서로 비교하고 통합하여 객관적인 분절구조체제를 수립하여 보다 커다란 부류의 어휘분절구조를 구축하자는 주장이 제기되었다.

변화한 정보에 해당하는 분지만 첨삭한다는 것은, 기존 사전이 개정판을 낼 때, 뜻풀이를 새로 쓰다시피 해야 한다는 부담감을 갖는다는 것과 대조를 이룬다고 할 수 있다.

그러면 구체적으로 "신체어"라는 어휘범주를 주제로 "한국어 신체어 명칭사전"을 편찬하는 방향에 대해 논의하도록 한다.

신체어는 한국어 기초어휘[13]의 중요한 부문을 차지하며, 어학습자가 한 언어를 배우기 위헤 필수저으로 습득해야 할 범주의 어휘이기도 하다. 신체어의 연구는 그 언어공동체에서 보는 인간에 대한 관점을 살핀다는 의의를 지니기도 한다. 이러한 신체어의 의미를 어휘분절구조들로 명료하게 제시하는 작업은 언어사용자와, 연구자, 제2언어 학습자들에게 도움이 될 것이며, 우리 민족의 언어자원을 풍부하게 하는 데에도 가치있는 작업이라 할 수 있다.

기존의 동적언어이론에 입각한 신체어에 대한 연구로는 김성환(1995), 오명옥(1995), 장은하(1996, 1997)등을 볼 수 있다. 이 가운데 오명옥(1995)와 장은하(1996)은 모두 '눈'에 대한 명칭을 보여주고 있다.

오명옥(1995)은 <외형>, <상태>, <소유자>로 상위분절하고, <외형>분절은 <색>, <개수>, <크기>, <생김새>로, <상태>는 <눈물어림>, <총기>, <정상>, <비정상>, <행위>로, <소유자>는 <일반사람>, <다수>, <불교>로 하위분절하는 구조를 보여주고 있다. 장은하(1996)는 <외형>과 <성상(性狀)>으로 상위분절하고, <외형>에서는 <크기>와 <균형>, <크기>는 <넓이>와 <부피>, 균형는 <정도>와 <색채>로 히위분절한다. <성상(性狀)>은 <성질>과 <상태>로 하위분절하는 구조를 보여준다.

이처럼, 동일한 '눈'의 명칭이라도 집필자에 따라 다른 하위분절을 보여준다는 것이 『한국어신체어명칭사전』을 실질적으로 집필하는데 있어서 단점으로 부각될 수 있다. 그러나 이러한 단점은 편찬작업 초기에 분류체계를 설정할 때 일러두기나 집필지침을 정하면서 충분히 조정이 가능하다고 여겨진다.

---

13) 기초어휘란 "일상생활에서의 언어 사용을 충족시킬 수 있는 최소한의 필수어로, 사용빈도가 높고 일정한 폐집합으로서의 체계성을 지니는 것"이라 정의될 수 있다(오미정 1999 : 2). 기초어휘에 대한 연구약사는 오미정(1999) 참조.

『한국어신체어명칭사전』을 편찬하기 위해서는 상위분절에 대한 기본적인 합의가 선행되고, 이 상위분절구조들이 입력된 분절구조틀을 집필자들이 공유하는 것이 중요할 것이다. 상위분절은 다른 명칭사전에서도 두루 쓸 수 있도록 추상적이며 보편적인 것이 타당하다. <상태>나 <위치>, <활동>을 상위분절에 놓고 <무늬>,<안>,<밖>같은 구체적인 것을 하위에 놓아서 이 사전 자체가 하나의 유기체적인 구성을 가질 수 있도록 편집해야 할 것이다.

이 밖에도 사전편찬의 실제적인 작업에서 나타날 수 있는 다수의 문제점들이 있을 수 있다. 그러나 이러한 문제점들은 사전편찬이란 큰 작업에서 예측 가능한 문제점들로, 이에 대한 해결책은 기존의 사전편찬작업에서 나온 연구서들을 분석하며 미리 그 해결책들을 마련할 수 있으리라고 여겨진다.

5. 결론

이제까지 동적언어이론을 바탕으로 한 한국어 시소러스 구축의 필요성과, 한국어 범용시소러스로서 한국어 명칭사전 편찬에 대해 논의하였다. 시소러스 구축에 있어서 동적언어이론의 적용 필요성에 대한 논의를 정리하면 다음과 같다.

1) 체계를 통해 어휘의 의미를 명시한다는 시소러스의 개념과 전체성, 체계성, 유기체성의 원리로 이루어진 어휘분절구조이론은 연결되는 바가 있다.
2) 기존의 번역시소러스의 문제점과, 외국의 모델을 기반으로 한 개념사전의 연구에서 살펴본 바와 같이 한국어를 위한 시소러스에는 한국어의 특성이 충분히 반영되어야 한다.
3) 시소러스에 한국어 특유의 어휘 의미관계를 명시하기 위해 시소러스 설계에 있어서 동적언어이론의 도입이 필요하다. 동적언어이론을 바탕으로 한 시소러스는 필연적으로 한국어의 특성과 한국인들의 정신세계를

투영한다.

4) 동적언어이론을 기반으로 한 시소러스에는 전문용어가 제외되므로 일반
   인들이 쓸 수 있는 범용시소러스의 성격이 분명해진다.
5) 기존 동적언어이론의 연구물들에서 원어휘소로 발견된 어휘들이 시소러
   스의 색인어나 주 개념어로 선정된다. 원어휘소는 각 어휘분절을 대표하
   는 개념어이다.
6) 동적언어이론을 바탕으로 한국어 범용시소러스로 쓸 수 있는 "한국어명
   칭사전"의 편찬이 시급하다.

언어를 통해 그 언어사용자들의 정신을 살필 수 있다고 할 때, 사전이란 그 언어사용자들의 정신을 집대성한 공간이라 할 수 있다. 또한 개별 어휘의 의미는 홀로 보여서 명확히 드러나지 않으므로, 인접 어휘들간의 관계를 통해 그 어휘의 의미구조를 해명하는 작업은 어휘학습자나 연구자들을 위해 꼭 필요한 작업이 된다. 『한국어명칭사전』은 어휘분절구조를 모아서 유기적으로 보여주는 사전으로, 기존의 사전이 지닌 한계인 어휘목록의 나열이라는 점을 극복하고, 사전 사용자에게 어휘의미를 明視적으로 보여주며, 표제어에 해당하는 각 어휘들의 분절구조가 모인 사전 하나가 거대한 유기체적 어휘분절구조가 된다는 장점을 갖는다. 또한 외국어학습자에게 『한국어명칭사전』은 자국어와 한국어의 공통점과 차이점을 알게 하고, 한국인의 문화와 정신을 배울 수 있도록 한다는 학습사전의 역할을 수행하게 될 것이다.

『한국어명칭사전』의 두드러진 특징이 될 수 있는 어휘분절구조는 개정판을 낼 때, 그 장점이 더욱 두드러질 것이다. 기존 사전에서는 개정판을 낼 때, 뜻풀이를 거의 다시 쓰다시피 하지만, 『한국어명칭사전』은 분절의 삽입과 삭제, 재편으로 그 의미차이를 보이기 때문이다.

거대한 작업이 되겠지만 『한국어명칭사전』의 편찬은 꼭 필요하다. 이 작업으로 한국인의 정신세계를 동시대인들에게 보이고, 후대의 한국인들에게 유산으로 물려줄 수 있는 것이다.

참고문헌

김광해 편(1987년) :『유의어 반의어 사전』.

남영신(1987년) :『우리말 분류 사전』.

박용수(1989년) :『우리말 갈래 사전』.

국립국어연구원(1993) :「국어 어휘의 분류 목록 연구(용역보고서)」, 국립국어연구원.

김수정(2000) :「한국어 개념사전 구축에 관한 연구」, 연세대 문헌정보학과 석사.

김재임(1994) :「'떡'명칭에 대한 고찰」,『한국어내용연구』1, 국학자료원.

박영순(2000) :『한국어은유연구』, 고려대 출판부.

배해수 편(1994) :『한국어내용연구』1, 국학자료원.

배해수(1998) :『국어 내용 연구(4)-한국어와 동적언어이론』, 고려대출판부.

배해수 · 김광해 · 최덕수(1998) :「한국화 정보 처리를 위한 학술용 시소러스 연구」,
　　　　　　한국학술재단지원 대학부설연구소 연구과제(1995)결과 보고.

배해수(1999 a) :「'새벽'명칭에 대한 고찰」,『한국어학』10, 한국어학회.

배해수(1999 b) :「동적언어이론과 한국어의 격연구 방안」,『국어의 격과 조사』, 한국
　　　　　　어학회.

배해수(2000) :「언어연구의 4단계와 한국어 어휘연구의 방안」,『21세기 국어학의 과
　　　　　　제』, 간행위원회 편, 월인.

시정곤(2000) :「분절구조의 몇 가지 문제」,『한국어와 모국어정신』, 한국어 내용학회 편.

오명옥(1995) :「<눈>명칭의 낱말밭」,『우리말내용연구』2, 우리말내용연구회.

오미정(1999) :「국어의 기초어휘 선정에 대한 연구-<신체>영역의 어휘를 중심으로」,
　　　　　　고려대 석사.

오재익(1997) :「영한대역 시소러스의 문제점에 대한 연구」, 중앙대 문헌정보학과 석사.

유형선(1994) : 「현대국어 밥 명칭에 대한 연구」, 『한국어내용연구』 1, 국학자료원.

이영자·이경호(1987) : 『정보학개론』, 경북대 출판부.

이재윤(1993) : 「동적 시소러스의 구축에 관한 실험적 연구」, 연세대 문헌정보학과 석사.

장은하(1996) : 「<눈>이름씨에 대한 고찰」, 『한국어내용론』 4, 한국어내용학회.

장은하(1997) : 「<눈부위>명칭에 대한 고찰」, 『우리어문연구』 10. 우리어문학회.

장은하(1998) : 「현대국어의 <손부위> 명칭에 대한 연구」, 고려대 석사.

정재헌(1995) : 「정보 검색을 위한 효율적인 시소러스 구조에 관한 연구」, 서울대 전
　　　　　　자계산학과 석사학위 논문.

한국어세계화추진위(1999) : 「한국어 교육 기초 어휘 의미 빈도 사전의 개발」(사업 보
　　　　　　고서), 문화관광부.

허 발(1981) : 『낱말밭의 이론』, 고려대 출판부.

Hartman R.R.K. & James Gregory(1998) : Dictonary of Lexicography. London and New Yor
　　　　　　k : Routledge

고려대학교 민족문화연구원 「한국학 국제화를 위한 다국어 정보 처리 방법론과 자원
　　　　　　개발 연구」 홈페이지 http : //ikc.korea.ac.kr/tul/tul7_01.htm

온라인 컴퓨터 용어사전 텀즈 http : //www.terms.co.kr/

지식공학의 온라인 시소러스 http : //www.ibookpia.com/

프린스턴 대학 워드넷 홈페이지 http : //www.cogsci.princeton.edu/~wn/

필자 : 오새내(고려대 대학원 박사과정)

전자우편 : saenae@hitel.net

Korean Thesaurus based on the Dynamic Linguistic Theory

OH, Sae-Nae

The purpose of this paper is to provide a necessity of Korean thesaurus based on the dynamic linguistic theory and to suggest some practical matters to compile a Korean thesaurus Dictionary. The reason this paper adopted the dynamic linguistic theory is that theory reflect to Korean specific lexical and mental field, and also Korean national culture. Originally Thesaurus means a book of words or of information about a particular field or set of concepts. The concept of "field of concepts" is connected to the Word—field Theory Therefore Korean thesaurus Dictionary has to keep the aspect of Korean individual lexical system.

(고려대 대학원)

〈시각(時刻)〉 명칭의 분절구조 고찰

배 해 수

1. 머리말

이 연구는 어휘분절구조이론(Wortfeld-theorie)에 기대어 현대국어의 〈시각〉 명칭 분절구조를 해명하기 위하여 시도된다. 이러한 연구는 궁극적으로 해당 객관세계에 대한 우리들의 관조방식을 발견하고, 나아가서 이러한 관점을 축으로 하여 구성되어 있는 어휘체계를 발견하고자 하는 목표를 겨냥하게 된다.

언어연구의 4단계 가운데 세 번째 단계인 직능 단계에서 창조된 성과들은 관점이라는 형식으로 모국어 속에 침전되는데, 이 성과는 개별 민족의 정신적인 반영 그 자체라 할 것이다. 이 성과에 대한 연구가 내용중심의 단계에 있어서 주된 과제가 되며, 이 내용은 직능의 결과이면서 정적(Ergon)인 특징도 가진다는 점에서, 동적인 특징(Energeia)의 직능과는 짝이 되기도 하고 또 대립되기도 한다.[1] 이 단계의 연구에서는 주로 언어적 중간세계의 구성, 즉 언어공동체 안에서 의식화되지 않은 채 활동하는 언어 내용을 의식화하는 작업을 수행한다. 음성형식과 짝을 이루고 있는 이 내용은 언어외적인 대상이 특정한 방식으로 파악되고 분류되고 범주화되며 판단되는 언어 체계를 그 조건으로

---

1) H. Gipper(1969) : *Bausteine zur Sprachinhaltsforschung*, Pädagogischer Verlag, Schwann, Duesseldorf, p.13 참조.

하는 구성 요소이기도 하다.[2]

동적언어이론에서의 언어연구는 한편으로는 어휘론, 조어법, 통어론, 품사론 등 언어 전반을 그 대상영역으로 삼으며, 다른 한편으로는 언어연구의 4단계 이론을 적용하게 된다. 이 가운데 어휘를 내용중심의 단계에서 고찰할 수 있도록 마련된 방법론이 어휘분절구조이론이다.

2. 원어휘소와 기본구조

<시각>은 {시간의 어느 한 시점, 시간의 어떤 순간에서의 시점, 시간의 흐르는 과정에서의 어떤 순간(시각과 시각과의 사이의 길이는 '시간'임)}으로 풀이된다. 이러한 풀이를 통하여 이 분절은 <때(시간)+시점+시간상의 과정>이라는 특성을 문제삼고 있는 것으로 이해될 수 있을 것 같다. 곧, <시각>분절은 단위 면에서 <시간(날과 분 사이)>을 기본으로 하되, <경과되는 특정한 과정>이라는 특성을 가지는 것으로 정의될 수 있을 것이다.

이 연구에서는 어휘자료의 수집에 있어서 다음의 사전류들을 참조하였다. 자료의 수집을 위해서는 문헌을 조사하여 해당 어휘를 발견하는 방법이 고려될 수 있으나, 이 방법을 따르게 되면, 각 어휘들의 실제적인 사용에 대한 정보를 충분하게 확보할 수 있다는 장점을 가지는 반면, 자료 수집에 있어서의 시간적 한계성과 개개의 언어 사용자자의 어휘지식과 어휘사용 선호도에 있어서의 한계성과 개별성이라는 단점도 가지고 있다. 자료 수집에 있어서는 설문에 의한 방법도 사용될 수도 있으나, 이 방법 역시 문헌에 의한 조사 방법과 마찬가지로 개개인에 따른 한계성과 개별성이라는 단점을 가지고 있다. 결국, 모국어에 등재되어 있는 어휘를 남김없이 고려의 대상으로 삼기 위해서는, 그리고 어휘에 대한 정보를 정확하게 파악하기 위해서는 사전을 참고하는 방식이 가장 확실하고 현실적일 것이다.

---

2) ibid. 136~137쪽 참조.

신기철·신용철 편저(1980) :『새 우리말 큰 사전 : 상·하』, 삼성출판사.

이가원·장삼식 편저(1973) :『상해 한자 대전』, 유강출판사.

이돈주(1992) :『한자학 총론』, 박영사.

이희승 편저(1986) :『국어 대사전』, 민중서림.

정소프트(주)(1997) :『컴퓨터용 전자사전 피시딕 7.0』.

조재수·유재원·안정애(2000) :『바른글 한국어 전자사전』, 한글토피아.

한글학회(1996) :『우리말 큰사전』, 어문각.

위의 사전류를 참조하여 조사된 어휘항목들을 형태순으로 나열하면 다음과 같다. 아래의 목록 속에는 전문용어들은 논의의 대상에서 제외되었다. 괄호 안의 숫자는 본문에서 논의되는 번호를 나타낸다.

간물때(7)	끼니때(8)	물때(4)
물때썰때(3)	물참(-站)(5)	밤낮(18)
사시(四時)(20)	삼시(三時)(14)	새때(12)
시각(時刻)(1)	시진(時辰)(2)	식간(食間)(13)
아침때(9)	아침저녁(16)	저녁때(11)
점심때(點心-)(10)	정각(正刻)(15)	조석(朝夕)(17)
주야(晝夜)(19)	찬물때(6)	

이 목록 속의 어휘들은 상호 협력하고 의존하는 가운데 하나의 전체를 구성하고 있는데, 이러한 전체성 해명을 위한 시도가 이 연구의 과제가 된다.

(1) 시각(時刻)

이 낱말은 전술한 바와 같이 {시간의 어느 한 시점, 시간의 어떤 순간에서의 시점, 시간의 흐르는 과정에서의 어떤 순간(시각과 시각과의 사이의 길이는 '시

간'임)}으로 풀이되고, <때(시간)＋시점＋시간상의 과정>이라는 특성을 문제삼
으면서 이 분절의 원어휘소로 자리하고 있다. 이 낱말은 {짧은 시간}이나 {(알맞
거나 좋은)기회}라는 내용과 함께 다른 분절에 관여하기도 한다.

　(2) 시진(時辰)

　이 낱말은 {시각}으로 풀이되고 있는데, 그러한 풀이를 바탕으로 이 낱말은
(1)의 [시각]과 함께 이 분절의 원어휘소의 자리에 위치하는 것으로 해명될 만
하다. 이 낱말은 {시간}이라는 내용과 함께 사용되기도 한다. 결국, 이 분절에
있어서 원어휘소의 자리를 공유하고 있는 것으로 이해될 만한 (1)과 (2)는 각
각 그 내용범위를 달리하면서 위상가치의 차이를 보이고 있는 셈이다.
　위의 두 낱말을 원어휘소로 하는 이 분절은 그 아래로 <자연환경>, <문화
환경>, <갈래>가 일차적인 관조의 대상이 되면서 하위분절되어 있음이 귀
납되었다. [그림1]은 이 분절의 이러한 기본구조를 보이기 위한 것이다.

[그림1] <시각> 명칭 분절의 기본구조

3. <자연환경>과 관련된 표현

이 <자연환경>의 분절에서는 <조수>만이 관조의 대상이 되어 있다.

(3) 물때썰때

이 낱말은 {밀물 때(시각)와 썰물 때(시각)}로 풀이되면서 <시각＋자연환경
＋조수>라는 특성을 문제삼고 있다.3) 이 낱말은 {사물의 형편이나 내용}이
라는 내용과 함께 다른 분절구조와 관계하기도 한다.

(4) 물때

이 낱말은 {밀물이 들어오는 때(시각)}이라 풀이되면서 <시각＋자연환경
＋조수＋밀물＋시작>이라는 특성을 문제삼고 있다. 이 낱말은 {아침, 저녁
조수가 들어오고 나가고 하는 때(시각)}이나 {밀물이 가장 높이 들어와 찼을
때}라는 내용과 함께 사용되기도 한다.

(5) 물참(－站)

(6) 찬물때

(5)는 {밀물이 가장 높이 들어와 찼을 때(시각)}라 풀이되는 낱말이며, (6)은
{밀물이 가장 높은 때나 시각}으로 풀이되는 낱말이다. 따라서 (5), (6)의 두 낱

---

3) 사전에 보이는 한자말 [조후 : 潮候]도 {미세기(조수)가 드나드는 시각}이라 풀이되면서 이
  분절에 관여하는 것으로 이해될 만한데, 이 낱말은 사전적 가치만을 가지는 한자말로 보여
  논외로 하였다.

말은 <시각＋자연환경＋조수＋밀물＋절정>이라는 특성을 공유하는 것으로 이해될 수 있다. 그런데, (5)는 {밀물이 들어오는 때(시각)}이라는 내용을 문제삼으면서 (4)의 [물때]와 같은 자리에 위치하기도 한다. 곧, (5)와 (6)사이, 그리고 (5)와 (4) 사이에는 내용범위 면에서 위상가치의 차이가 인정될 것 같다.

(7) 간물때

이 낱말은 {썰물이 가장 낮은 때(시각)}로 풀이되면서 <시각＋자연환경＋조수＋썰물＋절정>이라는 특성을 문제삼고 있다. 그러한 의미에서 이 낱말은 (5)의 [찬물때]와 대칭관계에 있는 것으로 이해될 수 있을 것 같다. 이 낱말은 {간조(干潮)}라는 내용과 함께 사용되기도 한다.

지금까지의 고찰에서 보인 바와 같이 <자연환경>의 분절에 있어서는 <조수>만이 관심의 대상이 되어 있다. <조수>의 아래에는 <밀물>과 <썰물>이 관조의 대상이 되어 있는데, 전자에서는 <시작>과 <절정>이 문제되어 있는 반면, 후자에서는 <절정>만이 문제되어 있다. [그림 2]는 이러한 <자연환경> 분절의 구조적 특징을 보이기 위한 것이다.

[그림 2] <자연환경>에 따른 표현의 분절구조

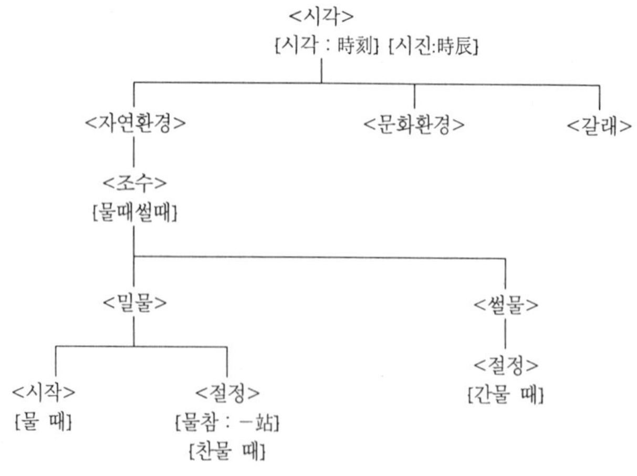

4. <문화환경>과 관련된 표현

이 분절은 <끼니(식사)>와 관련된 표현과 <지정(작정)>과 관련된 표현에 의하여 하위분절되는 것으로 귀납되었다.

(8) 끼니때

이 낱말은 {끼니를 먹을 때(시각)}로 풀이되면서 <시각＋문화환경＋끼니(식사)>라는 특성을 문제삼고 있다.[4]

(9) 아침때

이 낱말은 {아침밥을 먹게 될 때(시각)나 무렵}으로 풀이되면서 <시각＋문화환경＋끼니(식사)＋아침>이라는 특성을 문제삼고 있다. 이 낱말은 {아침인 그때, 아침녘}이라는 내용과 함께 사용되기도 한다.

(10) 점심때(點心－)

이 낱말은 {점심을 먹을 때(시각)}으로 풀이된다. 따라서 이 낱말은 <시각＋문화환경＋끼니(식사)＋점심>이라는 특성과 함께 해명될 것이다.

(11) 저녁때

위의 낱말은 {저녁밥을 먹을 때(시각)}로 풀이되면서 <시각＋문화환경＋

---

4) 사전에 보이는 한자말 [식시 : 食時]도 같은 방법으로 해명될 것 같다.

끼니(식사)＋저녁>이라는 특성을 문제삼고 있다. 이 낱말은 {저녁 무렵, 저녁
녘}이라는 내용과 함께 사용되기도 한다.

　결국, (9), (10), (11)은 시간상 계단대립의 관계에 있는 낱말들로 이해될 것이다.

　(12)　새때
　(13)　식간(食間)

　(12) 의 토박이말과 이에 상응하는 한자말 (13)은 공통적으로 {끼니와 끼니
사이의 때(시각)}으로 풀이되면서 <시각＋문화환경＋끼니(식사)＋(끼니와 끼
니)사이>라는 특성을 문제삼고 있다. 현재, (12)의 토박이말이 (13)의 한자말
에 비하여 사용분포 면에서 일반적으로는 열세에 있는 것으로 보이나, 농사나
건설 현장 등 노동에 종사하는 사람들의 경우는 그 반대로 (12)가 더 우세한
사용분포를 보이고 있는 듯하다.

　(14)　삼시(三時)

　이 낱말은 {아침, 점심, 저녁의 세 때}으로 풀이되면서 <시각＋문화환경＋
끼니(식사)＋아침과 점심과 저녁>이라는 특성을 문제삼고 있다. 그러한 의미
에서 이 낱말은 위의 (9), (10), (11)을 포함하는 것으로 이해될 것이다. 이 낱말
은 그 내용범위가 넓어서 {아침, 점심, 저녁의 세 끼니}, {과거와 현재와 미
래}, {농사에 중요한 세 시절, 즉 논밭을 갈고 씨 뿌리는 봄과 김 매는 여름과
곡식을 거두어들이는 가을의 세 철}, {세 끼를 먹고 하는 품일}과 같은 내용
으로 사용되기도 하며, 불교에서는 {정법시와 상법시와 말법시의 세 때}라는
내용과 함께 전문용어로도 사용되고 있는 것 같다.

(15) 정각(正刻)

이 낱말은 {작정한 시각. 바로 그 시각}으로 풀이되면서 <시각+문화환경
+지정(작정)>이라는 특성을 가지고 있다.

지금까지의 고찰에서 보인 바와 같이, 이 <문화환경> 분절은 <끼니(식
사)>와 <지정(작정)>을 관조의 대상으로 삼으면서 하위분절되어 있다. <끼
니>의 아래에는 <아침/점심/저녁>으로 이어지는 시간상의 계단대립의 분절
이 문제되어 있으며, <끼니와 끼니의 사이>가 관심의 대상이 되어 있다. [그
림 3]은 이러한 분절구조상의 특징을 보이기 위한 것이다.

[그림 3] <문화환경>에 따른 표현의 분절구조

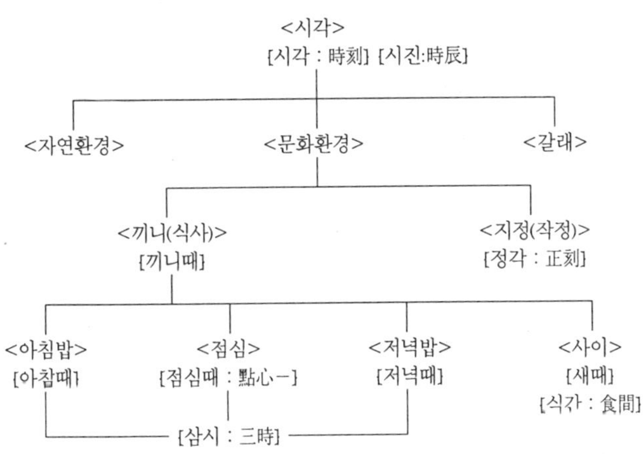

5. <갈래>와 관련된 표현

<시각의 갈래>가 문제되는 <날>의 하위범주에는 <새벽>, <아침>, <낮>,
<저녁>, <밤>이 자리하고 있는데, 이 분절들은 <시간+복수>라는 특성을
공유하면서 서로 인접하고 있다. 이들 가운데 <새벽>, <아침>, <낮>은 <

밝음>이라는 특성을 전제로 하는데 비하여, <저녁>과 <밤>은 <어두움>을 전제로 한다. 또한 시간적으로 <새벽>, <아침>, <낮>, <저녁>, <밤>은 계단대립의 형식을 갖추고 있다. [아침]은 {날이 샐 때부터 오전 반나절쯤까지의 동안, 날이 새고 얼마 안 된 때}라는 시점을 문제삼고 있다. [아침]과 인접하면서 그것보다 앞선 시점을 문제삼고 있는 [새벽]은 {밤이 거의 새고 날이 밝을 무렵, 날이 밝을 무렵, 먼동이 트기 전}이라는 시점을 문제삼고 있으며, [아침]보다 뒤의 시점을 문제삼고 있는 [낮]은 {해가 떠 있는 동안, 해가 뜰 때부터 질 때까지의 동안}이라는 시점을 문제삼고 있다. 그리고 [저녁]은 {해가 지고 밤이 되어 오는 때}라는 시점과 관계하면서 시간상으로 [낮]의 뒤에 이어지며, [밤]은 {저녁 어두운 뒤로부터 새벽 밝기까지의 동안}이라는 시점과 관계하면서 [낮]의 뒤에 이어지면서 [새벽]보다 앞서고 있다. 다음의 그림은 위의 다섯 분절들의 상호 관계를 보여 주는 전체적인 구조이다.

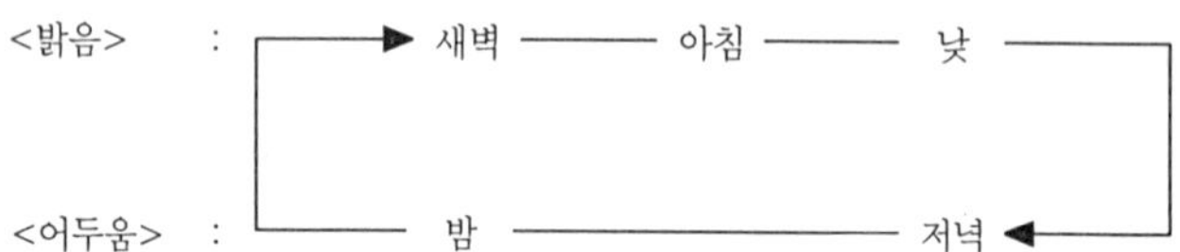

　　<갈래>의 하위분절상에 대해서는 필자가 각각 독자적으로 고찰한 바 있으므로, 여기서는 이들 갈래들의 상호 융합적인 표현들만을 논의의 대상으로 삼는다.5)

---

5) 이 갈래들의 하위분절상에 대하여는 필자의,
　　______(1998) : 「<아침> 명칭에 대한 고찰」, 『인문대 논집』 제17집(김동규 교수 회갑 기념호), 고려대학교 인문대학, 9~30쪽.
　　______(1999) : 「<낮> 명칭의 분절구조 연구」, 『한국어 내용론』 제6호(한국어와 세계관), 한국어내용학회. 5~38쪽.
　　______(1999) : 「<밤> 명칭에 대한 고찰」, 『우리어문 연구』 13집(한국어의 내용적 고찰), 우리어문학회, 1~40쪽.
　　______(1999) : 「<새벽> 명칭에 대한 고찰」, 『한국어학』 제10집, 한국어학회, 119~133쪽.
　　______(2000) : 「<저녁> 명칭의 분절구조 연구」, 『한국어 내용론 7』(한국어와 모국어 정신), 한국어내용학회, 51~73쪽, 참조.

(16) 아침저녁

이 낱말은 {아침과 저녁}으로 풀이되면서 <시각＋갈래＋아침과 저녁>이
라는 특성을 문제삼고 있다. 이 토박이말과 상응하는 다음의 한자말,

(17) 조석(朝夕)

도 {아침과 저녁}으로 풀이되면서 (15)와 같은 내용특성을 가지고 있다.[6] 그
러나, 이 낱말은 {아침밥과 저녁밥, 조석반}이라는 내용과 함께 사용되기도
한다는 점에서 (15)와는 내용범위에 있어서 차이를 보여준다.

(18) 밤낮

이 낱말은 {밤과 낮}으로 풀이되면서 <시각＋갈래＋밤과 낮>이라는 특성
을 문제삼고 있다. 이 낱말은 어찌씨로서 {늘, 항상}이라는 내용과 함께 사용
되기도 한다. 이 토박이말과 상응하는 한자말,

(19) 주야(晝夜)

도 {밤낮, 낮과 밤}으로 풀이되면서 같은 특성을 문제삼고 있다.[7] 이 한자말
은 {하루의 낮과 밤}이라는 내용과 함께 사용되기도 한다.

---

6) 사전에 보이는 한자말 [단모 : 旦暮], [단석 : 旦夕], [조모 : 朝暮] 따위도 같은 방법으로 해명
될 것 같다. 한자말 [단모]는 {평상(平常)}이나 {어떤 시기가 절박한 모양, 목숨이 얼마 남지
않은 것}라는 내용을 문제삼기도 하며, 한자말 [단석]은 {위급한 시기나 절박한 상태}라는
내용을 문제삼기도 한다.
7) 사전에 보이는 한자말 [주소 : 晝宵]나 [일야 : 日夜]도 같은 방법으로 해명될 것 같다. 이 한
자말들도 {밤과 낮, 밤낮}으로 풀이되기 때문이다.

(20) 사시(四時)

이 낱말은 {하루 중의 네 때(시각), 즉 단(旦 : 아침)과 주(晝 : 낮)와 모(暮 :
저녁)와 야(夜 : 밤)}로 풀이되면서 <시각＋갈래＋아침과 낮과 저녁과 밤>이
라는 특성을 문제삼고 있다. 이 낱말은 흔히 {봄과 여름과 가을과 겨울의 사
철, 사서(四序)}라는 내용과 함께 사용되기도 한다.8)

지금까지의 고찰에서 보인 바와 같이 <갈래>의 융합형으로서는 <아침과
저녁>, <밤과 낮>, <아침과 낮과 저녁과 밤>이 관조의 대상이 되어 있다.
[그림 4]는 이러한 <갈래>의 융합형 구조를 구조화한 것이다.

[그림 4] <갈래>에 따른 표현의 분절구조

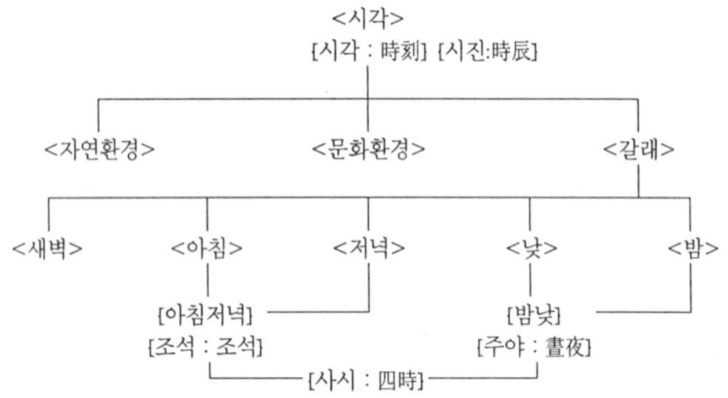

6. 마무리

이 연구는 어휘분절구조이론에 기대어 현대국어의 <시각> 명칭 분절구조를
해명하면서 해당 객관세계에 대한 우리들의 관조방식과 이러한 관점을 축으로
하여 구성되어 있는 어휘체계를 발견하기 위하여 시도된 것이다. 이러한 과제의

---

8) 이밖에도 융합형의 표현으로서, <새벽＋저녁>을 문제삼는 [신석 : 晨夕], <새벽＋밤>을
문제삼는 [신야 : 晨夜], <새벽＋황혼(저녁)>을 문제삼는 [신혼 : 晨昏] 따위가 사전에 등재
되어 있으나, 이 한자말들은 사전적 가치만을 가지는 것으로 보여 여기서는 논외로 하였다.

수행 과정을 통하여 발견된 특징들을 요약함으로써 결론을 삼으려 한다.

<시각> 명칭의 분절은 <때(시간)+시점+시간상의 과정>이라는 특성을 문제삼으며, <시간의 단위> 면에서 <시간(날과 분 사이)>을 기본으로 하되, <경과되는 특정한 과정>이라는 특성을 가지는 분절로 이해된다.

[시각(時刻)]과 [시진(時辰)]의 두 낱말을 원어휘소로 하는 이 분절에서는 그 아래로 <자연환경>, <문화환경>, <갈래>가 일차적인 관조의 대상이 되어 있다.

<자연환경>의 분절에 있어서는 <조수>만이 관심의 대상이 되어 있다. <조수>의 아래에는 <밀물>과 <썰물>이 관조의 대상이 되어 있는데, 전자에서는 <시작>과 <절정>이 관심의 대상이 되어 있는 반면, 후자에서는 <절정>만이 관조되어 있다.

<문화환경> 분절은 다시 그 아래로 <끼니(식사)>와 <지정(작정)>을 관조의 대상으로 삼으면서 하위분절되어 있다. <끼니>의 아래에는 <아침/점심/저녁>으로 이어지는 시간상의 계단대립의 분절이 문제되어 있으며, <끼니와 끼니의 사이>가 관심의 대상이 되어 있다.

<갈래>의 융합형으로서는 <아침과 저녁>, <밤과 낮>, <아침과 낮과 저녁과 밤>이 관조의 대상이 되어 있다.

참고문헌

강기룡(1994) : 「<무덤> 명칭의 낱말밭 고찰」, 『우리말 내용연구』 제2호, 우리말내용
연구회.

강상식(1987) : 「현대국어의 집짐승 이름씨에 대한 연구」, 고려대 교육대학원.

강호진(1993) : 「도이치말 'sehen' 동사의 분절구조와 우리말 '보다' 동사의 분절구조
의 비교에 대하여」, 고려대 대학원(박사학위논문).

김성대(1989) : 「Leo Weisgerber의 품사론」, 『언어 내용 연구』, 태종출판사.

김양진(1994) : 「<다툼>을 나타내는 동사의 낱말밭」, 『한국어 내용 연구』 제1집, 국
학자료원.

김영진(1994) : 「<비> 명칭에 대한 고찰-토박이말을 중심으로」, 『우리말내용 연구』
제2호, 우리말내용연구회.

______(1995) : 「<비> 명칭의 낱말밭 연구-한자말을 중심으로」, 고려대 교육대학원.

김영희(1998) : 「<Angst>에 대한 낱말밭 연구-독일어와 한국어의 형용사를 중심으로
-」, 『한국어 내용론』 제5호(모국어와 에네르게이아), 한국어내용학회.

김인자(1984) : 「Leo Weisgerber의 인류언어법칙에 대하여」 고려대 대학원.

김재봉(1988) : 「<착용> 동사의 낱말밭 연구」, 고려대 교육대학원.

김재영(1989) : 「Leo Weisgerber의 의미영역에 대하여」, 『언어 내용 연구』, 태종출판사.

______(1990) : 「Leo Weisgerber의 의의영역에 대한 연구」, 고려대 대학원(박사학위논문).

______(1994) : 「어휘 형성과 확대에 대한 내용중심적 고찰」, 『우리말 내용연구』 창간
호, 우리말내용연구회.

______(1996) : 『성능중심 어휘론』, 국학자료원.

______(1996) : 「G. Ipsen의 분절구조 이론」, 『한국어 내용론』 제4호, 한국어내용학회.

단국대학교 동양학연구소(1997) : 『한국 한자어 사전, 1. 2. 3. 4』, 단국대학교출판부.

박금용(1986) : 「<주다> 동사의 낱말밭 연구」, 고려대 교육대학원.

박병채(1989) :『국어 발달사』, 세영사.

박여성(1984) :「어휘소 구조에 대한 연구—특히 E. Coseriu의 어휘소론을중심으로」, 고려대 대학원.

박영순(1994) :『한국어 의미론』, 고려대출판부.

박영원/양재찬(1994) :『알기 쉬운 속담 성어 사전』, 국학자료원.

박영준/최경봉(1996) :『관용어 사전』, 태학사.

박정환(1990) :「E. Coseriu의 구조의미론 연구」, 부산대 대학원(박사학위논문).

______(1994) :「내용 연구 토대로서의 '밭' 개념」,『우리말 내용 연구』창간호, 우리말내용연구회.

배성우(1996) :「<그릇> 명칭에 대한 고찰」,『한국어 내용론』제4호, 한국어내용학회.

______(1997) :「<칼> 명칭에 대한 고찰」,『우리어문연구』제10집, 우리어문학회.

______(1997) :「<농기구> 명칭에 대한 고찰」,『우리어문연구』11집(한국어문학의 이해), 우리어문학회.

______(1998) :「국어 <모자> 명칭의 분절구조 연구—독일어와의 비교를 통하여」, 고려대학교 교육대학원(석사학위논문).

______(1998) :「<장> 명칭에 대한 고찰」,『한국어 내용론』제5호(모국어와 에네르게이아), 한국어내용학회.

______(1999) :「<배> 명칭의 분절구조 연구」,『한국어 내용론』제6호(한국어와 세계관), 한국어 내용학회.

______(1999) :「<자동차> 명칭에 대한 고찰」,『우리어문 연구』13집(한국어의 내용적 고찰), 우리어문학회.

______(2000) :「<궤도차> 명칭에 대한 고찰」,『한국어 내용론』제7호(한국어와 모국어 정신), 한국어내용학회.

______(2000) :「<수레> 명칭에 대한 고찰」,『21세기 국어학의 과제』, 월인.

배성훈(1999) :「<산> 명칭에 대한 고찰—<크기>를 중심으로」,『한국어 내용론』제6호(한국어와 세계관), 한국어 내용학회.

______(1999) :「<산> 명칭에 대한 고찰—<위치>를 중심으로」,『우리어문 연구』13집(한국어의 내용적 고찰), 우리어문학회.

______(2000) :「현대국어의 <산> 명칭에 대한 연구」, 고려대 대학원.

______(2000) :「<언덕> 명칭에 대한 고찰」,『한국어 내용론』제7호(한국어와 모국어 정신), 한국어내용학회.

배해수(1992) : 『국어 내용 연구 (2)』, 국학자료원.

______(1994) : 『국어 내용 연구 (3)－<친척> 명칭에 대한 분절구조』, 국학자료원.

______(1997) : 『국어 내용 연구(1)－수정판』, 고려대학교 민족문화연구소.

______(1998) : 『국어 내용 연구(4)－한국어와 동적언어이론』, 고려대학교출판부.

______(1998) : 「<아침> 명칭에 대한 고찰」, 『인문대 논집』 제17집(김동규교수 회갑

　　　　　기념호), 고려대학교 인문대학.

______(1999) : 「<낮> 명칭의 분절구조 연구」, 『한국어 내용론』 제6호(한국어와 세계

　　　　　관), 한국어 내용학회.

______(1999) : 「<밤> 명칭에 대한 고찰」, 『우리어문 연구』 13집(한국어의 내용적 고

　　　　　찰), 우리어문학회.

______(1999) : 「<새벽> 명칭에 대한 고찰」, 『한국어학』 제10집, 한국어학회.

______(2000) : 『국어 내용 연구(5)－그 방안과 실제』, 국학자료원.

______(2000) : 「<저녁> 명칭의 분절구조 연구」, 『한국어 내용론』 제7호(한국어와 모

　　　　　국어 정신), 한국어내용학회.

봉일원(1980) : 「언어와 언어공동체」, 고려대 대학원.

신기철/신용철 편저(1980) : 『새 우리말 큰 사전 : 상·하』, 삼성출판사.

신익성(1974) : 「Weisgerber의 언어 이론」, 『한글』 제153호, 한글학회.

______(1979) : 「Wilhelm von Humboldt의 언어관과 변형이론의 심층구조」, 『어학 연

　　　　　구』 15권 1호, 서울대 어학연구소.

심재기 외(1988) : 『의미론 서설』, 집문당.

심초보(1998) : 「언어능력과 모국어의 습득」, 『한국어 내용론』 제5호(모국어와 에네르

　　　　　게이아), 한국어내용학회.

안문영(1989) : 「Leo Weisgerber의 문학 연구」, 『언어 내용 연구』, 태종출판사.

안정오(1998) : 「훔볼트의 사상적 특징」, 『한국어 내용론』 제5호(모국어와 에네르게이

　　　　　아), 한국어내용학회.

______(1999) : 「기호의 언어철학적 고찰」, 『한국어 내용론』 제6호(한국어와 세계관),

　　　　　한국어 내용학회.

______(2000) : 「내용중심문법의 생성, 발전 그리고 전망」, 『한국어 내용론』 제7호(한

　　　　　국어와 모국어 정신), 한국어내용학회.

______(2000) : 「헤르더의 언어관과 언어교육」, 『한국학 연구 13』, 고려대학교 한국학

　　　　　연구소.

양태식(1984) :『국어 구조의미론』, 태화출판사.

엄선애(1989) :「언어와 사고」,『언어 내용 연구』, 태종출판사.

운허 용하(1980) :『불교 사전』, 동국역경원.

이가원 · 장심식 편저(1973) :『상해 한자 대전』, 유강출판사.

이관규(2000) :「내용중심문법의 분절화 영역 확대 시고」,『한국어 내용론』제7호(한
　　　　　　　국어와 모국어 정신), 한국어내용학회.

이규호(1978) :『말의 힘』, 제일출판사.

이돈주(1992) :『한자학 총론』, 박영사.

이미영(1994) :「<눈> 명칭에 대한 고찰」,『우리말 내용연구』제2호, 우리말내용연구회.

＿＿＿＿(1995) :「<옷> 명칭의 낱말밭 연구―<재료>를 중심으로」, 고려대 교육대학원.

이성준(1993) :『언어 내용 이론―통어론을 중심으로』, 국학자료원.

＿＿＿＿(1994) :「작용중심 언어 연구에 대한 개관」,『우리말 내용 연구』창간호, 우리
　　　　　　　말내용연구회.

＿＿＿＿(1999) :『훔볼트의 언어철학』, 고려대학교출판부.

＿＿＿＿(2000) :「훔볼트의 언어관에 나타나는 형식과 소재의 문제」,『한국어 내용론 7
　　　　　　　(한국어와 모국어 정신)』, 한국어내용학회.

이승명(1980) :『국어 어휘의 의미구조에 대한 연구』, 형설출판사.

이을환/이용주(1975) :『국어 의미론』, 현문사.

이희승 편저(1986) :『국어 대사전』, 민중서림.

임지룡(1987) :「어휘대립의 중화현상」,『국어교육 연구』19호, 국어교육연구회.

＿＿＿＿(1989) :『국어 대립어의 의미 상관 관계』, 형설출판사.

＿＿＿＿(1997) :『인지의미론』, 탑출판사.

임환재 옮김(1984) :『언어학사』(G. Helbig : Geschichte der neueren Sprachwissenschaft),
　　　　　　　경문사.

장기문(1994) :「<아이> 명칭에 대한 고찰(1)―<출생>을 중심으로」,『우리어문 연
　　　　　　　구』8집, 우리어문연구회.

＿＿＿＿(1995) :「<아이> 명칭에 대한 고찰(2)―<성>, <현황>을 중심으로」,『우리
　　　　　　　말 내용 연구』제2호, 우리말내용연구회.

＿＿＿＿(1995) :「<아이> 명칭에 대한 고찰(3)―<현황> 분절을 중심으로」,『한국어
　　　　　　　내용론』제3호, 한국어내용학회.

＿＿＿＿(1997) :「<노비> 명칭에 대한 고찰(1)」,『우리어문연구』11집(한국어문학의

이해), 우리어문학회.

______(1998) : 「<노비> 명칭에 대한 고찰(2)-<상황> 중심의 분절구조」, 『한국어 내용론』 제5호(모국어와 에네르게이아), 한국어내용학회.

______(1999) : 「현대 국어의 <직업인> 명칭에 대한 고찰(1)」, 『한국어 내용론』 제6호(한국어와 세계관), 한국어 내용학회.

______(1999) : 「현대국어의 <직업인> 명칭에 대한 연구(2)-<전문가-기술가(기술자)를 중심으로」, 『우리어문 연구』 13집(한국어의 내용적 고찰), 우리어문학회.

______(2000) : 「현대국어 <여자> 명칭의 분절구조 연구」, 고려대 대학원(박사학위논문).

______(2000) : 「현대국어<직업인> 명칭에 대한 고찰(3)」, 『한국어 내용론』 제7호(한국어와 모국어 정신), 한국어내용학회.

장병기(1987) : 「소쉬르와 랑그」, 『한글』 제196호.

장석진(1992) : 『화용론 연구』, 탑출판사.

장영천(1989) : 「Leo Weisgerber의 조어론」, 『언어 내용 연구』, 태종출판사.

장은하(1996) : 「<눈> 이름씨에 대한 고찰」, 『한국어 내용론』 제4호, 한국어내용학회.

______(1997) : 「<얼굴> 명칭에 대한 고찰」, 『우리어문연구』 11집(한국어문학의 이해), 우리어문학회.

______(1998) : 「<입> 명칭에 대한 고찰」, 『한국어 내용론』 제5호(모국어와 에네르게이아), 한국어내용학회.

______(1998) : 「현대국어의 <손부위> 명칭에 대한 연구」, 고려대학교 대학원(석사학위논문).

______(1999) : 「현대국어의 <몸> 명칭에 대한 연구」, 『한국어 내용론』 제6호(한국어와 세계관), 한국어 내용학회.

______(2000) : 「현대국어의 <가슴> 명칭의 분절구조 연구」, 『한국어 내용론』 제7호(한국어와 모국어 정신), 한국어내용학회.

전수태(1987) : 『국어 이동동사 의미 연구』, 한신문화사.

전영완(1987) : 「Wilhelm von Humboldt의 언어유형학에 대한 연구」, 고려대대학원.

전지선(1998) : 「인간과 세계에 대한 언어의 관계」, 『한국어 내용론』 제5호(모국어와 에네르게이아), 한국어내용학회.

정미숙(1975) : 「Leo Weisgerber의 das Worten der Welt의 개념에 대하여」, 『Turm』 제

4 · 5집, 고려대학교 독어독문학회.

정소프트(주)(1997) :『컴퓨터용 전자사전 피시딕 7.0』.

정시호(1994) :『어휘장이론 연구』, 경북대 출판부.

______(2000) :「가족유사성 개념과 공통속성」,『한국어 내용론』제7호(한국어와 모국
　　　　어 정신), 한국어내용학회.

정영완(1987) :「Wilhelm von Humboldt의 언어유형학에 대한 연구」, 고려대대학원.

정태경(1999) :「<떡> 명칭의 분절구조」,『한국어 내용론』제6호(한국어와 세계관),
　　　　한국어 내용학회.

______(1999) :「<국> 명칭의 분절구조」,『우리어문 연구』13집(한국어의 내용적 고
　　　　찰), 우리어문학회.

______(2000) :「<밥> 명칭의 분절구조」,『한국어 내용론』제7호(한국어와 모국어 정
　　　　신), 한국어내용학회.

정혜령(1994) :「<바람> 명칭에 관한 고찰」, 고려대 교육대학원.

조재수 · 유재원 · 안정애(2000) :『바른글 한국어 전자사전』, 한글토피아.

조항범(1988) :「국어 친척 호칭어의 통시적 고찰(4)」,『개신 어문연구』5 · 6집, 충북대.

천시권 · 김종택(1973) :『국어 의미론』, 형설출판사.

최경봉(1992) :「국어 관용어 연구」, 고려대 대학원.

최창렬 · 심재기 · 성광수(1986) :『국어 의미론』, 개문사.

최호철(1994) :「현대국어 규정소의 의미체계」,『우리말 내용 연구』창간호, 우리말내
　　　　용연구회.

______(2000) :「현대국어 감탄사의 분절구조 연구」,『한국어 내용론』제7호(한국어와
　　　　모국어 성신), 한국이내용 학회.

하길종(1994) :「<힘> 명칭에 대한 고찰(1)-<근원>, 특히 <유정성>을 중심으로」,
　　　　『우리말 내용연구』제2호, 우리말내용연구회.

______(1998) :「<힘> 명칭에 대한 고찰(2)-<양상>, <주체>를 중심으로」,『한국
　　　　어 내용론』제5호(모국어와 에네르게이아), 한국어내용학회.

______(1999) :「<힘> 명칭에 대한 고찰(3)-<근원(무정성)>을 중심으로」,『우리어
　　　　문 연구』13집(한국어의 내용적 고찰), 우리어문학회.

______(2000) :「<풀> 명칭의 분절구조」,『한국어 내용론』제7호(한국어와 모국어 정
　　　　신), 한국어내용학회.

한글과컴퓨터(1995) :『윈도우즈용 흔글 우리말 큰사전 1.0』.

한글학회(1992) :『우리말 큰사전』, 어문각.

______(1995) :『국어학 사전』.

허　발(1981) :『낱말밭의 이론』, 고려대출판부.

______옮김(1976) :「낱말밭과 개념밭에 대하여」,『한글』제158호, 한글학회.

______옮김(1985) :『구조의미론』, 고려대출판부.

______옮김(1986) :『언어내용론』, 고려대출판부.

______옮김(1993) :『모국어와 정신 형성』, 문예출판사.

허　웅(1981) :『언어학-그 대상과 방법』, 샘문화사.

______(1983) :『국어학-우리말의 오늘. 어제』, 샘문화사.

______(1999) :『20세기 우리말의 통어론』, 샘문화사.

______(2000) :『20세기 우리말의 형태론(고친판)』, 샘문화사.

홍석준(1990) :「말 명칭에 대한 연구-현대 국어를 중심으로」, 고려대 교육대학원.

홍승우(1989) :「Wilhelm von Humboldt의 언어개념」,『언어 내용 연구』, 태종출판사.

K. Baldinger(1980) : Semantic Theory, Basil Blackwell Publishers, Oxford.

W. L. Chafe(1973) : Meaning and Structure of Language, The University of Chicago Press.

E. Coseriu(1971) : Sprache, Strukturen und Funktionen, Tuebingen.

________(1973) : Probleme der Strukturellen Semantik, Tuebingen.

H. Geckeler(1973) : Strukturelle Semantik des Franzoesischen, Max Niemeyer Verlag, Tuebingen.

H. Gipper(1969) : Bausteine zur Sprachinhaltsforschung, Paedagogischer Verlag, Schwann, Duesseldorf.

________(1974) : "Inhaltbezogene Grammatik", Grundzuege der Litera-tur und Sprachwissenschaft, Band 2. Deutsche Taschenbuch Verlag.

________(1984) : "Der Inhalt des Wortes und die Gliederung der Sprache", Duden Grammatik, Duden Verlag, Wien/Zuerich.

G. Helbig(1974) : Geschichte der neueren Sprachwissenschaft, Rowohlt Taschenbuch Verlag, Leipzig/Muenchen.

______(1961) : "Die Sprachauffassung Leo Weisgerbers-Zum Problem der 'funktionalen' Grammatik-", Der Deutchunterricht (Sprach-lehre III), Stuttgart.

W. v. Humboldt(1979) : Werke, Band 3. Schriften zur Sprachphilosophie, Cott'asche Buchhandlung, Stuttgart.

M. Ivić(1970) : Trends in Linguistics, Mouton/Co. N. V., Publishers, The Hague.

G. Ipsen(1932) : "Der neue Sprachbegriff", Wege der Forschung(1973), Wissenschaftliche Buchgesellschaft, Darmstadt.

J. Lyons(1979) : Semantics 1. 2. Cambridge University Press, Cambride.

______(1981) : Language and Linguistics—An Introduction—Cambridge University Press, Cambridge.

E. A. Nida(1975) : Componential Analysis of Meaning, Mouton Publishers, The Hague.

C. K. Ogden/I. E. Richards(1946) : The Meaning of Meaning, Harcourt Brace Jovanovich Book, New York/London.

P. H. Salus(1969 ed.) : On Language—Plato to von Humboldt—, Holt, Rinehart and Winston, Inc., New York.

J. Trier(1931) : "Ueber Wort—und Begriffsfelder", Wege der Forschung(1973), Wissenschaftliche Buchgesellschaft, Darmstadt.

______(1934) : "Deutsche Bedeutungsforschung", Wege der Forschung(1973), Wissenschaftliche Buchgesellschaft, Darmstadt.

S. Ullmann(1967) : Semantics—An Introduction to The Science Of Meaning—, Oxford, Basil Blackwell.

L. Weisgerber(1929) : Muttersprache und Geistesbildung, Goettingen.

______(1962) : Grundzuege der inhaltbezogenen Grammatik, Duesseldorf.

______(1963) : Die Vier Stufen in der Erforschung der Sprachen, Paedagogischer Verlag, Duesseldorf.

______(1964) : Das Menschhcitsgesetz der Sprache, Quelle/Meyer Verlag, Heidelberg.

______(1965) : "Die Lehre von der Sprachgemeinschaft", Frankfurter Hefte Zeitschrift fuer Kultur und Politik, Duesseldorf.

______(1971) : Die Geistige Seite Der Sprache und ihre Erforschung, Paedagogischer Verlag, Schwann, Duesseldorf.

(고려대 교수)

A Study on the Wordfield of Nouns Expressing
〈sigak(Definite Point of Hour)〉 in Modern Korean

Bae Hae Soo

We can apply 'wordfield-theory' to finding out the viewpoints of Korean people contemplating the physical world. In this paper I made an attempt to conduct researches in the wordfield of the nouns expressing <시각>(definite point of hour) in modern Korean language.

As the result of this study, I made certain of following facts.

(1) In this structure two words, [시각] and [시진], are fulfilling their functions as archilexemes.

(2) This structure is related to three viewpoints, <natural environment>, <cultural environment> and <classification>.

훔볼트의 관점에서 본 「대화」 개념의 이원론

이 성 준*

1. 머리말

인간이 다른 동물들과 뚜렷하게 구별되는 요인은 인간만이 이성과 오성을 지니고 정신생활을 영위한다는 점이다. 인간의 정신생활은 본질적으로 언어를 통해서 실현된다. 언어는 단순히 인간 생활에서 생겨나는 어떤 결과나 상황들을 전달하기 위한 수단으로만 간주될 수는 없다. 인간은 스스로 말을 행하면서 그의 정신생활과 정신활동을 실행에 옮기고 있는 것이다. 따라서 사고(Denken)란, 개인적인 결심이나 의도에서 나중에야 비로소 말로 나타나는 예비적인 정신의 행위가 아니다. 오히려 사고는 이미 내면적으로는 말을 하고 있는 행위라고 보아야 한다.[1]

또한 언어는 인간의 내적 세계에 존재하며 '말하기'(Sprechen)를 가능케 하는 어떤 힘이 사유될 수 있다는 점에서 보편적이라고 할 수 있는데, 이것은 오로지 언어적 활동 속에서만, 즉 개별적인 주체가 그때그때 말을 행하고, 이해하는 행위 속에서만 존재가치를 지닌다.[2]

---

* 고려대교수

1) J. Nosbüsch : Der Mensch als Wesen der Sprache. Meisenheim a. Glan 1972(이하Mensch), S. 91 참조.

2) L. Jäger : "Aspekte der Sprachtheorie Wilhelm von Humboldts." In : Wilhelm von Humboldts

19세기의 위대한 언어사상가 훔볼트(W. v. Humboldt, 1767~1835)에 의하면, 이러한 보편적인 언어능력이 나타나는 특유의 활동형식, 즉 그때 그때의 '말하기'와 '이해'(Verstehen)라는 특유의 형식은 바야흐로 보편성이 개별성(Individuali-tät)으로 실현된 것으로 인식될 수 있다. 그의 견해에 따르면, 본디 언어는 상호간에 끊임없이 생산되어지는 말행위와 사고행위 이외의 그 어떤 행위에 의해서도 실제적인 존재의 근거를 얻지 못한다.3)

의심할 여지없이 언어는 '나'(Ich)와 '너'(Du)사이의 관계를 형성하는 매개체이다. 왜냐하면 죽어있지 않고 생생하게 통용되는 언어라면 결코 독백은 아니며 대화(Dialog)이기 때문이다. 대화는 나의 존재뿐 아니라 너의 존재를 구체적으로 형성하며, 정신적인 실상을 객관적으로 지각할 수 있게 해준다.4)

본 논문의 의도는 훔볼트의 언어관에서 핵심사항 중의 하나로 등장하는 대화개념(Dialogbegriff)의 문제를 구체적으로 다루어 보는 데 있다.

2. 「대화」개념의 기본인식

인간의 사고는 그 대상에 대한 직접적인 접근로를 갖고 있지 않다. 인간의 사고가 일단 투명한 것이 아니라고 본다면, 이것에 대한 규정은 사물에서 기인하는 감각들이 중개하는 표상(Vorstellung)의 명백성을 추구하는 일이 된다. 물론 표상 그 자체는 '말'로 표현되어질 때 감각적 형태를 얻는다. 표상은 '말' 속에서 주관적인 힘에 맞서 객체(Objekt)로 되고, 그것 자체로서 새롭게 지각되어 주관적 힘으로 되돌아온다. 오로지 사고는 고유의 주관성에서 유래하는 객관성 속에서만 사고에 적합한 대상과, 명백한 개념을 얻는다. 아울러서 사고는 고유의 주관성에 직면하여 세계관이라는 고유의 관점을 발전시킨다.5)

Sprachdenken. hrsg. v. H.-W. Scharf, Essen 1989, S. 171 참조.

3) W. v. Humboldt : "Grundzüge des allgemeinen Sprachtypus" (1824-1826). Bd. 5. In : Gesammelte Schriften. hrsg. v. A. Leitzmann u. a. 17 Bde, Berlin : Behr(Nachdruck), de Gruyter 1968, S. 395 참조.

4) J. Nosbüsch : Mensch. S. 92 참조.

5) T. Borsche : Sprachansichten. Der Begriff der menschlichen Rede in der Sprachphilosophie Wilhelm von

홈볼트에 의하면 언어는 내적으로, 외적으로 인간에게 영향을 미치는 외부 세계의 대상들과 인간 사이에 위치한다. 따라서 언어는 인간과 세계 사이의 매개체가 되고, 주관성과 객관성 사이의 중개역할을 하는 중요한 기능을 수행한다.[6] 이 경우 언어의 구체적인 실현으로서의 '말하기'는 인간 사고의 필연적 조건으로 등장한다. 그러나 이것은 여전히 사고의 충분한 조건으로 이해되지는 않는다. '말하기' 자체는 사고가 추구하는 객관성을 실제로 완성하지 않는다. 왜냐하면 '말하기'가 홀로 형성하는 세계는 환상(Traumbild)과 구별될 수 없기 때문이다.[7]

홈볼트에 있어서, 언어는 필연적으로 두 사람 사이에서 구체적으로 실현되어지지만 실제로는 인간종족 전체와 관련되어 있다. 이런 현상은 언어라는 개념이 지니는 본질적 요소이다. 언어는 주체와 객체 사이를 중개할 뿐만 아니라 주체와 주체 사이를 중개한다. 또한 대상의 개념은 이것이 유동적인 상상의 집단으로부터 떨어져 나와 주체에 맞서 객체로 형성되는 사이에 사고 내에서 형성된다. 이 작업은 실제적인 낱말의 분절(Artikulation)을 거쳐 행해진다. 그렇지만 홈볼트의 관점에서 볼 때 이와 같은 개념의 분리가 주체 속에서만 일어난다고 단정지을 수 없다. 왜냐하면 주관적인 진술은 오로지 순간적인 객관성만을 보증하며, 사상을 고정시킬 수는 없기 때문이다. 객관성이란, 사유하는 사람이 사상을 실제로 바깥 쪽에서 인식할 때 비로소 완성되는데, 이 것은 그와 동일하게 사유하는 다른 사람에게서만이 가능하다. 물론 사고는 오로지 개념들에 대해서만 지각능력을 가지지만, 개념들은 실제로는 다른 사람의 사고분절(Denkgliederung) 속에 있을 때 구체적으로 인식될 수 있다.[8]

'말하기'와 '듣기'는 동일한 행위의 두 가지 측면이기 때문에 한 쪽이 다른 쪽에 어떤 것을 부가하지는 않는다. 그렇기 때문에 들을 수 없는 상태에서 말을 하거나, 말할 수 없는 상태에서 듣는 것은 가능한 일이다. 왜냐하면 동일한

Humboldts. Stuttgart 1981(이하 Begriff), S. 277 참조.

6) S. M. Kledzik ; "Wilhelm von Humboldt." In : Sprachphilosophie. hrsg. v. M. Dascal u. a. 1. Halbband. Berlin 1992(이하 Sprachphilosophie), S. 374 참조.

7) T. Borsche : Begriff. S. 278 참조.

8) Ebd., S. 279 참조.

행동이라는 점에서 각각의 측면은 오로지 전체로서 인식되기 때문이다. 이를 근거로 언어학은 전통적으로 이상적인 말할이—들을이(Sprecher—Hörer)라는 개념을 설정할 수 있었다. 훔볼트는 말을 하는 행위의 개념이 인간과 인간 사이의 그 어떤 전달에 주의를 기울이지 않고서도 실현된다는 점에서 이것을 언어개념의 유아론적(solipsistisch) 추상화와 연관지어 언급한 적이 있다.9) 그렇지만 그는 스스로 이에 대해 반증을 제기한다. 말하자면 그는 언어가 현실세계에서 사용될 때에는 오로지 사교적으로만 전개된다고 보았다.10) 그에 있어서는 의심할 여지없이 말을 하는 행위와 응답하는 행위는 실제로 상대방을 필요로 하면서 다른 어떤 개념으로 환원되거나 교체될 수 없는 완전한 언어개념에 속한다.11)

훔볼트에 의하면, 사고의 필연적 조건에는 언어라는 요소가 선험적으로 (transzendental) 추론될 수밖에 없다. 인간에 있어서 만약 어떤 것이 사유되어야 한다면 이것은 당연히 말로 구체화되어야 한다. 정신적 존재인 인간은 감각적 수단인 언어를 통해서만 사유할 수 있는데, 이 경우 언어는 주체를 감성 (Sinnlichkeit)에 맡기는 것이 아니다. 바야흐로 언어는 주체로 하여금 생소한 외부세계를 제어할 수 있도록 도와주는 역할을 수행한다.12)

훔볼트에 있어서 언어는 순수 주관적 현상으로 이해되지 않으며, 말할이와 들을이 사이에서 수행되는 대화적 현상으로 인식된다.13) 훔볼트의 대화개념에 대한 본질에 접근하고자 하는 사람은 먼저 그의 언어관을 음미해 보아야 한다. 왜냐하면 '대화'에 관한 훔볼트의 사고도 의심할 여지없이 후자와 분리되어 다루어질 수 없기 때문이다. 주지하는 바 훔볼트에 있어서 언어는 활동, 즉 에네르게이아(Energeia)로서 오로지 발생적으로만 규정될 수 있다. 따라서 훔볼트의 관점에서 본 언어의 본질에 따르면, 언어는 결코 종결상태에 이를

---

9) Ebd., S. 280 참조.

10) Ebd., S. 281 및 W. v. Humboldt : "Über die Verschiedenheiten des menschlichen Sprachbaues" (1827-1829). Bd. 6. In : GS. a.a.O.(이하 Verschiedenheiten), S. 155 참조.

11) T. Borsche : Begriff. S. 280 참조.

12) J. Navarro-Pèrez : Sprache und Individuum. Wuppertal 1993, S. 98 참조.

13) F. Schneider : Der Typus der Sprache. Münster 1995(이하 Typus), S. 218 참조.

수 없으며, 끊임없이 새롭게 생성되는 정신적 과정으로 간주된다. 왜냐하면 그에 있어서 인간의 정신이나 정신활동은 다 같이 언어에 구속되어 있기 때 문이다.[14] 훔볼트는 언어의 이와 같은 양태를 다음과 같이 정의내리고 있다 :

> Eine Sprache ist auch nicht einmal in der durch sie gegebenen Masse von Wörtern und Regeln ein daliegender Stoff, sondern eine Verrichtung, ein geistiger Prozeß, wie das Leben ein körperlicher. Nichts, was sich auf sie bezieht, kann mit anatomischer, sondern nur mit physiologischer Behandlung verglichen werden, nichts in ihr ist statisch, alles dynamisch.[15]
>
> (언어는 결코 언어를 통해 주어져 있는 낱말과 규칙들의 집단 속에 놓여있 는 질료가 아니라 실행이며, 삶이 육체적 과정인 것처럼 언어는 하나의 정신 적 과정이다. 언어에 관련되는 어떠한 것이라도 해부학적 처리와 비교될 수 없으며, 단지 생리학적 처리와 비교될 수 있을 따름이다. 언어 속에는 정적 인 것은 아무 것도 없으며, 모든 것은 동적이다.)

그러므로 훔볼트에 있어서 언어는 문법과 어휘목록 속에 수록되어 있는 체 계로 간주되는 것이 아니라, 내적인 정신활동을 통해 세계를 언어적 표현으로 바꾸어놓는 동적인 개변으로 간주된다.[16] 그에 있어서 언어는 분절된 음성을 사상(Gedanke)의 표현으로 만들어줄 수 있는 정신활동에 해당하는데, 이것은 끊임없이 되풀이되는 작업이다.[17]

19세기의 일반적인 언어관과 배치되는 이와 같은 언어의 본질규정이 필연 적으로 훔볼트가 낱말과 의미(Bedeutung) 또는 월과 의의(Sinn)에 내해 '사상'의 우선권을 지적하고 있다고 말할 수는 없다. 오히려 이것은 언어가 본질적으로 말을 하는 행위이며, '말하기'야말로 늘상 대상들을 개념의 범주에 포함시키

---

14) A. Burkhardt : "Der Dialogbegriff bei Wilhelm von Humboldt." In : Sprache und Bildung. Beiträge zum 150. Todestag Wilhelm von Humboldts. hrsg. v. R. Hoberg, Darmstadt 1987(이하 Dialogbegriff), S. 144 참조.

15) W. v. Humboldt : Verschiedenheiten. S. 146.

16) I. Werlen : Sprache, Mensch und Welt. Darmstadt 1989, S. 50 참조.

17) W. v. Humboldt : "Über die Verschiedenheit des menschlichen Sprachbaues und ihren Einfluß auf die geistige Entwicklung des Menschengeschlechts."(1830-1835). Bd. 7. In : GS. a.a.O.(이하 Verschiedenheit), S. 46 참조.

고 있는 부단한 행위라는 것을 시사하고 있다.[18]

이로써 언어연구에서 관찰방식의 변화가 폭넓게 발생한다. 왜냐하면 그때 그때의 언어에 비해 말을 하는 행위의 우선권이 두드러지기 때문이다. 요컨대 보편 언어가 상이한 개별 언어들로 나타나는 것이 인정된다면, 후자는 나름대로 실제적인 창조활동 속에서, 즉 개별적인 '말하기'로 나타난다고 볼 수 있다. 아울러서 언어가 실현되어지는 과정에 초점을 맞춘다면 언어는 원천적으로 동적인 활동으로 입증되어진다.[19]

홈볼트의 사상에서 언어는 본질상 생동하는 담화의 모습으로 존재한다. 언어는 역사적으로는 그때그때마다 전승되어진 민족어로 규정되는데, 이것은 한 사회 속에 거하는 개개인에 의해 각각 개별적인 방식으로 모국어로서 습득된다. 또한 각각의 언어는 역사적으로 규정됨과 동시에, 여러 세대에 걸친 공동작업을 통해 생산되어 전수된 기호체계(Zeichensystem)와 개념체계(Begriffssystem)로서 나름대로 고유한 세계관을 내포하고 있다. 그러나 개개인들은 이것을 '말하기'라는 간주관적인(intersubjektiv) 공동유희를 통해 점차로 변화시킬 수 있다.[20]

각각의 언어는 집단적인 공동의 소유물임에도 불구하고 언제나 개개인의 소유물로서 실현된다. 또한 인간은 본디 사교적인 성향을 지닌다. 물론 세계 자체는 인간이 행하는 사고와 행위의 대상이다. 그러나 인간의 사고는 본질적으로 언어에 기인하며, 지각을 통한 인간의 인식은 오로지 주관적이다. 그렇기 때문에 인간은 객관적인 지식을 얻기 위해, 그리고 스스로와 대화상대방인 동료 및 사물에 대한 간주관적 의사소통을 위해 언어를 필요로 한다.[21]

결국 홈볼트에 있어서 언어는 개별적인 '말하기'라는 대화적 층위에서만 존재한다. 언어는 재료상으로 고정된 최종적인 존재물이 아니며, 정신적인 존재 가치를 지닌다. 그와 동시에 언어는 오로지 인간의 두뇌와 마음 속에서만 체

---

18) A. Burkhardt : Dialogbegriff. S. 144 참조.
19) D. Di. Cesare : "Wilhelm von Humboldt." In : Klassiker der Sprachphilosophie. hrsg. v. T. Borsche. München 1996, S. 285 참조.
20) A. Burkhardt : Dialogbegriff. S. 156 참조.
21) Ebd.

계로서 나타난다. 그렇기 때문에 또한 훔볼트에 있어서 언어의 정의는 전반적으로 '말하기'의 정의와 일치한다. 이 경우 필연적으로 정신적 작용형식에 일치하는 음성처리가 요구되는데, 이 경우 발성기관을 거쳐 정신의 힘에 의존하게 되는 '분절'이야말로 본디 언어의 본질에 속하며 언어와 사상이 하나로 실현되어지는 지렛대의 역할을 수행한다.[22]

훔볼트는 언어에 대한 적절한 이해를 얻어내기 위해 '결합된 말'(verbundene Rede)을 연구의 기점으로 삼는다. 그에 있어서는 낱말이나 월이 아니라 말을 하는 실제의 행위야말로 언어의 본질에 대한 구체적 이해를 얻는 출발점이 된다. 그렇지만 우리가 언어 속에서 존재할 수 있는 언어행위 전체를 언어로 규정한다면 이러한 언어행위는 다시금 전체의 부분일 뿐이다. 문자로 고정된 언어행위들은 철저하게 언어연구에서 생명력으로 우선 채워져야 하는 미이라의 특성을 지닌다. 따라서 문법과 어휘목록은 실제로 행해진 말행위와 비교하면 죽어있는 뼈대와 같은 것인데, 예를 들면 언어학적인 연구목적에 맞게 특별하게 준비되어져야 하는 인위적인 조작물과 같은 것이다.[23] 훔볼트는 이에 대해서 다음과 같이 서술하고 있다 :

Die Sprache, in ihrem wirklichen Wesen aufgefaßt, ist etwas beständig und in jedem Augenblicke Vorübergehendes. Selbst ihre Erhaltung durch die Schrift ist immer nur eine unvollständige, mumienartige Aufbewahrung, die es doch erst wieder bedarf, daß man dabei lebendigen Vortrag zu versinnlichen sucht. Sie selbst ist kein Werk(Ergon), sondern eine Tätigkeit(Energeia). Ihre wahre Definition kann daher nur eine genetische sein. Sie ist nämlich die sich ewig wiederholende Arbeit des Geistes, den artikulierten Laut zum Ausdruck des Gedanken fähig zu machen. Unmittelbar und streng genommen, ist dies die Definition des jedesmaligen Sprechens, aber im wahren und wesentlichen Sinne kann man auch nur gleichsam die Totalität dieses Sprechens als die Sprache ansehen.[24]

---

22) Ebd., S. 145 참조.
23) S. M. Kledzik : Sprachphilosophie. S. 374 참조.
24) W. v. Humboldt : Verschiedenheit. S. 45f.

(언어란, 그 실제적인 본질의 측면에서 보면 매 순간 순간마다 끊임없이 지나가 버리는 어떤 것이다. 문자를 통한 언어의 보존마저도 언제나 불완전하며, 미이라와 같은 모습을 보여주는 보존에 불과한데, 이것은 다시금 생생한 말투로의 구체화를 필요로 한다. 언어 자체는 작품(에르곤)이 아니라, 활동(에네르게이아)이다. 그렇기 때문에 언어에 대한 참된 정의는 오로지 발생적일 수밖에 없다. 요컨대 언어는 분절된 음성을 사상의 표현으로 만들 수 있는 영원히 반복되는 정신활동이다. 직접적으로, 그리고 엄밀히 말해서 이것은 그때 그때의 말하기에 대한 정의이다. 그러나 또한 본질적인 실제의 의미에서는 말하자면 이 말하기의 전체만을 언어로 간주할 수 있다.)

말을 하는 행위의 구체화는 실제로 수행되는 각각의 언어행위에서 두가지 양상을 보여준다. 즉 언어의 사용과 언어의 생산(Erzeugung)인데, 후자는 말이 실행되어질 때마다 현실화되어지는 인식능력, 특히 상상력의 창조적 활동에 해당한다. 그렇기 때문에 언어에 관한 인류학적인 적절한 정의는 언어행위의 창조 과정을 부각시키는 숙명적인 부분임에 틀림없다. 인간의 창조성을 조건으로 하는 언어의 동적 특성에 따르면 언어는 끊임없이 형성되면서 변화를 겪는데, 훔볼트에 있어서 이 부분에 대한 강조는 결국 '말하기'의 전체성을 언어로 간주할 수 있는 근거를 제공한다.[25]

인류학적인 측면에서 보면 언어는 확실히 인간 자체의 본질에 속하기도 한다. 왜냐하면 언어는 인간이 세계를 자신의 소유물로 만드는 형식(Form)이기 때문이다. 언어는 인간 사고의 필연적인 완성인 동시에 인간을 그 자체로 인간답게 하는 성향을 자연스럽게 전개시키고 있는 것이다.[26]

훔볼트에 있어서 사고를 가능하게 하는 언어의 역할은 언어의 결정적 기능이다. 언어는 사고의 가능성에 대해, 더 나아가서 홀로 떨어져 있는 개개인의 사고에 대한 전제조건이기 때문에 인간은 그가 생각할 수 있는 것을 자연스럽게 말로 표현할 수 있는 것이다. 인간의 사고는 세계와 대면해서 세계를 파악하려고 부단히 노력한다. 이 경우에도 언어는 개념형성의 가능성에 대한 필

---

25) S. M. Kledzik : Sprachphilosophie. S. 374f. 참조.
26) A. Burkhardt : Dialogbegriff. S. 145 참조.

연적 조건이다. 따라서 언어는 사고의 조건인 동시에 인간에 있어서의 세계형성의 가능성에 대한 조건이 된다. 요컨대 언어는 존재하는 것(Seiendes)을 확실하게 규정할 수 있는 전제조건이기 때문에, 말하자면 어떤 것이 우리에게 특정한 상황과 속성을 지닌 어떤 대상으로 나타나게 하는 역할을 하기 때문에 언어는 선험적이다.[27]

결국 훔볼트에 있어서 언어는 사고의 객체로서의 대상을 선험적으로 형성하게 되는데, 이것은 대상세계를 구성하는 존재론적 기능이 언어에 부여됨을 의미한다. 훔볼트는 사고의 객체를, 성찰이 진행될 때 사고 자체 속에서 유리되어지는 객체로 해석했다.[28]

바야흐로 언어는 사고의 조건이기 때문에 인간에게는 필연적 요소이다. 아울러서 언어가 사상형성을 가능하게 하기 때문에 인간은 인간으로서의 존재가치를 지닐 수 있다. 또한 언어의 현존은 다른 사람들과의 공동체적 사고를 갖기 위해 절대적으로 필요하다. 공동체적 사고는 또한 동일한 세계관, 즉 모국어적 세계관이 동일하다는 것을 의미한다. 의심할 여지없이 모국어적 세계관을 지닌 언어를 통해 바야흐로 공동체적 사고가 형성된다. 그러므로 훔볼트에 있어서 원래의 언어구조의 특이성(Eigentümlichkeit)은 민족(언어공동체)의 특이성 이외에는 어떠한 다른 근거도 가질 수 없다.[29]

그에 있어서 언어공동체는 일정한 언어를 통해 그 특징이 표시되는 인류의 정신적 형식인데, 이것은 관념적인 전체성과 관련되어 개별화되어 있다.[30] 그에 의하면, 민족의 모든 언어주체들에게는 공통의 생활공간 때문이든, 공통의 문화적, 언어적, 학문적 전통 때문이든 동일한 종류의 주관성이 언어를 통해 작용하므로, 각각의 언어에는 제각기 고유의 세계관이 기초로 설정되어있다. 바야흐로 훔볼트에 있어서 언어의 창조는 인류의 내면적 욕구이며, 공동체적

---

27) A. Burkhardt : Dialogbegriff. S. 146 참조.
28) G. Ramischwili : "Die erste theoretische Arbeit Wilhelm v. Humboldts und die philosophische Tradition" In : Zeitschrift für Phonetik. Bd. 32. 1979, S. 611 참조.
29) W. v. Humboldt : "Inwiefern läßt sich der ehemalige Kulturzustand der eingebornen Völker Amerikas aus den Überresten ihrer Sprachen beurteilen?"(1823). Bd. 5. In : GS. a.a.O., S. 15 참조.
30) W. v. Humboldt : Verschiedenheiten. S. 125 참조.

교류의 유지를 위한 외적인 욕구이다. 또한 언어의 창조는 인류의 정신적 힘의 발전과 세계관 획득을 위해 인류의 본성 자체에 내재하는 필수불가결한 욕구이다.31)

홈볼트의 견해에 따르면, "사상을 형성하는 기관"으로서의 언어는 인간과 세계 사이를 중개하는 기능을 지니고 있다. 결국 이러한 기능의 실현은 객관화를 말하는데, 이것은 주관과 주관 사이에서 획득되어진 간주관적 형성개념을 거쳐 수행된다. 그리고 개개인의 주관적 표상은 언어를 통해 주관성으로부터 유리되는 일없이 실제적인 객관성으로 옮겨지게 된다.32) 이것은 세계에 대한 인간 사고의 방향설정을 의미한다.

언어를 통한 인간의 사고는 다수의 상이한 언어들로 표명된다. 각각의 언어는 물론 동일한 과제를 풀고 있지만, 이것은 각각 다르게 실행된다. 홈볼트의 견해에 따르면, 사고는 언어 전체에 의존하고 있을 뿐만 아니라, 어느 정도까지는 개개인의 특정한 언어에도 의존하고 있음이 분명하다.33)

언어적 세계관은 구체적인 언어의 요소가 아니며 정신적 영역에 속하는 내면적인 짜임새로 볼 수 있다. 이것은 보편적인 성향(Disposition)에 기초하고 있으며, 한 언어에서 다른 언어로 넘어가는 것을 허용하는 보편적 과제의 해결에 중요한 역할을 한다. 그럼에도 사고 자체는 각각 개별적인 언어에 의존할 수밖에 없다.34)

언어는 인간과 세계 사이에 정주하고 있으며, 세계인식(Welterkenntnis)의 수단이기 때문에, 언어의 경계는 바로 인간세계가 겪게 되는 경계에 해당한다. 또한 각각의 언어마다 특이한 세계관이 있기 때문에, 말하자면 그 언어를 사용하는 민족구성원들인 개개인들의 세계관이 놓여있기 때문에 한 언어에서 다른 언어로의 번역은 한 세계관으로부터 다른 세계관으로 옮겨가는 것을 의미한다. 그렇지만 어떤 경우에도 결코 완벽한 일치는 존재하지 않는다. 언어

---

31) W. v. Humboldt : Verschiedenheit. S. 20 참조.
32) A. Burkhardt : Dialogbegriff. S. 146 참조.
33) J. Trabant : "Wilhelm von Humboldts Akademiereden über die Sprache." In : Menschheit und Individualität. hrsg. v. E. Wicke. u. a. Weinheim 1997, S. 91 참조.
34) Ebd., 92 참조.

는 자연의 영역을 인간의 세계, 즉 민족 내에서의 개개인의 세계로 변형시킨다. 그렇기 때문에 세계의 이해란, 오로지 언어 속에서만, 그리고 언어를 통해서만 가능한 것이다.[35]

말을 하는 사람들은 개별적 측면에서 보면 결코 동일한 언어로 말하고 있는 것은 아니다. 또한 각 사람은 부득이 다른 사람의 말을 자신의 방법으로 해석할 수밖에 없다. 이런 관점에서 우리 모두는 동일한 사고세계에 살고 있는 것이 아니며, 각자는 고유의 세계관을 나름대로 구사하고 있다고 말할 수 있다.[36]

그러므로 말을 하는 행위와 이해하는 행위는 언제나 개별적인 행위들일 수밖에 없다. 그런 의미에서 보면 개개인은 서로 다르게 조음하며, 다르게 이해한다. 또한 각자는 나름대로 고유한 표상(Vorstellung)들을 지니고 있다. 따라서 언어에 의해서만 중개될 수 있으면서도 언어와 무관한 사상은 존재하지 않는다. 이해하는 행위는 역사적으로 전래된 민족의 소유물로서의 언어를 토대로 하는 개별적인 과정이다. 그렇기 때문에 한 언어의 영역 내에서 '이해'(Verstehen)란, 대화상대자들에 의한 표상방식(Vorstellungsweise)들이 불가분적인 어떤 한 지점에서 합치하는 것이 아니라, 보다 일반적인 부분에서 일치하는 것이다. 말하자면 보다 개별적인 부분에서는 사고의 영역이 합치되지 않는 것을 뜻한다.[37]

달리 표현하면 '이해'란, 대화상대자들의 사고의 유효범위 내에서만 가능한 것으로 간주될 수 있다. 이 경우에는 인류 전체가 본질적으로는 단 한 개의 언어만을 소유한다는 훔볼트의 인류학적 보편개념에 배치되는 것처럼 보인다. 그러나 한 개의 언어가 상이하게 여러 개의 언어들로 나타나고 있는 언어의 보편성과 개별성이라는 변증법적 해석이 필요하다.[38]

---

35) A. Burkhardt : Dialogbegriff. S. 146f. 참조.

36) T. Borsche : "Denken-Sprache-Wirklichkeit." In : Menschheit und Individualität. a.a.O., S. 75 참조.

37) 이것은 정보이론으로부터 언어이론에 차용된 교신부호이론(Kodetheori)에 있어서 말할이와 들을이가 공유하는 부호의 코드가 서로 정확하게 일치하지는 않는 것과 같은 맥락이다 (Linguistik I, Lehr-und Übungsbuch zur Einführung in die Sprachwissenschaft. hrsg. v. O. Werner u. F. Hundsnurscher, Tübingen 1979, S. 27 참조).

훔볼트에 의하면, 대화가 진행될 때 사상과 감정이라는 측면에서의 모든 일
치는 '이해'의 개별성 때문에 곧바로 파기되어진다. 그럼에도 훔볼트는 이해
가 행해질 때마다 '몰이해'(Nicht-Verstehen)를 수반하는 언어의 역동적인 본성
을 요컨대 양해(Verständnis)가 존재할 수 있는 이유로 단정한다.[39]

언어는 개개인에 구속되어 있는 동시에 개별적인 소유물로 간주될 수 있다.
왜냐하면 언어는 그때그때의 말을 하는 행위에 기초하기 때문인데, 상황
(Situation)에 의존한다고 말할 수도 있다. 언어는 또한 개개인의 지식과 상상을
통해 제약을 받는다. 그럼에도 주체와 주체 사이의 의사소통이 가능한 것은
개인 자체가 인류라는 상위개념(보편성)에 관여되어 있기 때문이다.[40]

본질상 낱말들은 형식적인 측면이나 내용적인 측면에서 개인 및 그때 그때
의 말하기와는 분리될 수 없는 요소이기 때문에, 말을 기본적 단위로 하는 담
화에서는 개개인의 특성이 드러나기 마련이다. 또한 언어는 일찍이 집단적인
인식 체계와 의사소통 체계로 이용되었기 때문에 오로지 언어만이 개별적인
표현수단일 수 있다. 언어는 말로 표명되고, 개개인들 사이에서 발생하기 때
문에, 언어연구에서 담화(Gespräch)는 근본적으로 중요한 위치를 점유한다.[41]

훔볼트에 있어서 세계는 오로지 언어적으로 가공된 세계, 즉 언어로 개변된
세계로만 다루어질 수 있다. 그렇지만 이 세계의 형성은 순수 자의적이 아니
다. 주관적 활동은 대상들로부터 감성적으로 취해진 인상들을 하나의 통합적
인 처리방식을 통해 새로운 객체, 즉 의미를 지니는 명료한 음성형태들로 만
들게 된다. 이런 관점에서 주관적으로 관련된 부분과 객관적으로 관련된 부분
이 하나의 통합체인 전체로서 결합되는 언어의 중개기능이 중요하게 인식된
다.[42]

앞에서 언급한 것처럼 언어는 늘상 개별적으로 실현되어지지만 이것을 객
관화하기 위해서는 다른 사람을 필요로 한다. 언어는 오로지 세계와 인간이

---

38) W. v. Humboldt : Verschiedenheit. S. 51 참조.
39) F. Schneider : Typus. S. 219f. 참조.
40) A. Burkhardt : Dialogbegriff. S. 147 참조.
41) Ebd., S. 148 참조.
42) S. M. Kledzik : Sprachphilosophie. S. 374 참조.

개별적으로 등장하는 모습만을 보여준다. 따라서 언어는 조망상으로는 언제나 주체 쪽에 구심점을 둔다. 그리고 간주관적인 교류가 비로소 이러한 성향을 막을 수 있다. 궁극적으로 이러한 과정이 진행되는 이상적인 현상을, 훔볼트는 "전 인류의 주관성이 다시금 그 자체로 객관적인 어떤 것"으로 형성되는 단계로 간주한다.[43]

그러므로 훔볼트의 언어이론과 인식이론의 배경에는 '대화'에 바탕을 둔 진리의 개념이 기초로 되어 있다. 이러한 진리의 인식, 보다 정확히 말해서 대화의 객관화를 위해서는 다른 사람의 존재가 필연적인데, 인간이 본질적으로 사회 생활을 영위한다는 점에서 이것은 자명하다. 그러므로 인간과 인간의 교제를 구체화하고 행위와 인식에서의 공통점을 실현시키기 위해서는 언어가 대화의 수단으로서 절대적으로 필요한 존재이다.[44]

의심할 여지없이 언어와 언어사용자인 인간은 다같이 교제를 지향하는 성향을 지닌다. 따라서 세계인식과 세계해석(Weltauslegung)의 수단으로서 객관적인 시각을 획득하기 위해 언어는 필연적으로 다른 대화상대자에 의존하고 있는 것이다.[45] 훔볼트는 주관적 활동으로부터 객관적인 인식의 과정에서 요구되는 언어의 역할을 다음과 같이 서술한 바 있다 :

> Subjektive Tätigkeit bildet im Denken ein Objekt. Denn keine Gattung der Vorstellungen kann als ein bloß empfangendes Beschauen eines schon vorhandenen Gegenstandes betrachtet werden. Die Tätigkeit der Sinne muß sich mit der inneren Handlung des Geistes synthetisch verbinden, und aus dieser Verbindung reißt sich die Vorstellung los, wird, der subjektiven Kraft gegenüber, zum Objekt und kehrt, als solches auf neue wahrgenommen, in jene zurück. Hierzu aber ist die Sprache unentbehrlich. Denn indem in ihr das geistige Streben sich Bahn durch die Lippen bricht, kehrt das Erzeugnis desselben zum eignen Ohre zurück. Die Vorstellung wird also in wirkliche Objektivität hinüberversetzt, ohne darum der Subjektivität entzogen

---

43) W. v. Humboldt : "Über das vergleichende Sprachstudium in Beziehung auf die verschiedenen Epochen der Sprachentwicklung"(1820). Bd. 4. In : GS. a.a.O.(이하Sprachstudium), S. 27 참조.
44) A. Burkhardt : Dialogbegriff. S. 148 참조.
45) Ebd., S. 149 참조.

zu werden. Dies vermag nur die Sprache[46]

　(주관적 활동은 사고 내에서 객체를 형성한다. 왜냐하면 어떠한 종류의 표
상들도 이미 현존하는 대상을 단순히 수용적으로 음미하는 것으로 간주될
수는 없기 때문이다. 감성의 활동은 정신의 내면적인 행위와 통합적으로 결
합되지 않으면 안된다. 이러한 결합으로부터 표상이 떨어져 나와 주관적 힘
에 맞서 객체로 되고, 이 표상은 객체로서 새롭게 지각되어 주관적 힘으로
되돌아온다. 그러나 이를 위해서는 언어가 필수불가결하다. 왜냐하면 언어
에서는 정신적 활동이 입술을 통해 관철됨으로써 정신적 추구의 산물이 자
신의 귀로 되돌아오기 때문이다. 그러므로 표상은 실제의 객관성으로 옮겨
지게 되는데, 이로 인해 주관성과의 관계가 끊어지는 것은 아니다. 오직 언
어만이 이 일을 행할 수 있다.)

3. 「대화」의 이원론

　언어능력이란, 인간만이 지니는 고유의 자질에 속한다. 이것이 선험적 능력
인지, 아니면 후천적으로 인간에게 습득될 수 있는 요소인지에 대해서는 논란
이 계속되어 왔다. 언어를 단순한 의사소통의 수단으로 간주하는 언어관은 인
간이 한편으로는 협약에 의거하여 세계형성적 힘이 없는 다수의 기호들, 즉
많든 적든 미리 주어져 있는 세계를 정확하게 지시하는 데에 쓰이는 기호들
로 단순화하는 것을 의미한다. 또 다른 편으로 이것은 언어를 인간에게는 외
면적인 어떤 것, 즉 사회적 의사소통에 대한 외적인 욕구해소의 보조수단으로
사유함을 뜻한다.[47]

　그러나 훔볼트는 이러한 극히 제한적인 협약주의적 견해들을 극복하고 있
다. 훔볼트에 있어서, 언어의 발생은 인류의 내면적인 욕구이며 상호 교류를
유지하려는 외적인 욕구이다. 그 뿐만 아니라 이것은 언어가 지니는 정신적

---

46) W. v. Humboldt : Verschiedenheit. S. 55.
47) D. Di Cesare : "Wilhelm von Humboldt." a.a.O., S. 278 참조.

힘들을 발전시키려는 욕구인 동시에, 인간만이 도달할 수 있는 세계관을 획득하려는 욕구, 즉 언어의 본질 자체 내에 놓여있는 필수불가결한 욕구이다. 왜냐하면 인간은 다른 사람과의 공동체적 사고를 토대로 자기의 사고를 투명하고도 확실하게 규정하기 때문이다. 따라서 훔볼트에 있어서 언어는 인간 존재의 기관(Organ)일 뿐만 아니라, 이러한 존재 자체이다.[48]

  의심할 여지없이 언어는 다른 사람들과 함께 참여하는 공동체로부터 생겨나며, 본질적으로 대화에 바탕을 두고 있다. 대화에서 말을 하는 행위는 목하 다른 사람과 함께 있는 것을 의미하며, 다른 사람에 접근하는 행위이다. 훔볼트에 따르면 이것은 '너'(Du)와 인간적으로 관련되어 있는 상태를 표현하고 있는 것이며, 무엇인가에 대해서 자기의 생각을 진술하는 행위인데, 필연적으로 이에 상응하는 것으로서 '이해'를 전제로 한다. 이 경우 다른 사람의 응답 가능성은 대화상대자들이 공동으로 관여하는 언어적 한계를 통해 제약을 받는다.[49] 이와 같은 현상에 대해 훔볼트는 다음과 같이 서술하고 있다 :

> Es liegt aber in dem ursprünglichen Wesen der Sprache ein unabänderlicher Dualismus, und die Möglichkeit des Sprechens selbst wird durch Anrede und Erwiederung bedingt.[50]

> (언어의 원초적인 본질 속에는 변경할 수 없는 이원론이 자리잡고 있다. 그리고 말하기 자체의 가능성은 말을 거는 행위와 응답하는 행위에 의해 제약을 받는다.)

  대화란, '나'와 '너'를 전제로 하는 말행위이다. 대개는 이들 중 한 사람이 말을 하는 동안 다른 사람은 경청하는 게 일반적이다. 이 경우 '나'와 '너'로 이루어지는 '나—너' 공동체는 여타의 다른 인간관계와는 상당한 차이를 보여준다. 훔볼트는 1827년 *Über den Dualis*(쌍수에 대하여)라는 논문에서, 경험상

---

48) W. v. Humboldt : Verschiedenheit. S. 14 및 20 참조.
49) A. Burkhardt : Dialogbegriff. S. 149 참조.
50) W. v. Humboldt : "Über den Dualis"(1827). Bd. 6. In : GS. a.a.O.(이하Dualis), S. 26.

으로 입증가능한 언어적, 문법적 사실로서의 이분법을 연구의 기점으로 삼고, 이 문제를 심도 있게 다룬 바 있다.[51]

홈볼트에 있어서 이원론(Dualismus)은 모든 사고가 '나'와 '너' 사이의 대화처럼 제시될 수 있다는 가능성에서 출발한다.[52] 그의 명제에 따르면, 언어 속에는 확실히 이원론이 자리잡고 있으며, 주체만이 홀로 존재할 수는 없다. 말하자면 각각의 사고(Denken)는 다른 사람과 말을 하는 행위이므로 언어의 본질은 언제나 말을 거는 행위와 응답하는 행위로 사유될 수 있다는 것이다. 이 경우 사고의 주체와 객체가 문제시되는 것은 필연적이다.[53]

홈볼트의 이원론에 따르면, 인간의 인식은 '유리된 어떤 두뇌'가 그의 사상을 방해받지 않고, 모든 선입견으로부터 벗어나 자유롭게 발전시킴으로써 얻어지지는 않는다. 오히려 인간은 다른 인간들과 대면하여 어떤 확실한 감정을 얻어냄으로써 인식의 영역에 도달한다. 따라서 이원론에서는 절대권을 가진 주체라는 관념은 파기되고, 사유된 것(Gedachtes)을 계속 다른 사람을 통해 검증하지 않으면 안되는 불확실한 주체라는 관념이 대두된다. 말하자면 앞에서 언급한 것처럼 인간에 있어서 사고는 본질적으로 사교적일 수밖에 없다. 인간은 육체적, 감성적 관계들을 제외한다면 단순한 사고를 위해 '나'에 상응하는 '너'를 필요로 하고 있는 것이다.[54] 그러므로 홈볼트의 이원론에서는 순수한 '나'가 언어보다 선행하는 것이 아니며, 주체와 객체가 포함된 모든 구별들은 대화상대자와 말을 행할 때 비로소 구체화된다.[55]

홈볼트의 언어관에서 이분법(Zweiheit)은 물론 사색적 차원에 속하는 개념이지만, 이것은 인간 자체와 세계에 대한 인간의 언어적 접근을 해명하는 경험적 층위에 속하는 핵심적 개념으로 간주된다. 이것은 영원 불변적인 이원론으

---

51) A. Burkhardt : Dialogbegriff. S. 149 참조.

52) 홈볼트는 Dualismus라는 용어를 S. 26(Dualis), S.160(Verschiedenheit)에서 사용하고 있으며, S. 25(Dualis)에서는 Zweiheit(이분법)가 나온다(J. Navarro-Pèrez : Sprache und Individuum. a. a. O., S. 99 참조).

53) Ebd., S. 100 참조.

54) Ebd., S. 101 및 W. v. Humboldt : Verschiedenheiten. S. 160 참조.

55) J. Navarro-Pèrez : Sprache und Individuum. a.a.O., S. 103 참조.

로서 대화의 변증법적인 기본관계로서 받아들여져야 한다.[56]

그에 있어서 진정한 의미의 쌍수(Dualis)는 수열에서의 무한히 많은 수들 중의 하나에 해당하는 '둘'이라는 수 개념에 기초하는 것이 아니라, 이분법의 개념에 기초한다. 그의 관점에 따르면, 쌍수는 말하자면 '둘'이라는 숫자의 집합적인 단수(Kollektivsingular)이다. 왜냐하면 이 경우 복수란, 단지 개별적으로 적절한 경우에 한에서만 여러 개로서 존재하는 상태를 다시금 단일 상태로 환원시키기 때문이다. 그렇기 때문에 쌍수는 다수의 형식(Mehrheitsform)으로서, 그리고 잘 짜여진 전체의 표기로서 복수의 성질과 단수의 성질을 공유한다고 보아야 한다. 그러므로 쌍수의 개념은 다원성(Vielheit)과 단일성(Einheit)이라는 두 가지 요소를 모두 내포하고 있다. 그런 의미에서 '대화'는 다원성 속의 단일성으로 해석될 수 있을 것이다.

쌍수의 기초가 되는 이분법은 자연 속에서만 나타나는 게 아니라(예 : 하늘과 땅, 낮과 밤, 대칭되는 신체부분들), 인간의 사고에서도 드러난다(명제와 반대명제). 이것은 말이 진행되는 상황 속에서도 발견될 수 있다. 이처럼 얼핏 보아 모순된 느낌을 보여주는 단일성과 이원성의 공존은 자연적인 현실 뿐만 아니라 사회적 현실 속에서도 입증되고 있다. 아무튼 이런 현상은 수많은 언어들에서 문법적인 쌍수형식을 이용하여 표현되어진다.[57]

대화에서 정보를 전달하는 역할은 물론 언어가 담당한다. 그렇지만 '나'와 '너'의 관계설정은 언어가 효과적으로 작동되도록 하는 필연적인 요소이다. 쌍수로 통합되어 있는 '나'와 '너'의 대립은 아무 것도 공유되지 않는 '나'와 '그 사람'(Er), '나'와 '나 아닌 사람'(Nicht-Ich)사이의 대립에서 연역된다. 말하자면 '나'와 '나 아닌 사람' 사이에는 현격한 대립만이 존재하고 있지만, 아무런 쌍수적인 공동체는 아니다.[58]

훔볼트에 있어서 '너'는 '나'와 대립되는 '그 사람'이다. '너'는 직접적으로

---

56) M. Riedel : "Sprechen und Hören." In : Protokollband, Teil I, hrsg, v. A. Spreu, Berlin 1986, S. 207f. 참조.

57) A. Burkhardt : Dialogbegriff. S. 150 참조.

58) Ebd.

주체의 자유가 공표되는 선택을 통해 모든 존재의 영역으로부터 도출되어 '나'와 대비되어진다. 왜냐하면 이 순간 주체가 다른 사람을 '너'로 선택하지 않기 때문이다.[59] 훔볼트에 있어서 '나'와 '그 사람'은 실제로 상이한 대상들인데, 모든 것은 본디 이 개념들로써 완전하게 설명된다. 왜냐하면 이들은 '나'와 '나 아닌 사람'이라는 다른 낱말로 표현될 수 있기 때문이다. '나'와 '그 사람'은 내적 지각과 외적 지각에 기인하기 때문에 '너'에는 선택이라는 자유의지가 반영되어 있다. '너'는 '나'가 아니기도 하지만 '그 사람'처럼 실재하는 모든 영역에 속하는 게 아니라 상호작용을 하면서 공통적인 행위를 보여주는 또 다른 영역에 속한다. 이로써 '그 사람' 자체 속에서는 '너 아닌 사람'(Nicht-Du)이 존재하는데, 이 사람은 결코 '나'가 아니다.[60]

확실히 '그 사람'(Er)은 내가 아닐 뿐만 아니라 '너'도 아니다. '너'와 '나', 즉 '우리'(Wir)는 대화 속에 존재하며, 말을 걸거나 응답하는 역할을 수행한다. 이 경우 '나'와 다른 사람인 '너' 사이에 맺어지는 언어적 중개를 통해 인간 전체의 관심을 환기시켜 주는 보다 심오하고도 고귀한 감정들이 발생한다. 이 모든 감정들은 우정, 사랑, 및 정신적인 모든 공동체 속에서 당사자인 두 사람을 가장 밀접하게 연결시켜준다.

의심할 여지없이 대화에서 참된 인간은 그의 상대방인 '너'를 근거로 형성된다. 이는 훔볼트의 사상이 자연스럽게 대립된 원리들을 통합하고 있는 경향과 맥락이 같다. 대화를 하는 인간은 또 다른 대화상대자가 소속하는 세계의 영역으로 자신을 확대시킨다. 인간은 대화상대자인 '너'를 토대로 규정되는 동시에 완전해진다. 왜냐하면 '너'는 '나'가 아닌 또 다른 '나'로부터 겪게 되는 자발적인 응답을 거쳐서만이 실제로 주체가 될 수 있기 때문이다. '나'가 '너'에 대비되는 것으로 인식될 때만이 이것 스스로가 객체의 세계로부터 뚜렷하게 부각되는 것으로 간주될 수 있다.[61]

대화에 있어서의 이러한 관계는 인간이 스스로의 인식방법과 지각방식에

---

59) T. Borsche : "Denken-Sprache-Wirklichkeit." a.a.O., S. 78 참조.
60) Ebd.
61) A. Burkhardt : Dialogbegriff. S. 151 참조.

따라 주관적인 방법으로 순수 객관적인 영역에 접근할 수밖에 없다고 보는
훔볼트 자신의 언어관과 맥락이 같다.[62] 그런 의미에서 '나'와 '너' 사이에서
행해지는 대화는 순수 개인적 행위로 이해되는 것이 아니라, 말을 하는 사람
들의 공동의 성과, 즉 공동체적 산물로 인식될 수 있다.

　훔볼트에 따르면, 언어는 나와 너를 연결시키는 매개체인 동시에 양자의 관
계를 분리시킨다. 왜냐하면 우리들 주변의 대상들은 그때그때 말을 하는 사람
들의 공동 세계를 형성하고 있지만 상이한 관점들에 의해 지각된다고 인식되
듯이, '나'와 동등한 사람으로서의 '너'의 인식은 결국 또 다른 '나'로서의 '너'
의 이해와 다른 사람의 '너'로서의 '나'의 이해를 포함하고 있기 때문이다. 또
한 언어와 결합되어 있는 표상들 역시 주체 위주로 남아 있다. 대화의 측면에
서 보면 '나'와 '너'는 상호간에 주체로서 규정되어진다. 그러나 '나'와 '너'를
결합시켜주는 언어는 동시에 이들을 개별화시키는 요소인 것이다.[63]

　의심할 여지없이 개별적인 '말하기'의 차원에서는 언제나 상호간에 '이해'
가 일치하지 않는 부분이 남는다. 그럼에도 말하는 사람과 듣는 사람의 사고
의 유효범위가 일치하기 때문에 의사소통의 장애는 발생하지 않는다. 인간에
게는 실제로 말이 구체화되는 순간에 이와 같은 변증법적인 상호 양해가 발
생한다고 보아야 한다.[64]

　훔볼트는 주체(Subjekt)가 대상세계가 아닌 다른 주체들과의 관계에서 규정
된다는 인식을 통해 이미 도이치 관념철학의 선험적·유아론적 사고를 상당
한 정도로 앞서 가고 있었다. 이 경우 인간은 고립된 존재로서가 아니라 모든
관점에서 공동체 위주의 사회적 존재로서 파악된다. 왜냐하면 인간 자체는 무
엇보다도 우선 공동체로부터 규정되기 때문이다.[65] 그럼에도 의사소통의 구
체적인 출발점은 개별적인 '말하기'인데, 이 개념은 아무런 개별적인 특수한
경우가 아니다. 이것은 보편적인 동시에 구체적으로 언급될 수 있는 언어의

---

62) W. v. Humboldt : Sprachstudium. S. 27 참조.
63) A. Burkhardt : Dialogbegriff. 152 참조.
64) B. Liebrucks : Sprache und Bewußtsein(Ⅱ). Sprache. Frankfurt a. M. 1965, S. 288 참조.
65) A. Burkhardt : Dialogbegriff. S. 152 참조.

특성에 속한다.

앞서 언급했듯이 훔볼트에 있어서 대화의 구성적, 쌍수적 요소들은 '나-너'라는 공동체 및 '말걸기'와 '응답하기'의 상호유희(Wechselspiel)로 간주될 수 있다. '나'와 '너'의 동시성은 본질적으로 모든 다른 관계들과는 엄격하게 구별된다. 왜냐하면 '너'는 '나'와 대립하면서도 원칙적으로 '나'와 동일한 사람이기 때문이다. 그런 반면 사물, 사물관계(Sachverhalt), 심지어는 '그 사람'(Er)과 '그들'(Sie)까지도 대화의 상대방이나 또는 대상물로서 주제가 확정되어질 수 있는 객체들의 영역에 속한다.66) 훔볼트는 '나'의 '말하기'와 '너'의 '말하기'의 상호유희로서의 대화개념과 함께 후에 대화철학(Dialogphilosophie)에서 뚜렷한 역할을 하는 대화적 원리를 최초로 명백하게 공식화했던 선각자였다. 그에 따르면 '너'는 '나'의 대화상대자이며, '나'와 '너'는 서로 서로 조화를 이루면서 말을 하고, 듣는 행위를 실현시킨다. 이들의 의사소통은 '나'의 언어를, 말을 듣는 상대방인 '너'의 언어로 번역하는 것에 기인하는데, 이 경우 '나'는 '너'의 공동체 속에 존재하고 있음을 의미한다.67)

다른 사람들과 나의 말하기는 물론 다른 사람들을 겨냥해서 실현되는 언어행위인데, 이 경우 다른 사람은 내가 '나'로서 존재하고 확인되는 과정인 자기이해(Selbstverständnis)를 위해 필연적이다. 또한 말을 거는 행위에 대한 답변행위는 '나'를 대화의 상대자로 삼고 있는 '너'로부터 나온다. 결국 대화상대자의 대답은 '나'의 '말하기'를 근거로 하는 '너'의 '말하기'인 것이다. 이러한 관점에서 인간은 자신의 말의 이해가능성(Verstehbarkeit)을 다른 사람에게서 시험삼아 검증해 봄으로써만 스스로를 이해한다고 볼 수 있다.68)

의심할 여지없이 자기의식의 형성을 전달하는 매개체로서의 언어는 '이해'를 통해 완성되어진다. 그러나 '이해'가 듣는 행위에 국한되고 '말하기'와는 대비되는 개념으로 인식될 때, 언어에 대한 요약된 개념은 '지식'(Wissen)의 실현 정도로 간주되어 버릴 수 있다. 이 경우 언어는 지식전달의 수단으로 나타

---

66) Ebd., S. 152 참조.
67) Ebd.
68) W. v. Humboldt : Verschiedenheiten. S. 155 참조.

난다. '지식'은 객관적이며, 지식의 보유자와 '지식' 자체의 중개와는 무관하다. 이에 반해서 '이해'는 주체의 활동이며 필연적으로 다른 주체에 대해 주의를 환기시킨다.[69]

그렇지만 언어는 개개인과 연관되어 있다는 점에서 늘상 '몰이해' 내지는 부분적인 이해에 그칠 수밖에 없다. 그렇기 때문에 대화는 대립관계 속에서의 동시적 관계로 인식된다. 대화는 주관적 관점을 객관성에 접근시킨다는 동일한 의도를 가진 사람들이 설정한 동시적 관계이다.

훔볼트에 있어서 '개념'(Begriff)은 다른 사람의 사고력에서 나온 반사(Zurückstrahlen)를 통해 비로소 확실성을 얻는다. 이것은 세계가 우선 간주관적으로 이해될 수 있다는 것을 의미한다. 이 경우 세계는, 상이한 주체들이 공동으로 이용할 수 있는 매개체인 언어를 통해 의사소통하는 대상에 해당한다. 이것은 또한 진리란, 더 이상 현실 속에 있는 우리의 표상들과 일치하는 것이 아니라는 것을 의미한다. 왜냐하면 그와 같은 표상들은 대상에서 확실성을 얻는 게 아니라, 오로지 다른 주체들에 의해 인정되는 개념 속에서만 확실성을 얻기 때문이다. 인간에 의한 공동의(객관적인) 사고는 공동체적 의사소통과 인식의 매개체인 언어를 통한 중개를 거쳐 논증적으로, 그리고 점점 개선되어가는 고상한 방식으로 인간과는 무관하게 존재하는 외적인 현실에 접근한다.[70]

의심할 여지없이 인간 사고의 주관적 형식들은 상대방과의 대화를 통해 객관적 타당성을 얻는다. 이러한 '대화개념'은 본디 선험철학의 독백적인 대화로부터 발전한다. 훔볼트의 언어철학에서 드러나는 실제적인 모티브는 바로 이 부분에서 시사된다.[71]

훔볼트에 의하면, 대화는 주체의 주관적 표상을 다른 사람을 통해 보충하려는 욕구에서 발생한다. 이 경우 대화는 성찰행위에 도움이 되는데, 다른 사람

---

69) T. Borsche : Begriff. S. 286f. 참조.

70) A. Burkhardt : Dialogbegriff. S. 154 참조.

71) Ch. Stetter : "Über Denken und Sprechen." In : Wilhelm von Humboldts Sprachdenken. hrsg. v. H-W. Scharf, Essen 1989, S. 27 참조.

이 필연적으로 이야기하려는 것에 대해 서로 존경심을 가지고 편견없이 대하는 태도는 대화의 전제조건이 된다. 대화에서는 상호간에 논증이 오고 갈 수밖에 없는데, 대화상대방이 지니는 다른 관점을 일단 용인하는 것도 원만한 대화의 조건이 된다. 대화상대방이 자신의 말이 무조건적으로 통용될 것을 요구한다면 그 순간 대화의 기본이 파괴되는 것은 불가피한 일이다.72)

앞에서 시사되었듯이 훔볼트에 있어서 말을 하는 모든 행위는 대화에 근거를 두어야 한다. 따라서 언어는 인간에 의한 자연스런 교제의 표현으로 인식될 수 있다. 또한 인간에 의한 사고의 대화적 본성은 간단한 사고행위의 분석에서조차도 교제의 개념이 포기될 수 없음을 보여준다.73)

훔볼트의 대화는 담론(Diskurs)에 속하며, 플라톤의 '대화편'에서 이에 대한 범례가 발견된다. 이것은 상호 관여하면서 이념과 감정들을 생생하게 실제로 교환하고 있는 문답식 담화이다. 그러나 이것은 어디까지나 이상적인 담화행위이며, 언어적 실제에서는 이에 부합하는 경우가 드물다. 상호간에 성찰행위를 하는 두 명의 개개인 사이에 일어나는 "동시적 행위로서의 대화"라는 개념규정은 훔볼트에 의한 인간 전체의 '교육이상'(Bildungsideal)에 대한 어떤 측면을 시사하고 있다. 왜냐하면 그에 있어서 대화적 인간이란, 의식적이든 무의식적이든 다른 사람에게서 교육을 받은 전체 인간이기 때문이다. 그에 있어서 대화의 이상은 바로 '인간이상'(Menschenideal)에 대한 성찰이며, 반대로 '인간이상'은 대화의 이상에 대한 성찰에 해당한다.74)

훔볼트가 말하는 '나'는 '나 아닌 사람'과 대립되는 절대적인 '나'가 아니라, '너'와의 대화에서 형성되어 전개되는 구체적인 역사적 개체이다. 대화란, 바야흐로 객관화하는 주체의 이반현상(Entfremdung)이 일어나는 장소이며, 이를 통해 현상세계의 질료(Stoff)가 형성되는 동시에 주체에 의해 객관화된 세계의 획득과 내면화가 유도된다. 따라서 대화에서 '나'와 '너'의 위치설정은 필연적이다.75)

---

72) A. Burkhardt : Dialogbegriff. S. 155 참조.
73) W. v. Humboldt : Verschiedenheiten. S. 173 참조.
74) A. Burkhardt : Dialogbegriff. S. 155 참조.

이런 관점에서 대화가 진행될 때 '나'와 '너' 양쪽은 내가 '너'를 통해 '나'로 되고, '너'는 '나'를 통해 '너'로 될 수 있도록 서로를 필요로 한다. 결국 '나'는 '너'에 의해 구별되며, '너'는 바야흐로 '다른 나'로서 인식되는 것이다. 대화에서 '나'와 '너'는 발신자와 수신자의 역할을 표시하기 때문에 3인칭 대명사와는 엄격히 구분된다.[76]

'나'와 '너'는 언제나 말하는 사람과 듣는 사람, 읽는 사람과 쓰는 사람에 연관되어 있는 지시적 어휘이다. 그런 반면에 그(Er), 그녀(Sie) 및 그것(Es)은 대개 텍스트에 나오는 지시형식으로 쓰이며, 구체적인 대상들과 연관되어 있는 말(Rede) 속에서는 오로지 이들 대상을 대리하는 낱말로서만 나타난다. 훔볼트의 관점에 따르면 '나'와 '너'는 대화에서 단순히 각각 한쪽 부서를 맡고 있다고 조망되어서는 안되며, 인식론적인 기본현상인 동시에 자기의식 (Selbstbewußtsein)의 구성적 조건으로 간주된다.[77]

훔볼트에 있어서 언어는 명백히 대화적 특성을 지닌다. 본디 '말하기'란, 한 사람이 홀로 행하는 것이 아니라 공동체 내의 다른 구성원들과 함께 행해질 수 있다. 이것은 진리에 대해 공동으로 책임을 지게 되며, 숙명적인 인간관계 속에서 발생하는 동시에 '나'와 '너'의 관계에 대한 구체화를 촉구한다.[78]

대화는 이제 인간의 의사소통뿐 아니라, 인간의 생활 전반에 기본단위로 자리잡고 있는데, 이 경우 '나'와 '너'는 특성상 여타의 모든 공동체들과는 구별되어지는 집단적인 단위를 형성하고 있는 것이다. 그리고 '나'와 '너'는 말을 걸고 응답한다는 이상적인 원칙에 따라 대화를 이끌어 가지만, 대화는 이러한 이상적인 의사소통 형식만을 갖추는 것은 아니다. 또한 앞에서 언급했듯이 '나'와 '너'는 대화에서 그때 그때마다 상대방의 입장에서 보면 다른 상대방으로 규정되므로써 그들 스스로를 각각 '나'로 의식하고 있는 것이다.[79]

훔볼트에 있어서 '말하기'와 '이해'의 기능은 개인적인 언어적 활동이라는

---

75) D. Di Cesare : "Wilhelm von Humboldt." a.a.O., S. 281 참조.
76) A. Burkhardt : Dialogbegriff. S. 155 참조.
77) Ebd., S. 156 참조.
78) J. Nosbüsch : Mensch. S. 91 참조.
79) A. Burkhardt : Dialogbegriff. S. 156 참조.

점에서 개별적이고 창조적이다. 그렇지만 언어를 통한 주체와 또 다른 주체의 대화는 언어공동체 전체의 객관적 사고로 나아가는 과정이기에, 변증법적인 이원론으로서 훔볼트의 기본적인 언어철학적 범주에 자리잡고 있는 것이다.

4. 맺는말

　지금까지 우리는 훔볼트의 언어사상에 입각하여 대화개념의 본질에 대한 조망을 시도했다. 훔볼트에 있어서 언어의 발생은 인류의 내적 욕구인 동시에, 상호 교류를 유지하기 위한 외적 욕구이다. 뿐만 아니라 이것은 언어가 지니는 정신적 힘들을 발전시키려는 욕구인 동시에 인간만이 도달할 수 있는 세계관을 획득하려는 욕구이다. 왜냐하면 인간은 다른 사람과의 공동체적 사고를 토대로 자기의 사고를 투명하게 규정하기 때문이다. 따라서 언어는 내적 존재의 기관일 뿐만 아니라, 존재 자체이다. 의심할 여지없이 언어는 다른 사람들과 함께 참여하는 공동체로부터 발생하는데, 본질적으로 대화에 바탕을 두고 있는 것으로 인식된다.

　인간은 본질적으로 사교적 성향을 지닌다. 물론 세계는 인간이 행하는 사고와 행위의 대상이다. 그러나 인간의 사고는 본디 언어에 기인하며, 지각을 통한 인간의 인식은 오로지 주관적일 뿐이다. 그렇기 때문에 인간은 객관적 지식을 얻기 위해 대화상대방인 동료와 사물들에 대해 간주관적인 의사소통을 실행하는데, 이를 위한 매개체로서 언어의 역할은 필연적이다. 또한 인간적 사고의 주관적 형식들은 상대방과의 대화를 통해 객관적 타당성을 얻는다. 이러한 대화개념은 본디 선험철학의 독백적인 주체로부터 발전한다. 훔볼트의 언어철학에서 드러나는 실제적인 모티브는 바로 이 부분에서 시사된다.

　그러므로 훔볼트적 언어관의 본질에는 말을 거는 행위와 응답하는 행위라는 이분법이 존재한다. 이것은 '나'와 '너' 사이에서 정보를 전달하는 두가지 측면에 해당한다. 대화를 행하는 인간은 또 다른 대화상대자가 소속하는 세계의 영역으로 자신을 확대시킨다. 인간은 대화상대자인 '너'를 토대로 규정되는 동시에 너로부터 완전해진다. 왜냐하면 '너'는 자의식의 원천인데, '나'가 또 다른 '나'로부터 겪게 되는 자발적인 응답을 거쳐서만이 실제로 주체가 될 수 있기 때문이다. '나'가 '너'에 대비되는 것으로 인식될 때만이 스스로가 객체의 세계로부터 뚜렷하게 부각되는 것으로 인식될 수 있다. 결국 훔볼트에 있어서 내화의 이원론은 모든 사고가 '나'와 '너' 사이의 대화처럼 제시될 수 있다는 가능성에서 출발한다. 그의 관점에 따르면 언어 속에는 확실히 이원론이 자리잡고 있으며, 주체만이 단독으로 존재할 수는 없다. 말하자면 각각의 사고 자체는 결국 다른 사람과의 말을 하는 행위이므로 언어의 본질은 언제나 말을 거는 행위와 응답하는 행위로 사유될 수 있다는 것이다.

상호 성찰행위를 하는 두 명의 개개인들 사이에서 일어나는 동시적 행위로서의 대화는 훔볼트의 이상적 교육이념에 대한 어떤 것을 시사하고 있다. 왜냐하면 그에 있어서 대화적 인간이란, 다른 사람에게서 교육받은 인간 전체이기 때문이다.

의심할 여지없이 훔볼트에 있어서 이분법은 사색적 차원에 들어갈 수 있는 개념이라고 할 수 있지만, 동시에 이것은 인간 자체와 세계에 대한 인간의 언어적 접근을 해명하는 경험적 층위에 속하는 핵심개념이다. 이것은 언어의 원초적 본질, 즉 영원불변적인 이원론과 관계된다. 따라서 이 개념은 '대화'의 변증법적 기본관계로 인식될 수 있나.

참고문헌

Borsche, T. : Sprachansichten. Der Begriff der menschlichen Rede in der Sprachphilosophie Wilhelm von Humboldts. Stuttgart 1981.

________ : "Denken-Sprache-Wirklichkeit." In : Menschheit und Individualität. hrsg. v. E. Wicke u. a. Deuscher Studien Verlag/Weinheim 1997.

Burkhardt, A. : "Der Dialogbegriff bei Wilhelm von Humboldt." In : Sprache und Bildung. Beiträge zum 150. Todestag Wilhelm von Humboldts. hrsg. v. R. Hoberg, Darmstadt 1987.

Cesare, D. Di : "Wilhelm von Humboldt." In : Klassiker der Sprachphilosophie. hrsg. v. T. Borsche. München 1996.

Humboldt, W. v. : "Inwiefern läßt sich der ehemalige Kulturzustand der eingebornen Völker Amerikas aus den Überresten ihrer Sprachen beurteilen?"(1823). Bd. 5. In : Gesammelte Schriften. hrsg. v. A. Leitzmann u.a. 17 Bde, Berlin : Behr(Nachdruck), de Gruyter 1968.

________ : "Über den Dualis"(1827). Bd. 6. In : GS. a.a.O.

________ : "Über das vergleichende Sprachstudium in Beziehung auf die verschiedenen Epochen der Sprachentwicklung"(1820). Bd. 4. In : GS. a.a.O.

________ : "Über die Verschiedenheiten des menschlichen Sprachbaues"(1827～1829). Bd. 6. In : GS. a.a.O.

________ : "Über die Verschiedenheit des menschlichen Sprachbaues und ihren Einfluß auf die geistige Entwicklung des Menschengeschlechts"(1830～1835). Bd. 7. In : GS. a.a.O.

Jäger, L. : "Aspekte der Sprachtheorie Wilhelm von Humboldts." In : Wilhelm von Humboldts Sprachdenken. hrsg. v. H.-W. Scharf, Essen 1989.

Kledzik, S. M. : "Wilhelm von Humboldt." In : Sprachphilosophie. hrsg. v. M. Dascal u.a.
    1. Halbband, Berlin 1992.

Liebrucks, B. : Sprache und Bewußtsein(Ⅱ). Sprache. Frankfurt a. M. 1965.

Navarro-Pèrez : Sprache und Individuum. Wuppertal 1993.

Nosbüsch. J. : Der Mensch als Wesen der Sprache. Verlag Anton Hain/Meisenheim am Glan
    1972.

Ramischwili, G. : "Die erste theoretische Arbeit Wilhelm von Humboldts und die
    philosophische Tradition." In : Zeitschrift für Phonetik. Bd. 32. 1979.

Riedel, M. : "Sprechen und Hören." In : Protokollband, Teil 1, hrsg. v. A. Spreu, Berlin
    1986.

Schneider, F. : Der Typus der Sprache. Münster 1995.

Stetter, Ch : "Über Denken und Sprechen." In : Wilhelm von Humboldts Sprachdenken.
    a.a.O.

Trabant, J. : "Wilhelm von Humboldts Akademiereden über die Sprache." In : Menschheit
    und Individualität. a.a.O.

Werlen, I. : Sprache, Mensch und Welt. Darmstadt. 1989.

Zusammenfassung

Der Dualismus des Dialogbegriffs bei W. v. Humboldt

Lee, Sung-Joon

In der vorliegenden Arbeit habe ich kurz versucht, das Wesen des Dialogbegriffs auf Grund des Humboldtschen Sprachgedankens zu überblicken. Für Humboldt ist die Hervorbringung der Sprache ist ein inneres Bedürfnis der Menschheit, nicht bloß ein äußerliches zur Unterhaltung gemeinschaftlichen Verkehrs, sondern ein Bedürfnis zur Entwicklung ihrer geistigen Kräfte und zur Gewinnung einer Weltansicht, zu welcher der Mensch nur gelangen kann, weil er sein Denken an dem gemeinschaftlichen Denken mit Anderen zur Klarheit und Bestimmtheit bringt. Die Sprache ist demnach das Organ des inneren Seins, dieses Sein selbst. Unzweifelhaft entsteht Sprache aus der Gemeinschaft mit Anderen und ist wesentlich dialogisch angelegt. Natürlich ist die Welt der Gegenstand des menschlichen Denkens, das Denken des Menschen aber beruht wesentlich auf Sprache und seine Erkenntnis ist bloß subjektiv. Deshalb brauchen die Menschen die Sprache zur Erlangung objektiven Wissens und zur intersubjektiven Verständigung über ihre Partner, die Mitmenschen und die Dinge. Auch gewinnen subjektive Formen des menschlichen Denkens objektive Gültigkeit im Dialog. Dieser Dialogbegriff entfaltet sich aus dem ursprünglich monologischen Subjekt der Transzendentalphilosophie. Ein pragmatisches Motiv in Humboldts Sprachphilosophie deutet sich hier an. Im Wesen der Humboldtschen Sprachauffassung liegt der Dualismus von Anrede und Erwiderung, der zweiseitigen Vermittlung zwischen Ich und Du. Der dialogische Mensch ist einer, der sein Ich zu dem Umfang einer Welt erweitert, zu der der Andere seines Sprechens gehört. Im Gespräch bestimmt und vervollkommnet sich der Mensch an seinem Du. Denn das Du ist der Ursprung des Selbstbewußtseins, weil das Ich sich nur in freier Erwiderung, die es von einem Anderen Ich erfährt, wahrhaft zum Subjekt zu bilden vermag. Für Humboldt geht der Dualismus aus der Möglichkeit, daß alles Denken wie ein Gespräch zwischen Ich und Du vorgestellt werden kann. Nach Humboldt herrscht die Zweiheit in der Sprache, die Einheit des Subjektivs nicht. Indem jedes Denken nämlich ein Sprechen mit einem Anderen ist, kann das Wesen der Sprache immer nur zugleich als Anrede und Erwiderung betrachtet werden. Die Bestimmung des dialogischen Sprechens als das Miteinander zweier sich wechselseitig reflektierender individuen sagt etwas über Humboldts Bildungsideal aus, weil der dialogische Mensch der ganze sich am anderen bildende Mensch ist. Für Humboldt gehört doch die Zweiheit der spekulative Ebene, aber sie ist zugleich ein Kernbegriff, der den sprachlichen Zugang des Menschen aufschließt. Sie verknüpft sich mit dem ursprünglichen Wesen der Sprache, einem unabänderlichen Dualismus. Folglich kann dieser Begriff als das dialektische Grundverhältnis angesehen werden.

한국어 어휘 분절 구조연구

인쇄일 초판 1쇄 2002년 01월 05일
            2쇄 2015년 09월 20일
발행일 초판 1쇄 2002년 01월 15일
            2쇄 2015년 09월 23일

편저자 한국어내용학회
발행인 정 찬 용
발행처 국학자료원
등록일 1987.12.21, 제17-270호
서울시 강동구 성내동 447-11 현영빌딩 2층
Tel : 442-4623~4 Fax : 442-4625
www. kookhak.co.kr
E- mail : kookhak2001@hanmail.net

ISBN 978-89-6137-642-6 *93710
가 격 12,000원